国学经典

长短经 下

[唐]赵蕤 著
刘国建 刘华 注译

中州古籍出版社
·郑州·

卷六（霸纪下）

三国权第十九

论曰：臣闻昔汉氏不纲，网漏凶狡。袁本初虎视河朔[1]，刘景升鹊起荆州，马超、韩遂雄据于关西，吕布、陈宫窃命于东夏、辽河、海岱，王公十数，皆阻兵百万，铁骑千群，合纵缔交，为一时之杰也。然曹操挟天子令诸侯，六七年间，夷灭者十八九，惟吴、蜀蕞尔国也[2]。以地图按之，才四州之土，不如中原之大都；人怯于公战，勇于私斗，轻走易北，不敌诸华之士；角长量大，比才称力，不若二袁、刘、吕之盛。此二雄以新造未集之国，资逆上不侔之势，然能抚剑顾眄，与曹氏争衡，跃马指麾，而利尽南海，何哉？则地利不同，势使之然耳。故《易》曰："王侯设险，以守其国。"古语曰："一里之厚，而动千里之权者，地利也。"故曹丕临江，见波涛汹涌，叹曰："此天所以限南北也。"孙资称南郑为天狱[3]，斜谷道为五百里石穴[4]，稽诸前志，皆畏其深阻矣。虽云天道顺，地利不如人和，若使中材守之，而延期挺命可也。岂区区艾、濬得奋其长策乎？由是观之，在此不在彼。於戏，智者之虑，必杂于利害，故"不尽知用兵之害，则不能知用兵之利"，有自来矣。是以采摭其要，而为此权耶。夫囊括五湖，席卷全蜀，庶知害中之利，以明魏家之略焉。

[注释]

①河朔：古代泛指黄河以北地区。②蕞（zuì）尔：小的样子。③南郑：在今陕西西南部，汉水上游，邻接四川。④斜（yé）谷道：古道路名。在今陕西眉县西南，即褒斜道的斜谷一部分。

[译文]

作者议论说：我听说从前汉朝纲纪废弛，疏漏了凶暴狡诈之徒。袁本初（袁绍）虎视河朔，刘景升（刘表）崛起于荆州，马超、韩遂雄踞关西，吕布、陈宫割据东夏、辽河、沿海一带。王公十数，都是拥兵百万、铁骑千群，他们彼此合纵缔交，堪称一时豪杰。然而，曹操挟持天子（汉献帝）号令天下诸侯，六七年间，将群雄消灭十之八九，仅剩下吴、蜀两个小国。从地图上看，这两个小国仅拥有四个州的土地，而且地处偏远，还比不上中原的一大都市。这两个小国的百姓在战场上怯懦不前，而私人争斗却英勇无比，一触即溃，在诸多方面都比不上中原的战士；如果比个头，比体重，比才能，比力气，都不如袁术、袁绍、刘表、吕布手下的将士。吴、蜀以尚不具有雄厚基础的新建之国，冒着悖逆天子的罪名，凭借着难以同中原同日而语的劣势，居然能够按剑顾盼，同曹氏相抗衡，跃马横行，并尽有南海之利，这是什么原因呢？这是南北地理形势不同、三国鼎足的总态势造成的。所以《易经》说："王侯凭借险要的地理形势来保守自己的国家。"古语还说："以一里之小来抗衡千里之大，是因为占有地利因素。"所以魏文帝曹丕站在长江边上，望着波涛汹涌的江水，感叹道："这是上天为南北划定的界限啊！"孙资称南郑为"天狱"，称斜谷道为"五百里石穴"，再稽查史志，前人都畏惧这些地方的艰深和险阻。虽然说如果顺应了天道，地利仍不如人和，但如果使中等才能的将领防守这些地方，延长朝代的生命还是可以做到的。岂能让邓艾、王濬这样的区区将领轻易跨越天险，成就了灭蜀、灭吴的功勋？由此看来，胜败在人事而不在地利。博戏，聪明的人每行一步都要考虑有害和有利两个方面的因素，所以说"不懂得用兵的害处，就不可能真正懂得用兵的好处"，这句话还是有充分根据的。因此从三国浩繁的历史中择其精要，而作此《三国权》一卷。对魏晋囊括五湖、席卷全蜀的战略作出分析说明，大概就可以知道害中之利，这样就能了解魏家统一的战略。

天帝布政房、心，致理参、伐。参、伐则益州分野。按《职方》则雍州之境，据《禹贡》则梁州之域。地方五千里，提封四十郡，实一都会也。故古称天府之国，沃野千里，其有以矣。王莽末，公孙述据蜀，益部功曹李熊说述曰："方今四海波荡，匹夫横议。将军割据千里，地什汤、武。若奋发威德，以投天隙，霸王之业成矣。今山东饥馑，人民相食，兵所屠灭，城邑丘墟。蜀地沃野千里，土壤膏腴，果实所生，无谷而饱。女工之业，覆衣天下。名材竹干，器械之饶，不可胜用。又有鱼盐铜铁之利，浮水转漕之便。北据汉中，杜褒斜之隘①；东守巴郡，拒捍关之口②。地方数千里，战士不下百万。见利则出兵而略地，无利则坚守而力农。东下汉水，以阚秦地；南顺江流，以震荆扬。所谓用天因地，成功之资。今君王之声闻于天下，而位号未定，志士狐疑，宜即大位，使远人有所归依。"建武元年四月，遂自立为天子，号成家，色尚白。

[注释]

①褒斜之隘：即褒斜道。古道路名。因取道褒水、斜水两河谷而得名。②捍关：即扞关。故址在今湖北长阳西。东汉初公孙述东据扞关，尽有益州之地。

[译文]

天帝在房、心二星的位置布政，在参、伐的星位上达到治理。

参、伐是益州的分野。按《职方》的说法，蜀在雍州境内，按《禹贡》的说法，蜀则在梁州的地域内。方圆五千里，设有四十郡，的确是一大都会。所以古人称蜀地为天府之国、沃野千里，是有道理的。王莽末年，公孙述占据蜀地，益部功曹李熊向公孙述说道："当今之世，四海动荡不安，匹夫横行，评议国家大事。将军割据千里，拥有的地盘十倍于商汤周武。如果能够奋发图强，发扬威德，抓住天下混乱的天赐良机，就能够成就霸王大业。如今中原饥馑，以至到人吃人的地步，兵火所及，城邑化为丘墟。而蜀地沃野千里，土壤肥沃，满野果实，即便不种五谷，人民也不致挨饿。妇女纺织的布匹之多，可以覆盖天下。名贵的木材、竹竿、器械的丰饶，不可胜用。又有鱼盐铜铁之利，水路运输的方便。北部可据守汉中，堵住褒斜道关隘（自今陕西眉县沿斜水及其上源石头河，经今太白县，循褒水及其上源白云河至汉中。为秦岭南北交通要道）；东边驻守巴郡，据守扞关之口。地方数千里，战士不下百万。如果形势有利，则可以出兵攻城略地；形势不利，则可以据守关口发展农业。东下汉水，可以占领秦地；顺江南下，则可以震动荆州和扬州。这正是用天时、因地利是事业成功的有利条件。现在君主的声威天下共知，但号位还未确定，致使有志之士心存狐疑，应该迅速即帝位，使远方的人有归依的目标。"建武元年四月，公孙述自立为天子，国号"成家"，服色尚白。

自更始败后，光武方事山东，未遑西伐，关中豪杰，多拥众归述。其后平陵人荆邯见东方将平，兵且西向，说述曰："兵者，帝王之大器，古今所不能废也。隗嚣遭遇运会，割有雍州，兵强士附，威加山东。不及此时摧危乘胜，以争大命，而退欲为西伯之事[①]，偃武息戈，卑辞事汉，喟然自以文王复出也。今汉帝释关陇之忧专精东伐[②]，四分天下而有其三。使西州豪杰咸居心于山东，发间使，招携贰，则五分而有其四。若举兵天水，必至沮溃。天水既定，则九分而有其八。陛下以梁州之地，内奉万乘，外给三军，百姓愁困，不堪上命，将有王氏自溃之变。臣之愚计，以为宜及天人之望未绝，豪杰尚可招诱，急以此时发国内精兵，令田戎据江陵，临江南之会，倚巫山之固，筑垒坚守。传檄吴楚，长沙以南，必随风而靡。令延岑出汉中，定三辅③，天水、陇西拱手自服，如此海内震摇，冀有大利。"述不听邯计。光武乃使岑彭、吴汉伐蜀，破荆门，长驱入江关。军至成都，述出战，初败被刺，洞胸死。夷述妻子，焚其宫室。至灵帝时，政理衰缺，王室多故，雄豪角逐，分裂疆宇，以刘焉为益州牧。焉死，子璋立，为刘备所围，遂降。

[注释]

①西伯：即周文王姬昌。商封为西伯，又称伯昌。②关陇：泛指函谷关以西、陇山以东地区。③三辅：汉景帝分内史为左、右内史，与主爵都尉同治长安城中。所辖皆京畿之地，合称"三辅"。

[译文]

自更始皇帝失败后，汉光武帝正致力于山东战事，顾不上西伐，关中豪杰大都率自己的部众归附公孙述。后来，平陵人荆邯看到东方很快将被平定，兵锋必定转向西方，就向公孙述建议说："军队是帝王手中的宝器，自古及今没有一个帝王能废掉它。隗嚣曾遭遇良机，割据雍州，兵马强盛，众心归附，威震山东。但他不趁此机会摧灭群雄，争夺帝王大位，反而想效仿周文王故事，偃武息戈，卑躬屈膝侍奉汉室，俨然以第二个周文王自居。如今汉帝放下了对关、陇地区的担忧，专力东伐，已拥有天下四分之三的地盘。致使关陇地区的豪杰都心向山东，如果刘秀派遣离间的使臣到关陇地区，招揽心怀二心的人，这样就可以占有天下的五分之四了。如果接着举兵直指天水，隗嚣的军队必然一触即溃。天水平定以后，汉室就九分天下而有其八了。现在陛下据有梁州，对内要供奉王室的需要，对外要供给军队的开支，百姓已经困苦不堪，这样下去，很可能重蹈王莽自我败亡的覆辙。依我的不成熟的看法，应乘当前上天和百姓对您仍抱有希望、四方豪杰尚可以招诱的时机，紧急征集国内精兵，令田戎占据江陵，进可东下江南，退可依守巫山之险，筑垒坚守。同时传檄吴楚，长沙以南定能望风披靡。再命令延岑出兵汉中，平定三辅，天水、陇西便可拱手归附。这样就能造成天下震荡的局面，对陛下将大有好处。"公孙述没有采纳荆邯的建议。光武帝刘秀便派岑彭、吴汉率兵伐蜀，攻破荆门，长驱直入江关。汉军兵临成都，公孙述出兵迎战，兵败，被刺胸而死。他的妻室儿女均被汉兵所杀，宫室被焚毁。汉朝延续至汉灵帝时，政治衰败，王室多发变乱，英雄豪杰相互逐鹿，分裂疆土，拥兵自重。其时，刘焉为益州牧。刘焉死后，其子刘璋立，刘璋被刘备围困，被迫向刘备投降。

初，刘备为豫州牧也，为曹公所破，走屯新野①。闻诸葛亮躬耕南阳，乃三诣亮于草庐之中，屏人言曰："汉室倾颓，奸臣窃命，主上蒙尘。孤不度德量力，欲信大义于天下，而智术浅短，遂用猖蹶，至于今日。然意犹未已，君谓计将安出？"亮答曰："自董卓已来，豪杰并起，跨州连郡者不可胜数。曹操比于袁绍，名微而众寡，然遂能克绍，以弱为强者，非惟天时，抑亦人谋也。今操已拥百万之众，挟天子而令诸侯，此诚不可与争锋。孙权据有江东，已历三代，国险而民附，贤能为用，此可与为援，而不可图也。荆州北据汉，利尽南海，东连吴会，西通巴蜀，此用武之国，而其主不能守，此殆天所以资将军也。益州险塞，沃野千里，天府之国，高祖因之以成帝业。刘璋暗弱，张鲁在北，民殷国富，而不知恤。智能之士，思得明后。将军既帝室之胄，信义著于四海，总览英雄，思贤如渴。若跨有荆、益，保其岩岨，西和诸戎，南抚夷越，结好孙权，内修政理，天下有变，则命上将将荆州之军，以向宛、洛；将军身率益州之众，出于秦川，百姓孰不箪食壶浆，以迎将军者乎？诚如是，则霸业可成，汉室可兴矣。"

[注释]

①新野：古县名。西汉置。治所在今河南新野。

[译文]

当初，刘备做豫州牧时，被曹操打败，撤退到新野。听说诸葛亮在南阳种田，于是曾先后三次亲自到诸葛亮居住的草庐拜访，屏退左右，对诸葛亮说："当今汉朝廷倾覆颓败，奸臣窃据王命，皇上蒙难。我本人不自量力，想使诚信大义推行天下，然而智慧和方法浅短，以至到今日狼狈的境地。但我并不甘就此罢休，您认为下步该如何办呢？"诸葛亮回答说："自董卓干乱朝政以来，豪杰纷纷崛起，跨州连郡、割据自雄的不可胜数。曹操同袁绍相比，名声卑微，拥众又少，然最终能够消灭袁绍，由弱变强，其原因不仅仅有天时的因素，还有人谋得当的因素。如今，曹操已拥有百万之众，挟持天子来号令诸侯，这实在难同他争高低。孙权割据江东，已经过三代人的经营，地理形势险要，人民倾心归附，贤能之士得到重用，可以利用他援助我们，而不可对他另有图谋。荆州北据江汉，可尽取南海（泛指南方）之利，东与吴会相连，西通巴蜀，这本是英雄用武之地，但它的主人却无能力永远守住它，这大概是上天要用此地来资助将军吧。益州周边有险塞为屏障，沃野千里，被称为天府之国，汉高祖就是据此成就了帝王大业。然而其主刘璋暗弱无能，张鲁在他的北方，巴蜀民殷国富，但刘璋却不善于抚恤民众，智慧才能之士都在思盼着贤明之主。将军既然是汉家帝王的后代，信义之举闻达四海，总揽天下英雄，思贤若渴。如果能占据荆州和益州，以其山川险阻为屏障，向西同诸戎族部落相和好，向南抚恤夷越部族，并同孙权结为友好，对内则力使政治清明。这样，一旦天下有变，即可命一上将率荆州的军队进军宛、洛；将军亲自统率益州的军队出兵秦川，天下百姓有谁能不提着饭菜酒食欢迎将军呢？如果能做到这一点，那么将军的霸王大业就可以成功，汉王室也可以复兴了。"

时曹公破荆州，先主奔吴。备用亮计，结好孙权，共拒曹公于赤壁①，破之。曹公北还，权乃以荆州业备。庞统说备曰："荆州荒残，人物殚尽，东有吴孙，北有曹氏，鼎足之计，难以得志。今益州国富人强，户口百万，郡中兵马，所出毕具，宝货无求于外，今可权借以定大事。"备曰："今指与吾为水火者，曹操也。操以急，吾以宽；操以暴，吾以仁；操以谲②，吾以忠。每与操反，事乃可成耳。今以小故而失信义于天下者，吾所不取也。"统曰："权变之时，固非一道所能定也。兼弱吞昧，五伯之事。逆取顺守，报之以义，各事定后，封以大国，何负于信？今日不取，终为人利耳。"备乃使关羽守荆州，欲自取蜀。

[注释]

①赤壁：山名。东汉建安十三年（208）孙权与刘备联军败曹军于此。即今湖北武昌西赤矶山，与纱帽山隔江相对。②谲（jué）：欺诈。

[译文]

此时，曹操攻破了荆州，刘备被迫投奔吴国。刘备采纳诸葛亮的计策，同孙权结盟，共同抗拒曹操，在赤壁大破曹军。曹操兵败，被迫北还，孙权便把荆州给刘备暂作立足之地。庞统向刘备建议说："荆州历经战乱，荒败残破，东有吴国孙权，北有曹操，要想据此实现三国鼎立的局面，还难做得到。现在益州民富国强，户口百万，郡中所需兵马粮草俱备，各种珍货宝物也无须外求，今天正可以借益州来奠定大业的基础。"刘备说:"今日的议论,正说明我同曹操相比,如水火之不相容:曹操为人苛急,我为人宽厚;曹操对人施以残暴,我对人施以仁爱;曹操为人诡诈,我为人忠信。每每与曹操相反,我才能成就事业。如今却要让我因小事在天下人面前失去信义,这是我所不能采取的做法。"庞统说:"当社会急剧变化的时候,本来就不能固守一种所谓的道德标准去衡量决定一切事物。兼并弱小,吞并愚昧,正是春秋五霸所做的事。凡所做事不能顺应时势民心的,就应该夺取它,顺应了时势民心就守卫它,这样做,人们都会认为是正义之举。等大事稳定之后,再把大国分封给他,这怎么能说有负于信义呢?今天即使我们不去取益州,最终还会落到他人的手中。"刘备于是派关羽守荆州,自己打算夺取益州。

会刘璋闻曹公向汉中讨张鲁,内怀恐惧。别驾张松说璋曰:"曹公兵强,无敌于天下,若因张鲁之资,以取蜀土,谁能御之?刘豫州,使君之宗室,而曹公之深仇也。若使之讨鲁,鲁必破;鲁破则益州强。曹公虽来,无能为也。"璋然之。遣法正迎先主。先主与璋会涪①。璋既还成都,先主当为璋北征汉中。统复说备曰:"阴选精兵,昼夜兼道,径袭成都,璋既不武,又素无豫备,大军卒至,一举便定,此上计也。杨怀、高沛,璋之名将,各仗强兵,据守关头,闻数有笺来谏璋,使发遣将军还荆州,将军未至,遣与相闻,说荆州有急,欲还救之,并使装束,外作归形。此二子俱服将军英名,又喜将军之去,必乘轻骑来见将军,因此执之,进取其兵,乃向成都,此中计也。返还白帝,连引荆州,徐还图之,此下计也。若沉吟不去,将致大困,不可久矣。"先主然其中计,即斩怀等。自葭萌南还取璋②。

时郑度说璋曰:"左将军袭我③,兵不满万,士众未附,野谷是资。计莫若尽驱巴西、梓潼人内涪水以西,其仓廪野谷,一皆烧除，高垒深沟，静以待之。彼请战不许，久无所资，不过百日，必将自走，走而击之，则必禽矣。"璋不用度计。先主遂长驱，所过必克，而有巴蜀。

[注释]

①涪：涪县。西汉置。治所在今四川绵阳东，涪江东岸。②葭萌：古县名。治所在今四川广元西南。三国蜀汉时改名汉寿。③左将军：指刘备。客居为左，主居为右。

[译文]

此时，正值刘璋听说曹操准备征讨据守汉中的张鲁，内心恐惧不安。别驾张松向刘璋建议说："曹操兵马强盛，天下人都不是他的对手，如果他吞并了张鲁，以此为基地，再进攻蜀地，谁能抵御住他的进攻？刘豫州刘备是您的同宗，也是曹操的仇敌。如果让刘备征讨张鲁，张鲁必定被攻破；攻破了张鲁，益州就会更加强大。曹操即便向蜀地用兵，也难以有所作为。"刘璋同意张松的看法，就派法正去迎接刘备。刘备同刘璋在涪县会见后，刘璋便返回成都。刘备正准备为刘璋征讨汉中，庞统又向刘备建议说："暗中选拔精兵，昼夜兼程，直袭成都，刘璋既不善于统兵打仗，又素无戒备，大军突然袭击，便可一举平定成都，此为上计。杨怀、高沛是刘璋手下名将，各统帅强兵把守关口。听说他们数次致书刘璋，建议他发遣将军返还荆州。将军可派人送信给他们，就说荆州局势紧张，想还军救援，并安排部队装作要班师回荆州的样子。杨怀、高沛二人素来佩服将军的英名，又很高兴您撤军离去，必定轻骑前来为您送行，可借此机会生擒二人，进而夺取他们的军队，然后再进兵成都，此为中计。返还白帝城，与荆州相连，再慢慢图谋以后的进取办法，此为下计。如果犹豫不决，流连此地，将陷入严重的困难之中，难以作长久之计。"刘备同意施行庞统所说的中计，斩了杨怀等人以后，自葭萌向南攻取成都的刘璋。

此时郑度向刘璋建议说:"左将军袭击我们,兵不满万人,当地百姓尚未诚心归附他,所以只能靠吃野谷子过日子。依我之计,不如把巴西、梓潼的百姓全部赶到涪水以西,仓库野谷全部焚毁,深沟高垒,静守以待。他们请战不能,持久又无粮草,不过百日,必将自行撤退,此时我发兵进击,一定能生擒刘备。"刘璋未能采纳郑度的计策,刘备得以长驱而下,所向必克,于是尽有巴蜀之地。

群臣劝先主称尊号①,先主未许。诸葛亮曰:"昔吴汉、耿纯等劝世祖即帝位②,世祖辞让,前后数四。耿纯进言曰:'天下英雄,喁喁冀有所望,如不从议者,士大夫各归求主,无为从公也。'世祖感纯言深至,遂然诺之。今曹氏篡汉,天下无主。大王刘氏苗族,绍世而起,即帝位,乃其宜也。士大夫久勤苦者,亦望尺寸之功名,如纯言耳。"先主于是即帝位。

[注释]

①先主:即刘备。②世祖:汉光武帝刘秀。

[译文]

群臣劝刘备称帝号,刘备没有答应。诸葛亮对刘备说:"从前,吴汉、耿纯劝世祖刘秀即皇帝位,世祖辞让不就,前后辞让了四次。于是耿纯进言说:'天下英雄殷切希望您即帝位,如果您不依众人的建议,士大夫将各有所归,再求新主,没有人再跟从主公了。'世祖感到耿纯所言至为深刻,便答应了众臣的请求。如今曹操篡夺汉室政权,天下无主。大王为刘氏苗族,继先世而起,即帝位是合时宜的。士大夫长期为大王辛勤效力,也是希望得到尺寸之封的功名,正如耿纯所说的一样啊!"刘备于是即皇帝位。

时曹公拔汉中。法正说先主曰:"曹操一举降张鲁,定汉中，不因此势以图巴蜀，而留夏侯渊、张郃屯守，身遽北还。此非其智不逮，力不足也，将内有忧逼故耳。今算渊、郃才略，不胜国之将率，举众往讨，则必克之。克之日，广农积谷，观衅伺隙，上可以倾覆寇敌，尊奖王室；中可以蚕食雍、凉，广境拓土；下可以固守要害，为持久之计。此盖天以与我，时不可失也。"先主善其策。乃率诸将进兵汉中，正亦从行。先主由阳平南渡沔水，缘山稍前，于定军、兴势作营。渊将兵来争其地。正曰："可击矣。"先主命黄忠乘高鼓噪，攻之，大破渊军。渊等授首，遂奄有梁汉。时魏使夏侯楙镇长安，蜀将魏延就诸葛亮请兵从褒中出①，循秦岭而东，当子午而北②，以袭长安，亮不许。

[注释]

①褒：古邑名。在今陕西勉县东南。②子午：即子午道。从关中至汉中的南北通道。古人以"子"为北，"午"为南，故名。

[译文]

此时，曹操已经攻拔了汉中。法正向刘备说："曹操一举降服了张鲁，平定了汉中，但他却不乘胜进兵巴蜀，而留夏侯渊、张郃屯守，自己却迅速北返。这并不是因为他智能低下，看不到这一有利的形势，也不是因为他还不具备向巴蜀用兵的军事实力，恐怕是他的朝内发生了足以令他担忧的事情，所以他才如此匆匆北归。现在料算夏侯渊和张郃的才略，比不上我们国内的将帅，如果我乘机挥军往讨，必能一举而克汉中。攻克汉中后，我就可以利用汉中优越的条件大力发展农业，积储粮食，等待时机而出兵。最好的情况是倾覆曹寇，嘉奖汉家王室；其次则可以蚕食雍州、凉州，开拓疆土；最下者尚可以固守汉中要害之地，保证国家的长久安全。这是天赐良机，切莫失掉这个机会。"刘备非常赞同法正的计策，于是统率诸将向汉中进兵，法正也跟从前往。刘备由阳平关南渡沔水，缘山前进，进至定军、兴势扎营。夏侯渊率兵前来同汉军争夺山岭，法正说："可以出击了。"刘备命黄忠擂响战鼓，乘高向下俯冲，大破夏侯渊。夏侯渊等被斩首，刘备于是尽有梁汉之地。此时，魏使夏侯楙镇守长安，蜀将魏延向诸葛亮请兵，出褒中，缘秦岭东进，从子午道北上，袭击长安，诸葛亮没有准许。

其后吴孙权袭关羽，取荆州。先主怒吴，伐之。败绩，还蜀，至永安而崩。后主禅即位①。先是，吴主孙权请和，丞相诸葛亮虑权闻先主殂，有异计，乃遣邓芝修好于权。权果狐疑，不时见芝。芝自表请见，权语芝曰："孤诚愿与蜀和亲，然恐蜀主幼弱，国小势逼，为魏所乘，不自保全，以此犹豫耳。"芝对曰："吴、蜀二国，四州之土。大王命世之英，诸葛亮一时之杰也。蜀有重险之固，吴有三江之阻。合此二长，共为唇齿，进可兼并天下，返可鼎足而立。此理势之自然也。大王今若委质于魏，魏必上望大王之入朝，下求太子之内侍。若其不从，则奉辞伐叛，蜀必顺流见可而进。如此，江南之地，非复大王之有也。"权默然良久曰："君言是也。"遂自绝魏，与蜀连和。

[注释]

①后主禅：即蜀后主刘禅。刘备之子。字公嗣，小字阿斗。公元223年至263年在位。

[译文]

其后，吴主孙权袭击镇守荆州的关羽，夺取了荆州。刘备对吴国的举动异常愤怒，于是兴兵讨伐吴国，兵败还蜀，到达永安时死去，后主刘禅即位。此前，吴主孙权主动向蜀汉求和，丞相诸葛亮考虑到孙权听到刘备去世的消息，很可能另作图谋，于是就派邓芝前往吴国与孙权修好。孙权果然狐疑不决，不及时接见邓芝。邓芝主动请求接见，孙权向邓芝说："我真心诚意希望同蜀国亲睦和好，然而又担心蜀主幼弱，国家弱小，形势紧迫，如果魏国乘机向蜀用兵，蜀国恐怕难以自我保全，因此我才犹豫不定。"邓芝回答说："吴、蜀两国据有四州的国土，大王为经略世界的英才，诸葛亮又为当世的俊杰。蜀国周边有千重万险为屏障，吴国又有三江为险阻。结合两方的优势，结为唇齿之交，进可以兼并天下，退可以鼎足而立。这是目前天下总的格局形势所决定的。大王如果要委附于魏国，魏国必定上希望大王亲自北上朝拜，下求太子到魏国做人质。如果不答应他的要求，他就可以借口讨伐叛逆，蜀国就可以顺流而下，见机而进。这样下去，江南之地，恐怕就不再为大王所有了。"孙权沉默良久，然后说："您讲得很对。"于是孙权同魏国绝交，同蜀国联盟。

时司徒华歆、司空王朗等，与诸葛亮书，陈天命，欲使举国称蕃。亮不答书，作正议曰："昔在项羽，起不由德，虽处华夏，秉帝者之势，卒就汤镬，为后来戒。魏不审鉴，今次之矣。免身为幸，灭在子孙。而二三子多逞苏、张诡靡之说，奉进骓兜滔天之辞①，欲以诬毁唐帝，讽解禹、稷，所以徒怀文藻，烦劳翰墨，大雅君子，所不为也。又《军志》曰：'万人必死，横行天下。'昔轩辕氏挈卒数万，制四帝，定海内。况以数十万之众，据正道而临有罪，可得干拟者哉？"亮死后，魏令邓艾伐蜀，蜀兵败。后主用谯周策降魏。晋时，李特复据蜀，晋桓温灭之。至宋义熙中，谯纵又杀益州刺史毛璩于成都，称成都王。宋使朱龄石灭之。此蜀国形也。

[注释]

①骓兜：传说中的恶人。

[译文]

此时魏国司徒华歆、司空王朗等人致书诸葛亮，陈述天命所归，想要蜀向魏国称臣。诸葛亮不给他们回信，作《正议》说：

"从前的项羽，不靠德行起家，虽然据有华夏之地，并具有成就帝王之业的势力，但最终的下场仍然是兵败身死，成为后世之戒。魏不能借鉴历史的教训，就将成为第二个项羽。如果能身免一死，就是大幸，但其子孙必定被人所灭。而有一些人却秉承发扬苏秦、张仪诡辩之说，奉进骧兜滔天谎词，企图诬蔑诋毁唐尧，讥讽禹稷政权。但结果也只能空有华丽的辞藻，并烦劳了翰墨。这些都是大雅君子绝对不去做的事情。《军志》说：'万人必死，横行天下。'从前轩辕氏率领数万士卒，制伏四帝，平定海内。更何况蜀汉拥数十万之众，居正义之道俯临有罪之国，谁能与我相抗衡相比拟呢？"诸葛亮死后，魏国派邓艾统兵伐蜀，蜀兵战败。后主刘禅采纳了谯周的建议向魏国投降。晋朝时，李特重新割据蜀地，晋将桓温将其讨灭。至宋义熙年间，谯纵又杀益州刺史毛璩，自称成都王。宋又派朱龄石率兵灭了谯纵。这是蜀国的情形。

丑为星纪，吴、越之分①。上应斗、牛之宿，下当少阳之位②。古人有言曰："大江之南，五湖之间，其人轻心，扬州保强，三代要服③，不及以正。国有道则后服，无道则先叛。"故《传》曰："吴为封豕长蛇，荐食上国。"为上国之患，非一日之积也。

汉高帝时，淮南王英布反，反书闻。上召诸将，问布反为之奈何，汝阴侯滕公曰："臣客故楚令尹薛公有筹策，可问。"上乃召见，问薛公，薛公对曰："布反，不足怪也。使布出于上计，山东非汉之有也；出于中计，胜败之数，未可知也；出于下计，陛下安枕而卧矣。"上曰："何谓上中下计？"令尹曰："东取吴，西取楚，并齐取鲁，传檄燕赵，固守其所，山东非汉之有也。""何谓中计？""东取吴，西取楚，并韩取魏，据敖仓之粟，塞成皋之口，胜败之数，未可知也。""何谓下计？""东取吴，西取下蔡，归重于越，身归长沙，陛下安枕而卧，汉无事矣。"

上曰："是计将安出？"令尹对曰："出下计。"上曰："何为废上中计而出下计？"令尹曰："布故骊山之徒也。自致万乘之国，此皆为身不顾其后，为万世虑者。故曰出下计。"上曰："善。"果如策。

[注释]

①丑为星纪，吴、越之分：星纪为十二星次之一，对应十二地支为丑，是吴、越的分野。古代将天上的星宿配对地上的州国。②少阳：指东方。③要服：指距王畿很远的地区。

[译文]

丑为星纪，吴越的位置上应斗、牛星宿，下当少阳之位。古人曾经说过："大江之南，五湖之间，这个区域内的人轻浮，又倚恃扬州逞强。在尧、舜、禹三代的时候，这个地区是偏远地区，还不属正式管辖的地区。当中原王朝政治清明强盛时，这个区域最晚表示臣服天子。当中原王朝政治腐败衰弱时，此地又最先背叛。"所以《左传》说："吴国就像一头大猪，一条长蛇，不断吞食北方上国。"可见吴为北方国家的大患，不是一天两天的事情了。

汉高祖时，淮南王英布起兵反汉，消息传到朝廷，皇上召集诸将商讨对策。汝阴侯滕公说："我的门客前任楚令尹薛公有处置的策略，可向他询问。"汉高祖就召见薛公询问平定对策，薛公回答说："英布反汉，不足为怪。假如英布用上策，那么山东地区就不为汉家所有了；如果用中策，谁胜谁负，难以预料；如果用下策，陛下就可以高枕而卧了。"汉高祖问："什么是上中下三计？"薛令尹回答说："东取吴地苏州，西取楚地荆州，兼并齐鲁，传檄文至燕、赵，然后固守已经取得的地盘，这样山东就不为汉家所有了。""什么是中计呢？""东取吴地，西取楚地，兼并韩、魏之地，据有敖仓粮食，把守阻塞成皋关口，这样谁胜谁负就难以预料了。""什么是下计呢？""东取吴地，西取下蔡，又回身把重点放在越地，最后返还长沙,这样陛下可以安枕而卧,汉家就平安无事了。"汉高祖说:"既然这样,英布将出何计?"令尹回答说:"英布必定用下计。"汉高祖问:"为什么英布将舍弃上中计而用下计呢?"令尹回答说:"英布本来是骊山脚下为秦始皇修墓的工徒,自我奋斗至万乘之国的国王,这类人都是只顾自身和当前,而不为后代和长远考虑的人,所以说他肯定用下计。"汉高祖说:"你讲得很好。"后来英布的行动果如薛公所言。

是后,吴王刘濞以子故而反[①]。初发也,其大将田禄伯曰:"兵屯聚而西,无他奇道,难以就功。臣愿得奇兵五万人,别循江淮而上,收淮南长沙,入武关,与大王会,此亦一奇也。"吴王太子谏曰:"王以反为名,此兵难以藉人,藉人亦且反王。"吴王不许。其少将桓将军复说吴王曰:"吴多步兵,步兵利险阻;汉多车骑,车骑利平地。愿大王所过城邑,不下,宜弃去,疾西据洛阳武库,食敖仓之粟,阻山河之险,以令诸侯。虽无入关,天下固已定矣。即大王徐行,留下城邑,汉车骑至,驰入梁、楚之郊,事败矣。"王问诸老,诸老曰:"此年少摧锋之计耳,安知大虑!"吴王不从桓将军之计,乃自并将其兵。汉以太尉周亚夫击吴、楚[②]。亚夫用其父客计,遂败吴。

[注释]

①以子故:吴王的儿子被皇太子所杀。②周亚夫:西汉名将。官至太尉。绛侯周勃之子。

[译文]

其后,吴王刘濞因为他儿子被皇太子所杀的缘故起兵造反。初起兵时,他的大将田禄伯说:"兵马集结后即向西用兵,如果没有其他奇兵配合,就难成功。我请求您给我奇兵五万人,另道循江淮而上,收复淮南长沙,入武关,同大王会师,这也算上用兵一奇。"

吴王太子却谏阻吴王说:"大王以造反为名,那么这支奇兵就不能借给他人指挥,如果借给他人,他人也会以此兵来反叛大王。"因此吴王没准许田禄伯的请求。吴王少将桓将军又向吴王建议说:"吴国的步兵多,步兵善于攀越险阻;汉廷多战车和骑兵,车骑便利野战。希望大王进军途中遇到城邑,如果不能顺利攻克,应舍城而去,迅速占据洛阳武库,并占有敖仓的粮食,凭借山河险阻,以便号令诸侯,虽然尚未入关,但已经决定了天下大局。如果大王进兵徐缓,攻克城邑,留兵驻守,汉车骑部队赶来,驰入梁、楚城郊,那么大事就失败了。"吴王以此计向诸位长老请教,诸长老说:"这是年轻人猛冲猛打的摧锋之计,哪里懂得深思熟虑?"于是吴王又未采纳桓将军的计策,并亲自率兵进军。汉朝廷命太尉周亚夫率兵征讨吴、楚。周亚夫采纳其父亲门客的计策,打败了吴王。

淮南王刘安怨望其父厉王长死,谋为叛逆。问伍被曰:"吾举兵西向,诸侯必有应者,即无,奈何?"被曰:"南收衡山,以击庐江①,有浔阳之船②,守下雉之城③,结九江之浦,绝豫章之口④,强弩临江而守,以禁南郡之下,东收江都、会稽,南通劲越,屈强江淮间,犹可一举得延岁月之寿。"王曰:"善。"未得发,会事泄,诛。

[注释]

①庐江:郡名。楚、汉之际分秦九江郡置。治所在舒(今安徽庐江西南)。②浔阳:古江名。指长江流经浔阳县境一段。在今九江市北。③下雉:汉置县名。故城在今湖北阳新县东南。④豫章:郡名。治所在豫章(今江西南昌市)。

[译文]

淮南王刘安对其父厉王刘长被汉文帝废黜、不食而死一事怀恨在心,阴谋反叛朝廷。他问伍被说:"我如果集结兵马向西进军,诸侯中肯定会有人响应,如果没有响应,该怎么办呢?"伍被回答说:"向南收取衡山,然后攻击庐江,占有浔阳船只,固守下雉城,在九江边上扎下营寨,阻绝豫章关口,令强弩手缘江守御,禁防南郡汉军东下,东取江都(即扬州)、会稽,南通劲越,在江淮间顽强支撑,还可能延长一些时日。"淮南王说:"你说得很好。"计划尚未施行,阴谋败露,被诛杀。

至后汉灵、献时,阉人擅命,天下提挈,政在家门。时长沙太守孙坚杀南阳太守张咨,袁术得据其郡。坚与术合纵,欲袭夺刘表荆州,坚为流矢所中,死。孙坚死,子策领其部曲,击扬州刺史刘繇,破之,因据江都。策闻魏太祖与袁绍相持于官渡,将渡江袭许,未济,为许贡客所杀。策死,弟权领其众。属曹公破袁绍,兵威日盛,乃下书责孙权,求质①。张昭等会议不决,权乃独将周瑜,诣其母前定议。瑜曰:"昔楚国初封于荆山之侧,不满百里之地。继嗣贤能,广土开境,立基于郢,遂据荆、扬,至于南海,传业延祚,九百余年。今将军承父兄余资,兼六郡之众,兵精粮多,将士用命,铸山为铜,煮海为盐,境内富饶,人不思乱,泛舟举帆,朝发夕到,士风劲勇,所向无前,有何逼迫,而欲送质?质子一人,不得不与曹氏,曹氏命召,不得不往,便见制于人也。岂与南面称孤同哉?不如勿与,徐观其变。若曹氏率义以正天下,将军事之未晚;若图为暴乱,兵犹火也,不戢②,必将自焚。韬勇枕威,以待天命,何送质之有!"权母曰:"公瑾议是也。"遂不送质。

[注释]

①求质:求取人质。②不戢:不止息。

[译文]

后汉灵帝、献帝时,宦官专权,指挥天下,发号施令,其行政大权掌握在臣下手中。当时长沙太守孙坚杀南阳太守张咨，袁术借机占据南阳郡。孙坚同袁术联合，准备夺取刘表据有的荆州，孙坚却被流矢击中而死。孙坚死后，其子孙策继续统率其父亲的部众，攻击扬州刺史刘繇，大败刘繇，因而得以据有江都。孙策听说魏太祖曹操同袁绍在官渡对峙，准备渡江北上，乘虚袭取曹操的许都，还未来得及渡江北上，被许贡客所杀。孙策死后，其弟孙权统率其部众。此时正值曹操在官渡大败袁绍，兵威日盛。曹操便下书责备孙权，并要求孙权入质朝廷。孙权的谋臣张昭等人会议商讨，犹豫未决。孙权于是抛开众臣，独自带着周瑜去见他的母亲，共决大事。周瑜说："从前，楚国刚刚被分封到荆山之侧时，地方不满百里。然而他的后代们有贤良的美德，有做事的才能，开拓疆土，以郢都为基础，随后逐渐据有荆、扬地区，以至延伸到南海，基业相传，达九百余年。如今将军得以继承父兄基业，统率六郡之众，兵马精良，粮草充足，将士乐于效命，铸山为铜，煮海为盐，境内富饶，人民安居乐业，泛舟举帆，朝发夕至，战士风格强劲刚勇，所向无敌，有什么迫不得已的事情，想要向曹操送人质？质子一旦入曹营，东吴就不得不归顺曹操；曹操召见大王，大王就不得不前往，这样就会受制于人。这岂能与南面称王同日而语？不若不送人质，慢慢观察形势的变化。如果曹操的确要用大义来匡正天下，将军此时再侍奉曹氏不迟；如果曹氏图谋不轨，欲为暴乱，那么，兵如烈火，如果不收敛，将会自焚于火海。我暂时收敛兵勇，隐藏军威，以待天命所归，有什么人质好送的！"孙权的母亲说："公瑾说得好。"孙权决定不向曹操送人质。

后曹公入荆州，刘琮举众降，曹操得其水军船、步卒数十万。吴将士闻之皆恐，孙权延见群下，问以计策。议者咸曰："曹公，豺虎也。托名汉相，挟天子以征四方，动以朝廷为辞。

今日拒之，事更不顺。且将军大势可以拒操者，长江也，今操得荆州，奄有其地，刘表治水军，艨艟斗舰，乃以千数。操悉以沿江，兼有步兵，水陆俱下，此为长江之险已与我共之矣。而势力众寡，又不可论。愚谓大计，不如迎之。"周瑜曰："不然，操虽托名汉相，其实汉贼。将军以神武之雄才，兼仗父兄之烈，割据江东，地方数千里，精兵足用，英豪乐业，尚当横行天下，为汉家除残去秽，况操自送死，而可迎之耶？请为将军筹之。今使北土已安，操无内忧，能旷日持久，来争疆场，又能与我决胜负于舟楫，可也。今北方既未安，马超、韩遂尚在关西，为操后患；且舍鞍马，仗舟楫，与吴、越争衡，本非中国所长①；又今盛寒，马无蒿草；驱中国士众，远涉江湖之间，不习水土，必生疾病。此数四者，用兵之患也，而操皆冒行之。将军擒操，宜在今日。瑜请得精兵三万人，进住夏口②，保为将军破之。"权曰："老贼欲废汉自立久矣，徒忌二袁、吕布、刘表与孤耳。今数雄已灭，惟孤尚存，孤与老贼，势不两立。君言当击，甚与孤合，此天以君授孤也。"周瑜等水军三万，与刘备并力距曹公，用黄盖火攻策，遂破曹公于赤壁。曹公败，径北还。权遂虎视江表。

[注释]

①中国：泛指中原。②夏口：古地名。又称沔口、汉口、鲁口。指夏水（汉水下游的古称）注入长江处。

[译文]

后来曹操破了荆州，刘琮率部众投降，于是曹操尽有荆州战船及步卒数十万。东吴将士闻讯，十分恐惧。孙权召见群臣，询问对策。大家都说："曹操如同豺虎，托名汉家丞相，挟持天子征讨四方。如果今天拒持曹操，事理更为不顺。况且，将军唯一可以同曹操相抗衡的优势是长江，如今曹操得了荆州，并占据了荆州全境，刘表治水军，艨艟斗舰，数以千计。曹操全部战舰投入长江之上待命,同时又有步兵,水陆俱下,这说明所谓长江天险,曹操已与我共有了。而且军事实力的众寡悬殊,又无法同曹操相提并论。我们认为,为前途大计着想,不如迎接曹操。"周瑜说:"形势并不像你们所说的那样严重。曹操托名汉家丞相,其实为汉家逆贼。将军以神武雄才,加上凭仗父兄的功业,割据江东,地方数千里,精兵足以备用,英雄豪杰乐于效命,目前正当横行天下,为汉家王朝除残去秽。况且,曹操自来送死,难道能迎接他,向他投降吗?请听我为将军分析筹划。假设北方已经安定,曹操无内顾之忧,可以旷日持久同我争夺疆场,又假设他有能力同我在水战上决胜负,这还可以另当别论。现在的情况是:曹操的北方并未安定,马超、韩遂尚割据关西,是曹操的后方之患;再加上舍弃鞍马骑战的优势,倚仗舟楫同吴越争高抗衡,这本不是中原的优势;现在又值天气寒冷,马无粮草;驱使北方士众,远涉江湖之间,不习水土,必生疾病。这四个方面都是用兵的大患,但曹操却冒这四项大忌而行事。将军擒获曹操,正在今日,我请求拨精兵三万,进驻夏口,保证为将军破曹操。"孙权说:"曹操老贼企图废汉自立的野心已经很久了,只是忌讳二袁、吕布、刘表和我不答应而已。现在那几位英雄都已经被消灭,唯我尚存。我与老贼势不两立。您认为应当抗击曹操,正合我的心意,这正是上天把您授予我的啊!"周瑜等率水军三万,与刘备通力合作,抗拒曹操,采纳黄盖火攻计策,于赤壁大破曹军。曹操战败北还。此后,孙权虎视江表,声威大震。

初,周瑜荐鲁肃才宜佐时。权即引肃对饮曰:"今汉室倾危,四方云扰,孤承父兄遗业,思有桓、文之功,君既惠顾,何以佐之?"肃对曰:"昔高帝区区,欲尊事义帝而不获者,以项羽为害也。今之曹操,犹昔项羽,将军何由得为桓、文乎?肃窃料之,汉室不可复兴,犹曹操不可卒除。将军为计,惟有鼎足江东，以观天下之衅。规模如此，亦自无嫌。然后建号帝王，以图天下，此高帝之业也。"及是平一江浒，称尊号，临坛顾谓公卿曰："昔鲁子敬尝道此，可谓明于事势矣。"黄武元年，魏使大司马曹仁步骑数万向濡须①，濡须督朱桓破之。七年，又使大司马曹休骑十万至皖城，迎周鲂，鲂欺之，无功而返。至权薨，皓即位，穷极淫侈，割剥蒸人②，崇信奸回，贼虐谏辅。晋世祖令杜预等伐吴，灭之。至晋永嘉中，中原丧乱，晋元帝复渡江，王江南。宋、齐、梁、陈皆都焉。此吴国形也。

[注释]

①濡须：堡坞名。建安十七年（212），孙权令筑，以拒曹操。据濡须水（源出今安徽巢湖西巢湖，经无为东南流入长江）口，故名。②蒸人：即百姓。

[译文]

当初，周瑜向孙权推荐鲁肃，说他有辅佐时世的才能。孙权就请鲁肃饮酒，说道："如今汉家王室面临着倾覆的危险，天下纷扰不安。我继承父兄的遗业，思盼建立齐桓、晋文辅佐王室那样的功劳。您既然慷慨前来相助，将为我出何种策略帮助我呢？"鲁肃回答说："从前汉高祖区区一将，诚心诚意想尊事义帝，最终未能达到目的，是项羽为害的缘故。今日的曹操就是昔日的项羽，将军如何能建立齐桓、晋文的功劳呢？依我来看，汉室难以复兴，如同曹操不可能迅速除掉一样。将军制定策略，唯有鼎足立于江东以待天下之变。天下的大势如此，将军也不应该有什么心理上的嫌忌。然后建帝号，即帝位，以便进一步夺取天下，这样才能建立汉高祖那样的功业。"到后来孙权统一了江东之地，称帝王尊号，在祭坛上对公卿说："从前鲁子敬曾预见今日的局面，可算是一位明于事势的人。"黄武元年，魏国派大司马曹仁率步骑数万向濡须进攻，濡须督朱桓将曹仁击退。黄武七年，魏国又派大司马曹休率十万骑兵进攻皖城，中周鲂计，无功而返。孙权死后，孙皓即位。孙皓穷极淫侈，盘剥百姓，崇信奸臣，残害犯颜谏阻的忠臣良将。晋世祖司马炎派杜预等统兵讨伐吴国，将吴国灭掉。一直到晋永嘉年间，中原战乱不息，晋元帝渡江，在江南称帝。宋、齐、梁、陈，都在此建都。以上是吴国的大体情形。

古者，天子守在四夷，天子卑弱，守在诸侯。当汉之季，奸臣擅朝，九州不澄，四郊多垒。虽复诸侯释位，以间王政，然皆包藏祸心，各图非冀。魏太祖略不世出，灵武冠时。值炎精幽昧之期，逢风尘无妄之世，瞋目张胆，首建义旗。时韩暹、杨奉挟献帝自河东还洛阳。太祖议迎都许。或以为山东未定，不可。荀彧劝太祖曰："昔晋文纳周襄王，而诸侯景从；高祖东伐，为义帝缟素，天下归心。自天子播越，将军首倡义兵，以山东扰乱，未能远离关右。然犹分遣将帅，蒙险通使。虽御外难，乃心无不在王室。是将军匡天下之素志也。今车驾旋轸，义士有存本之思，百姓感旧而增哀。诚因此时奉主上以从人望，大顺也；秉至公以服雄杰，大略也；挟宏义以致英俊，大德也。天下虽有逆节，不能为累明矣。韩暹、杨奉其敢为害！若不时定，四方生心，后虽虑之无及。"太祖至洛阳，奉天子都许，维其弛紊，纫其赘旒①，俾我汉家不失旧物矣。于是运筹演谋，鞭挞宇内，北破袁绍，南房刘琮，东举公孙康，西夷张鲁。九州百郡，十并其八，志绩未究，中世而殒。未能扶天下之危者，则据天下之安；能除天下之忧者，则享天下之乐；能救天下之祸者，则得天下之福。曹氏率义拨乱，代载其功。至文帝时，天人与能矣，遂受汉禅。

[注释]

①赘旒：赘，缀。旒，旌旗下面悬垂的饰物。喻指汉帝为摆设、饰物。

[译文]

在古代，天子利用华夏以外的周边部族来作守卫，后来天子的力量衰弱了，就只能倚靠诸侯做守卫了。汉朝末年，奸臣专擅朝政，九州混乱，王畿四郊多有战事。虽然有诸侯离开州郡封国直接参与朝廷政治，但都包藏祸心，各有非分之想。魏太祖曹操有盖世大略，神武冠绝当时。正值朝廷昏暗不明之时，适逢风尘无妄之世，曹操瞋目张胆，首举义旗。当时韩暹、杨奉挟持汉献帝自河东返还洛阳。曹操同诸将商议，打算迎汉献帝迁都许昌。有人认为山东尚未安定，迁都时机还不成熟。荀彧劝曹操说："从前，晋文公迎接周襄王，诸侯闻风响应；汉高祖东伐项羽，为义帝披麻戴孝，天下人心都归向了汉高祖。自从天子蒙难，将军首倡义兵，因山东局势混乱，未能远离关右。但仍然分派将帅，冒险通使。即使是抵御外难，您的心也无时无刻不在王室。这说明将军素有匡扶天下的志向。如今天子车驾返京，义士们都有复兴汉室的思想，老百姓也因感念旧情而平添了几分哀痛。如果能利用这个机会奉迎天子以顺从人们的真诚愿望，是大顺天下的举动；以至公之心使天下英雄豪杰诚心服从自己，这是经营天下的大略；倡导大义以招徕天下英才俊士，这是天下的大德。这样，即使天下有同您相对抗的事情发生，不会造成大的危害，是显而易见的。韩暹、杨奉还能造成什么危害！若不及时采取行动，稳定局势，一旦四方生离散之心，那时即使想这样做，也已经来不及了。"曹操到洛阳奉迎天子建都许昌。重建汉家已经废弛的纲纪，恢复汉家旧制，使我汉家重新树立了王朝威严，不致倾危。自此以后，曹操运筹帷幄，征战宇内，北破袁绍，南擒刘琮，东灭公孙康，西平张鲁。天下九州百郡，曹操十有其八，但壮志未酬，中世而死。能够匡扶天下危难的人，才能真正据有一个安定的天下；能够除去天下忧患的人，才能真正享受天下的欢乐；能够拯救天下祸端的人，才能真正得到天下的幸福。曹操首倡义举，拨乱反正，功勋彪炳史册。魏文帝时，天命人心归于能者，于是接受了汉家的禅让。

王室虽靖，而二方未宾，乃问贾诩曰："吾欲伐不从命，以一天下，吴、蜀何先？"对曰："攻取者先兵权，建本者尚德化。陛下应期受禅，抚临率土，若绥之以文德，而俟其变，则平之不难矣。吴、蜀虽蕞尔小国，依山阻水，刘备有雄才，诸葛亮善治国，孙权识虚实，陆逊见兵势，据险守要，泛舟江湖，皆难卒平也。用兵之道，先胜后战，量敌论将，故举无遗策。臣窃料群臣无权、备对①，虽以天威临之，未见万全之势。昔舜舞干戚而有苗服。臣以为当今宜先文后武。"文帝不纳，后果无功。

[注释]

①无权、备对：没有孙权、刘备的对手。

[译文]

魏虽然取代了汉家王朝，王室得以安宁，但仍有吴、蜀两国尚未归附。魏文帝问贾诩："我准备讨伐不服从王命的吴、蜀，统一天下，你认为吴国和蜀国，先对哪一国用兵为好？"贾诩回答说："若要出兵征战，必须首先研读兵法权变；建国立本，务在推行德化。陛下顺应天命，受禅即位，御临海内，如果能够以推行文德来安定天下，等待吴、蜀自行变乱，这时讨平两国并不是困难的事情。吴、蜀虽是小国，但有山水为屏障，形势险要，刘备有雄才，诸葛亮善于治国，孙权懂得兵法虚实的道理，其部将陆逊善于创造有利的兵势。他们据守险要之地，泛舟江湖，这些都是我难以迅速平定的不利因素。用兵的原则是，先据有胜利的条件，稳操胜券后，再出兵交战，并仔细查明敌方的力量，论列比较双方将领的优劣，只有这样反复比较权衡，才能做到战而必胜，万无一失。我料算群臣之中尚无孙权、刘备的对手，虽然以陛下的天威征讨两国，但也难看出万全必胜的形势。从前,舜舞动一下兵器,有苗氏诚心归服。我认为当前应该先文德后武功。"文帝未采纳贾诩的建议。后来果然无功而返。

至甘露元年,始以邓艾为镇西将军,拒蜀将姜维,维军败,退守剑阁①。钟会攻维,不能克,艾上言曰:"今贼摧折,宜遂乘之。从阴平由邪径经汉、德阳亭,趣涪,出剑阁西四百里,去成都三百余里,奇兵冲其腹心,剑阁之守必还赴涪,则会方轨而进;剑阁之军不还,则应涪之兵寡矣。《军志》有言:'攻其不备,出其不意。'今掩其空虚,破之必矣。"冬十月,艾自阴平行无人之地七百余里,凿山通道,山高谷深,艾以毡自裹,推转而下,将士皆攀木缘崖,鱼贯而进,先登至江油。蜀将诸葛瞻自涪还绵竹,列阵待艾。艾遣子忠等出战,大破之,斩瞻。进军到洛县,刘禅遂降。至晋末,谯纵复窃蜀,宋刘裕使朱龄石伐蜀,声言从内水取成都,败衣羸老进水口。谯纵果疑其内水上也,悉军新城以待之。乃配朱龄石等精锐,径从外水,直至成都,不战而擒纵。此灭蜀形也。

[注释]

①剑阁:此指剑门山。在四川北部,东北西南走向,长达七十余公里。主峰大剑山在剑阁县北。有剑门七十二峰,峭壁中断,两崖相嵌,形似剑门,故名。

[译文]

到甘露元年,魏任命邓艾为镇西将军,同蜀将姜维对阵,姜维战败,退守剑阁。魏将钟会久攻姜维不克。邓艾上书魏帝说:"蜀贼已遭到严重的打击和挫折,我应乘胜追击。从阴平(今甘肃文县境内)由小道经汉(治所在今四川剑阁县东北)、德阳亭(今四川江油市东北)直扑涪县,出剑阁以西四百里,距离成都三百余里,派奇兵直冲蜀国心脏，剑阁守军必定还救涪，钟会即可大踏步前进；如果剑阁守军不还救涪，那么涪县守军就难以支持。《军志》上说：'攻其不备，出其不意。'我直捣其空虚之处，必能破蜀。"景元四年冬十月，邓艾自阴平穿行无人之地七百余里，凿山通道，山高谷深，邓艾用毡裹在身上，从山上滚转而下，将士攀木缘崖，鱼贯而进，进至江油城。蜀将诸葛瞻从涪县还军绵竹，列阵等待邓艾。邓艾派其子邓忠出战，大破蜀军，斩诸葛瞻。魏军行至洛县，后主刘禅向魏国投降。到晋朝末年，谯纵割据蜀地，宋刘裕派朱龄石率兵伐蜀，声言要从内水攻取成都，并派老弱残兵上船入水口，作出要从水路进攻的形势。谯纵果然认为朱龄石将由内水（今四川涪江及其下游嘉陵江）而上，于是把军队全部屯驻在新城严阵以待。然而刘裕却拨予朱龄石精兵，从外水（今四川成都市府河及其下游岷江）直抵成都，不战而擒谯纵。这是灭蜀的大概情形。

魏嘉平中，孙权死。征南大将军王昶、征东大将军胡遵、镇南将军毌丘俭等表征吴。朝廷以三征计异，诏访尚书傅嘏，嘏对曰："昔夫差胜齐陵晋，威行中国，不能以免姑苏之祸；齐闵辟土兼国，开地千里，不足以救颠覆之败。有始者不必善终，古事之明效也。孙权自破蜀兼荆州之后，志盈欲满，凶亢已极。相国宣、文王先识取乱侮亡之义[①]，深达宏图大举之策。今权已死，托孤于诸葛恪。若矫权苟暴，蠲其虐政，民免酷烈，偷安新惠，外内齐虑，有同舟之惧，虽不能终自保完，犹足以延期挺命于深江之外矣。今议者或欲泛舟径济，横行江表；或欲倍道并进，攻其城垒；或欲大佃疆场，观衅而动。此三者皆取贼之常计。然施之当机则功成，若苟不应节，必贻后患。自治兵已来，出入三载，非掩袭之军也。贼丧元帅，利存退守。若罗船津要，坚城清野，横行之计，其殆难捷也。贼之为寇几六十年，君臣伪立，吉凶同患。若恪蠲其弊，天夺之疾，崩溃之应，不可卒待也。今贼设罗落，又持重密。间谍不行，耳目无闻。夫军无耳目，投察未详，而举大众以临巨险，此为希幸徼功，先战而后求胜，非全军之长策也。惟有大佃最差完牢。兵出民表，寇钞不犯；坐食积谷，不烦运士；乘衅讨袭，无远劳费。此军之急务也。夫屯垒相逼，巧拙得用。'策之而知得失之计，角之而知有余不足之处。'情伪将焉所逃？夫以小敌大，则役烦力竭；以贫敌富，则敛重财匮。故'敌逸能劳之，饱能饥之'，此之谓也。然后盛众厉兵以振之，参惠倍赏以招之，多方广似以疑之。由不虞之道，以间其不戒。比及三年，左提右挈，虏必冰散瓦解，安受其弊，可坐算而得也。昔汉氏历世常患匈奴。朝臣谋士，早朝晏罢；介胄之将，则陈征伐；搢绅之徒，咸言和亲；勇奋之士，思展搏噬。故樊哙愿以十万横行匈奴，季布面折其短；李信求以二十万独举楚人，而果辱秦军。今诸将有陈越江陵之险，独步房庭，即亦向时之类也。以陛下圣德，辅相贤智，法明士练，错计于全胜之地，振长策以御之，虏之崩溃，必然之数。故兵法曰：'屈人之兵而非战也，拔人之城而非攻也。'若释庙胜必然之理，而行百一不全之略，诚愚臣之所虑也。故谓大佃而逼之计最长。"时不从嘏言。诏昶等征吴。吴将诸葛恪拒之，大败魏军于东关。魏后陵夷，禅晋。太祖即位。

[注释]

①宣、文：指宣王司马懿和文王司马昭。

[译文]

魏嘉平年间，孙权去世。魏国征南大将军王昶、征东大将军胡遵、镇南将军毌丘俭等上表朝廷，请求征讨吴国。朝廷因三位将军所陈征吴方略不一致，就下诏征求尚书傅嘏的意见。傅嘏说："从前，夫差曾经战胜齐国、欺凌晋国，声威震中原，但最终不能避免姑苏亡国灭身之祸；齐闵王开辟疆土，兼并邻国，拓地千里，但也挽救不了自己被颠覆的命运。有良好辉煌的开端，未必能有好的结局，往古的史实已经证明了这一点。孙权自从大破蜀军兼并荆州以后，骄傲自满，凶暴已极。相国宣王和文王最先懂得夺取侵侮乱亡之国的大义，通达施展宏图大举的策略。现在孙权已经死去，将儿子孙皓托付给诸葛恪。如果他能矫正往日孙权的苛暴政治，使人民免于暴政的酷烈，在新政的恩惠下偷安，有同舟共济的危急忧患意识，内外齐心，如果吴国能做到这些，即使最终逃脱不了灭亡的命运，但尚足以在大江之外延续一些时日。现在筹划进兵策略的人，有的主张乘船渡江强攻，横行江表；有的主张绕道并进，进攻东吴的城垒；还有的主张军屯疆场，观衅而动。这三种主张都是进攻敌人的一般方法。如果施行的时机得当，就可以成功；如果施行的时机不成熟，各环节配合不当，则必遗后患。自从同吴国交兵以来，已历时三载，看来吴军也不是靠掩杀突袭就能轻易战胜的军队。现在吴贼刚丧元帅，以收缩固守为主要战略。如果吴人把战船集结在重要口岸，坚城清野，我渡江强攻、横行江表的作战计划恐怕很难奏效。吴国割据江东为寇近六十年，已经形成了稳固的君臣关系，上下同吉凶共患难。如果诸葛恪能够革除弊政，老天又不降灾难于吴，吴国崩溃的兆应也不是立等可待的。现在吴贼遍设网罗，又持重严守秘密，间谍不能行，耳目闭塞。用兵打仗，没有耳目通报情况，就不可能详察敌情。在这种情况下，发大军南进，企图跨越长江天险，这是希冀侥幸成功，先投入战斗而后寻求胜利的条件，不是保全军队、稳操胜券的良策。唯有让军队屯田疆场之计最稳妥可靠。兵出于民，秋毫无犯；吃自己种的粮食，不烦劳士卒运粮；乘衅击敌，无远来劳顿之苦。这些才是军队的当务之急。屯军设垒、逼近敌人，巧拙两种方法都可以得到运用。'经过筹算来分析敌人作战计划的优劣，同敌人进行小小的交锋，来了解敌人兵力的虚实强弱。'敌情的真实或伪诈怎么能逃出我们的分析？以弱小的力量同强大的力量抗衡，就会使弱小的一方差役繁重，实力枯竭；以贫穷同富裕相抗衡，贫穷的一方必定征敛繁重，财力匮乏。所以兵法说：'敌人安逸，能使其劳顿；敌人粮食充足，能使其无粮可食。'讲的正是这个道理。然后征调大军，秣马厉兵，旌旗浩盛，耀兵疆场，以军威震慑敌人，用恩惠重赏来招降敌人，多方布兵以迷惑敌人。从敌人毫无防备的道路出击，直捣其不戒备之处。这样下去，大约三年时间，就能使敌人冰散瓦解，自取败亡，我可以坐算庙堂之上夺取最后的胜利。从前，汉朝历代都以匈奴的侵扰为大患，朝臣谋士早朝刚散，戴盔披甲的将军们便去向朝廷陈述征伐匈奴的策略。文官大都主张和亲，武将大都主张动武。樊哙愿请十万精兵征讨匈奴，季布则当面驳斥其策略的不可行之处；李信请以二十万精兵攻取楚人，结果使秦军败辱。现在有人向朝廷上书，自称能越过长江，跨越险阻，在吴王宫廷之上独步，和上面的例子同属一类。以陛下的圣德，宰辅丞相的贤良智慧，法纪严明，将士干练，把进兵大计建立在全胜的基础之上，以长远之策来驾驭时局，吴虏迟早要崩溃是必然的。所以兵法上说：'使敌人的军队屈服并不通过战争，占领敌人的城池并不靠强攻。'如果放弃庙堂胜算的策略，而去实行没有百分之一成功希望的用兵计划，这的确是我做臣下的最为担忧的事情。所以我认为疆场屯田、步步逼近敌人的计策最为可取。"魏帝未能采纳傅嘏的策略，诏命王昶等率兵伐吴。吴国将领诸葛恪率兵迎战，在东关大败魏军。此后魏朝廷逐渐衰弱，最终禅让给晋，晋太祖即位。

至世祖时，羊祜上平吴表曰："先帝顺天应时，西平巴蜀，南和吴会，海内得以休息，兆庶有乐安之心。而吴复背信，使边事更兴。夫期运虽天所授，而功业必由人而成。不一大举扫灭，则众役无时得安。非所以隆先帝之勋，成无为之化也。故尧有丹水之伐，舜有有苗之征，咸以宁静宇宙，戢兵和众者也。蜀平之后，天下皆谓吴当并亡。自此来十三年，是谓一周，平定之期，复在今日。议者常言，吴楚有道后服，无礼先强，此乃诸侯之时耳。当今一统，不得与古同论。夫适道之论，皆未应权。是故谋之虽多，而决之欲独。凡以险阻得存者，谓所敌者同力，足以自固。苟其轻重不齐，强弱异势，则智士不能谋，而险阻不可保也。蜀之地，非不险也，高山寻云霓，深谷肆无景，束马悬车，然后能济。皆言一夫荷戟，千人莫当。及进兵之日，曾无藩篱之限，斩将搴旗，伏尸数万，乘胜席卷，径至成都。汉中诸城，皆鸟栖而不敢出。非皆无战心，诚力不足相抗。至刘禅降服，诸营堡者，索然俱散。今江淮之难，不过剑阁；山川之险，不过岷汉；孙皓之暴，侈于刘禅；吴越之困，甚于巴蜀。而大晋兵众，多于前世；资储器械，盛于往时。今不于此平吴，而更阻兵相守，征夫苦役，日寻干戈，经历盛衰，不可长久。宜当时定，以一四海。今若引梁、益之兵，水陆俱下；荆楚之众，进临江陵；平南、豫州，直指夏口；徐、扬、青、兖，并向秣陵，鼓旆以疑之，多方以误之。以一隅之吴，当天下之众，势分形散，所备皆急。巴汉奇兵，出其空虚，一处倾坏，则上下震荡。吴缘江为国，无有内地，东西数千里，以藩篱自持。所敌者大，无有宁息。孙皓恣情任意，与下多忌；名臣重将，不复自信。是以孙秀之徒[①]，皆畏逼而至。臣疑于朝，士困于野，无保势之计，一定之心。平常之日，犹怀去就；兵临之际，必有应者。终不能齐力致死，已可知也。其俗急速，不能持久，弓弩戟楯，不如中国。惟有水战，是其所便。一入其地，则长江非复所固。还保城池，则去长入短。而官军悬进，人有致节之志；吴人战于其地，有凭城之心。如此，军不逾时，克可必矣。"帝深纳焉。乃令王濬等灭吴。天下书同文，车同轨矣。

[注释]

①孙秀：孙策幼弟孙匡之孙，不为吴主孙皓所容而奔晋，任晋骠骑将军。

[译文]

晋世祖时，羊祜上平吴表说："先帝顺应天命时势，西面讨平了巴蜀，南面则同吴国建立和平友好关系，海内得以休养生息，老百姓安居乐业。而吴国却背弃信义，在边境制造事端。朝代循环的周期和命运虽然是由上天授予的，但利用这一时机建立功业则必须靠人去完成。如果不大举义兵彻底扫灭吴国，那么老百姓就永远摆脱不了兵役劳役的痛苦，永远过不上安定的日子。不这样做也不能够光大先帝的功勋、成就教化人民的业绩。所以唐尧有征服南蛮的丹水之战，虞舜有征伐有苗氏的战争，他们都是为了使宇宙宁静、兵革停息、人民和睦。讨平蜀汉之后，天下人都认为吴国也应该随之灭亡，至今已经十三年了，这是岁星循环的一个周期，所以今天又循环到讨平东吴的时候了。人们常说，吴、楚两国在中原王朝政治清明强盛时往往最后表示臣服，当中原王朝政治腐败衰落时，又是它们两国最先反叛。这说的是天下分裂、诸侯纷争时期的情形。如今天下一统，当然不能同往古时期相提并论。符合一般道理原则的论点都未必适应特殊的情形。因此进计献策的人虽然很多，但决策时就更需要决策者独断。凡是依赖险要的地理形势才得以存在的国家，则是因为它的敌国同它实力相当，它才能利用险要的地理形势来自固。假如双方轻重不齐、强弱悬殊，那么即使充满了智慧的人也难以为它谋求生存，这时只靠险阻的地形就很难保全它的国家了。巴蜀之地，不可谓不险，山高入云端，谷深不见影，通往蜀地的道路，马不得过，车不得行，只有把战马捆绑约束起来，把车辆悬起来方能通过。都说蜀道一人扛枪把关，千人难以通过。但等到向蜀地进兵时，险峻的地形不曾起到一道篱笆的限制作用，魏军斩将夺旗，杀得蜀军伏尸数万，乘胜席卷，一直杀到成都。汉中诸城如同小鸟栖息在窝中不敢出战。并不是因为他们都没有抗战的决心，而是因为他们的实力的确不足以同魏军相抗衡。等后主刘禅降服后，蜀地诸营堡顿时瓦解。如今，江淮之难攻，难不过剑阁；山川之险峻，险不过岷江和汉江；吴主孙皓的残暴，有过于刘禅；吴越的困境，有甚于巴蜀。而大晋朝的军队比前世多，军资器械更非往日可比。不乘此有利时机平讨吴国，仍然屯兵相守，那么征夫苦于兵役差役，日动干戈，你来我往。不应该这样长久相持。应该抓住战机，统一海内。如果我们率梁州、益州的军队水陆俱下，派荆楚的军队进抵江陵，平南、豫州的军队直指夏口（在今武汉市黄鹄山上，为历代兵家必争之地，徐、扬、青、兖四州的军队同时直趋秣陵（今南京市）。以战鼓旌旗来迷惑敌人，利用多种方法造成敌人判断和决策的失误。以东南一隅的吴兵去抵挡天下庞大的军队，势必造成兵力分散、处处设防、处处告急的被动局面。另外部署巴汉奇兵直捣吴国空虚之处，一处失守，必定使吴国上下震荡、军心不稳。吴国缘江为国，没有腹地，东西绵延数千里，以长江作为护国的藩篱和屏障。因为其防御的战线过长，所以难有宁息之日。吴主孙皓恣情任意，对下属颇多猜忌，名臣重将已失去胜利的自信，因此孙秀等人都被迫逃至晋国。吴国的大臣被朝廷猜疑，战士被困于疆场，已经没有保全自己的计策，丧失了誓死抵抗的决心。在平时和平情况下尚且有离心离德的倾向，等我大军压境之时，其内部必定有人响应。吴人终究难以做到团结一致、誓死抵抗，这一点是可想而知的。吴人性格急躁，难以持久，操持弓弩戟楯的技术也不如中原。唯有水战是他们的优势。我一旦跨越长江，则长江便失去了作为吴国屏障的作用；吴人被迫退守城池，吴人就不得不去其所长而用其所短。晋军悬军深入，人人有效命守节的志气；吴人在自己的国土上作战，有入城守御的被动心理。这样不需要多长时间，就能战胜吴国。"晋帝非常赞赏羊祜的意见，于是派王濬等率军灭掉了吴国。天下书同文、车同轨，实现了统一。

至晋惠庸弱，胡乱中原，天子蒙尘，播迁江表。当时天下复分裂矣。出入五代，三百余年。隋文帝受图，始谋伐陈矣。尝问高颎取陈之策①，颎曰："江北地寒，田收差晚。江南土热，水田早熟。量彼收获之际，微征士马，声言掩袭，贼必屯兵坚守，足使废其农时。彼既聚兵，我便解甲。再三如此，贼以为常。后更集兵，彼必不信。犹豫之顷，吾乃济师登陆而战，兵气益倍。又江南土薄，舍多竹茅，所有储积，皆非地窖，密遣行人，因风纵火，待其修立，复更烧之。不出数年，自可财力俱尽。"上行其策，陈人益弊。

[注释]

①高颎：隋臣。官至尚书左仆射，执掌朝政。先后推荐苏威、杨素、贺若弼、韩擒虎为将相。后因议论朝政被杀。

[译文]

晋惠帝昏庸暗弱，五胡乱华，战乱不息，天子蒙尘，被迫迁都江南。这时天下出现了分裂局面，前后经历了五个朝代（东晋、宋、齐、梁、陈），历时三百余年。隋文帝建立隋朝，统一中原后，开始筹划讨伐陈朝的事宜。隋文帝曾经向高颎询问攻取陈朝的策略，高颎回答说："江北地区气候寒冷，收获时节较江南为晚。江南气候温暖，水田较北方早熟。正值南方收获之际，稍稍征调兵马，声言将对南方用兵，陈贼必定集结兵力固守，足使他们耽误农时。等到他们兵马集结以后，我便解甲罢兵。反复这样做几次，他们便会习以为常，不再严加戒备。以后我再集结兵力、声言讨伐时，他们必定不再相信。乘他们犹豫未决之时，我迅速渡江登陆作战,士气旺盛。另外,江南土质湿软,房舍多用茅竹建成,所以粮食积储都不藏在地窖。我可秘密派人乘风纵火,等他们修复以后,再派人纵火烧毁。不出几年,自然财力俱尽。"隋文帝采纳了高颎的计策,陈朝日益衰败。

后发兵,以薛道衡为淮南道行台尚书,兼掌文翰。及王师临江,高颎召道衡,夜坐幕下,因问曰:"今师之举,克定江东与否,君试言之。"道衡答曰:"凡论大事成败,先须以至理断之。《禹贡》所载九州本是王者封域。后汉之季,群雄竞起,孙权兄弟,遂有吴楚之地。晋武受命,寻即吞并。永嘉南迁,重此分割。自尔已来,战争不息。否终斯泰,天道之恒。郭璞有云:'江东偏王三百年,还与中国合。'今数满矣。以运数而言,其必克一也。有德者昌,无德者亡。自古兴灭,皆由此道。主上躬履恭俭,忧劳庶政。叔宝峻宇雕墙,酗酒荒色,上下离心,人神同愤,其必克二也。为国之体,在于任寄。彼之公卿,备员而已。拔小人施文庆,委以政事。尚书令江总,惟事诗酒,本非经略之才。萧摩诃、任蛮奴,是其大将,一夫之勇耳,其必克三也。我有道而大,彼无德而小。量其甲士,不过十万。西自巫峡,东至沧海①,分之则援悬而力弱,聚之则守此而失彼,其必克四也。席卷之兆,其在不疑。"颎忻然曰:"君言成败理甚分明,吾今豁然也。本以才学相期,不意筹略乃至此也。"遂进兵,虏叔宝。此灭吴形也。自隋开皇十年庚戌岁灭陈,至今开元四年丙辰岁,凡一百二十六年,天下一统。

[注释]

①沧海:我国古代称东海为沧海。

[译文]

后来隋朝发兵进攻陈朝,任薛道衡为淮南道行台尚书,并兼管起草文书的工作。隋大军逼临长江，高颎召见薛道衡，夜坐军帐之中，问道："这次军事行动，是否能平定江东？请你就这一问题谈谈你的看法。"薛道衡回答说："凡论述大事的成败，必须首先用经典原理来作判断。根据《尚书·禹贡》的记载，九州本来是天子分封给诸侯王的封域。后汉末年，汉王室衰弱，群雄竞起，割据一方，孙权兄弟于是据有吴楚之地。晋武帝敬受天命，取代魏国不久，即发兵兼并了东吴。晋永嘉年间，皇室南迁，南北重新分裂。自那时以来，战争从未停息过。然而，否极泰来，这是永远颠扑不破的自然规律。郭璞曾经说过：'江东地区独立称王三百年后，就会重新被中原所统一。'现在三百年的时限已经满了。从命运天数来说，战胜陈朝是必然的，此其一。能够推行德政的国家就昌盛，不能推行德政的国家就会败亡。自古以来，王朝的兴灭，都是由这一规律所决定的。我大隋皇上事必躬亲、恭敬俭朴，为百姓操劳不已。而陈后主陈叔宝却为政苛暴、大兴土木、荒淫酒色，上下离心，人神同愤。这是我定能克服陈朝的第二个根据。治理国家的大体和关键在于知人善任。而陈朝的公卿大臣都是不务实际、徒具虚名的备员而已。提拔小人，重用舞文弄墨之徒。尚书令江总，只会赋诗饮酒，本非能够经营治理天下的人才。萧摩诃、任蛮奴是陈朝的大将，但都是一介勇夫，并无韬略可言。这是我定能克服陈朝的第三个根据。我隋朝有道而强大，陈朝无德而弱小。料算它的军队不过十万。西自巫峡东至沧海，分兵把守则兵力薄弱，难以相互为援；聚兵防守则顾此而失彼。这是我定能克服陈朝的第四个根据。根据这些征兆来分析，我席卷江南的预兆是不容怀疑的。"高颎忻然答道："您所讲的双方成败的道理非常明白，使我心胸豁然开朗。本以为您只是才学广博，没想到您筹谋计略也是如此高明。"于是进兵，俘虏了陈后主陈叔宝。以上是灭吴的大体情形。自从隋开皇十年庚戌岁灭陈，至今开元四年丙辰岁，凡一百二十六年，天下一统。

论曰：《传》称："都城过百雉①，国之害也。"又曰："大都偶国，乱之本。"古者诸侯不过百里，山海不以封，毋亲夷狄，良有以也。何者？贾生有言："臣窃迹前事，夫诸侯大抵强者先反。淮阴王楚最强，则最先反；韩信倚胡则又反；贯高因赵资则又反；陈豨兵精则又反；彭越因梁则又反；黥布用淮南则又反；卢绾最弱最后反。长沙乃在二万五千户耳，功小而最完，势疏而最忠。非独性异人也，亦形势然也。曩令樊、郦、绛、灌据数十城而王，今虽以残亡可也。令信、越之伦，列为彻侯而居，虽至今存可也。然则天下之大计亦可知已。欲诸王之皆忠附，则莫若令如长沙王；欲臣子之勿菹醢，则莫若令如樊、郦等；欲天下之治安，则莫若众建诸侯而少其力。"以此观之，今专城者，皆提封千里，有人民焉，非特百里之资也；官以才居，属非肺腑，非特毋亲之疏也；吴据江湖，蜀阻天险，非特山海之利也；跨州连郡，形束壤制，非别偶国之害也。若遭万世之变，有七子之祸，则不可讳，有国者不可不察。

[注释]

①雉（zhì）：古代计算城墙面积的单位。长三丈、高一丈为一雉。

[译文]

作者论说道：《左传》说："都城超过百雉，反而会给国家造成祸害。"又说："大都邑同国都的大小一样，是造成国家动乱的本源。"古代诸侯封地不超过百里，山海不在分封之列，不使诸侯同周边夷狄相亲近，这的确是有充分根据的。为什么呢？贾谊曾说过："我考察历史发现，诸侯中一般是强大的最先反叛。淮阴侯韩信做楚王时，楚国最为强大，因此最先反叛；韩王信倚恃胡人的支持，也反叛了朝廷；贯高凭借赵国的力量而反叛；陈豨因兵马精强而反叛；梁王彭越据梁而反叛；淮南王黥布据淮南而反叛；燕王卢绾最弱最后反叛；长沙王吴芮封国人口仅有二万五千户，因功小而能善始善终，因势弱而最忠诚。并不仅仅是因为人的天性有差别，强弱形势也是一个重要因素。假设使当年的樊哙、郦商、绛侯周勃、灌婴都封为拥有数十城的王，今天也可能遭致残灭败亡的下场。假设使韩信、彭越之流都封为彻侯，时至今日还可能保存着爵位。所以，安定天下的大计就可以因此而总结出来。如果要想使诸侯王都忠诚归附于朝廷，就应该使他们都像长沙王一样弱小；要想使臣子不遭诛戮的命运，那么就应该使他们都像樊哙、郦商等人；要想使天下长治久安，就应该众建诸侯，以使他们各自的势力弱小难以为害。"由此来看，当今专城而居的藩镇首领，辖地数千里，同时管理着其辖地上的人民，不仅仅是古代不过百里的封地了；提拔任命各部管职则根据才能的大小，他们并不一定是皇室肺腑之人，这样的用人制度造成的结果也不仅仅是各级官员并非皇室亲族而已；吴据有江湖，蜀据有险阻，它们所据有的也不仅仅是山川大海所带来的经济利益；跨州连郡，划地而治，这也不能同诸侯国所造成的危害相区别。一旦稍有变化，就会有汉朝吴楚七国之乱那样的祸端发生。这一点不可讳言，坐天下的人不可不注意研究这一问题。

卷七（权议）

惧戒第二十

《易》曰："汤、武革命，顺乎天而应乎人。"《书》曰："抚我则王，虐我则仇。"《尸子》曰："昔周公反政①，孔子非之曰：'周公其不圣乎，以天下让，不为兆人也。'"董生曰②："虽有继体守文之君，不害圣人之受命。"古语曰："穷鼠啮狸，匹夫奔万乘。"故黄石公曰："君不可以无德，无德则臣叛。"孙卿曰③："能除患则为福，不能则为贼。"

何以明之？昔文王在酆④，召太公曰："商王罪杀不辜，汝尚助余忧人，今我何如？"太公曰："王其修身，下贤，惠人，以观天道。天道无殃，不可以先唱⑤；人道无灾，不可以先谋。必见天殃，又见人灾，乃可以谋。与民同利。同利相救，同情相成，同恶相助，同好相趋。无甲兵而胜，无衡机而攻，无渠堑而守。利人者天下启之，害人者天下闭之。天下非一人之天下也。取天下若逐野兽，得之而天下皆有分肉；若同舟而济，皆同其利，舟败皆同其害。然则皆有启之，无有闭之者矣。无取于民者，取民者也；无取于国者，取国者也；无取于天下者，取天下者也。取民者民利之，取国者国利之，取天下者天下利之。故道在不可见，事在不可闻，胜在不可知，微哉，微哉！鸷鸟将击，卑身翕翼；猛兽将搏，俛耳俯伏。圣人将动，必有愚色。惟文惟德,谁为之式?弗观弗视,安知其极?今彼殷商,众口相惑;吾观其野,草茅胜谷;吾观其群,众曲胜直;吾观其吏,暴虐残贼,败法乱刑,而上不觉,此亡国之则也。"文王曰:"善。"

[注释]

①反:同"返"。归,还。②董生:即董仲舒。③孙卿:即荀子。战国时期思想家、教育家。名况。赵国人。时人尊其号为卿。汉人避宣帝刘询讳,称为"孙卿"。著有《荀子》。④酆:古地名。在今陕西长安西北沣河以西。⑤唱:唱导,亦作"倡导"。

[译文]

《易》说:"商汤周武革命,上顺天意,下应民心。"《尚书》说:"能抚恤爱护我们的人,我们就拥戴他做王;虐待我们的人,我们视他为仇敌。"《尸子》说:"从前,周公还政于成王,孔子对此不以为然,非议说:'周公莫非算不上圣人吗?拿天下让人,而不为广大百姓着想。'"董仲舒说:"虽然君主继承了先帝大统,恪守先帝遗制,但仍可能被上受天命的圣人所取代。"古语说:"老鼠被逼急了会去咬猫,匹夫百姓被逼急了会对天子造反。"所以黄石公说:"做君王的不能没有道德,没有道德,臣子就会反叛。"荀子说:"能够除去祸患的人能得到幸福,不能除去祸患的人则为祸患所残害。"

用什么来证明上述的论点呢?从前文王在酆,把太公召来问道:"商纣王妄杀无辜,你经常教导我要替人民而忧劳,现在我该怎么办呢?"太公回答说:"大王应该继续修炼自身,礼贤下士,向人民播施恩惠,以观察天命所归。天道如果尚没有给商王降下祸殃,大王就不能首先倡导;如果人事方面还没有什么灾祸,大王就不能首先图谋推翻商王。必须看到上天给商王降下了祸殃,人事方面又有灾害,这时才可以兴兵谋取。要与人民共同分享所有的利益。同利才可能相互救援,同情才能够相辅相成,同恶才能相互帮助，同好才能奔向同一个目标。做到了这些，即使没有甲兵也能够取胜，没有器具也能攻拔城池，没有壕堑也能固守。能为人民带来利益的人，天下百姓就会开门迎接他；为人带来危害的人，天下百姓就会闭门拒绝他。天下绝不是一个人的天下，夺取天下好比是人们在野外共同狩猎，得到了，天下人都应分得自己的一份；又好比同舟共济，如果安全到达了彼岸，那么大家共同享受其利，如果覆于水中，那么大家共受其害。所以说对大家有利，天下人就开门欢迎；对大家无利，天下人就会闭门不纳。不以夺取人民为目的，反而能夺取人民；不以夺取国家为目的，反而能夺取国家；不以夺取天下为目的，反而能够夺取天下。取得了人民，能使人民得到利益；取得了国家，能使国家得到利益；取得了天下，能使天下得到利益。所以道贵在人们永远看不见，事功贵在人们不知道，胜利贵在不知不觉之中。这其中的道理实在是太玄妙了！雄鹰将要搏击猎物时，总是缩身敛翅；猛兽将要搏击捕食时，总要缩耳俯身。圣人将有所作为时，则必须大智若愚。文质彬彬，播施德行，谁也无法限制你；听而不闻、视而不见，谁也看不透你究竟想做什么。如今商朝上下，众口相互欺骗；我观看他们的田野上，茅草比庄稼长得还旺盛；我观察他们的民众，邪恶压住了正直；我观察商朝的官吏，暴虐残贼，败法乱刑，但商王却仍然若无其事，这是行将亡国的征兆。"文王说："你讲得非常好。"

楚恭王薨，子灵王即位。群公子因群丧职之族，杀灵王而立子干。立未定，弟弃疾又杀子干而自立。初，子干之入也，韩宣子问于叔向曰①："子干其济乎？"对曰："难。"宣子曰："同恶相求，如市贾焉，何难？"对曰："无与同好，谁与同恶？取国有五难：有宠而无人，一也；有人而无主，二也；有主而无谋，三也；有谋而无民，四也；有民而无德，五也。子干在晋十三年矣，晋、楚之从，不闻达者，可谓无人；族尽亲叛，可谓无主；无衅而动，可谓无谋；为羁终世②，可谓无人；亡无爱征，可谓无德。王虐而不忌，楚君子干，涉五难以杀旧君，谁能济之？有楚国者，其弃疾乎？君陈、蔡③，城外属焉。苛慝不作④，盗贼伏隐，私欲不违，民无怨心，先神命之，国人信之。芈姓有乱，必季实立，楚之常也。获神一也，有民二也，命德三也，宠贵四也，居常五也。有五利以去五难，谁能害之？子干之官，则右尹也；数其贵宠，则庶子也；以神所命，则又远之。其贵亡矣，其宠弃矣，民无怀焉，国无与焉，将何以立？"

宣子曰："齐桓、晋文，不亦是乎？"对曰："齐桓，卫姬之子也，有宠于僖⑤，有鲍叔牙、宾须无、隰朋以为辅佐，有莒、卫以为外主⑥，有国、高以为内主。从善如流，下善齐肃，不藏贿，不从欲，施舍不倦，求善不厌，以是有国，不亦宜乎？我先君文公，狐季姬之子也，有宠于献公。好学不贰，生十七年，有士五人。有先大夫子余、子犯以为腹心，有魏犨、贾佗以为股肱，有齐、宋、秦、楚以为外主，有栾、郤、狐、先以为内主。亡十九年，守志弥笃。惠、怀弃民⑦，民从而与之，献无异亲，民无异望，天方相晋，将何以代之？此二君者，异于子干。恭有宠子，国有奥主，子干无施于民，无援于外。去晋，晋不送；归楚，楚不逆，何以冀国？"子干果不终，卒立弃疾，如叔向言。

[注释]

①韩宣子：即韩起。春秋时晋卿。叔向：即羊舌肸。春秋时晋卿。②羁(jī)：在外地作客。这里指漂泊外地。③陈、蔡：西周所分封的诸侯国。陈都宛丘（今河南淮阳），蔡都上蔡（今河南上蔡）。④苛：苛刻；繁细。慝(tè)：邪恶；恶念。⑤僖：指齐僖公。春秋时齐国国君。公元前730年至前698年在位。⑥莒：西周分封的诸侯国。春秋时都莒（今山东莒县）。卫：西周分封的诸侯国。春秋时都楚丘（今河南滑县）。⑦惠、怀：春秋时晋国国君

晋惠公和晋怀公。惠公为献公第三子，名夷吾。怀公为惠公之子，名圉。

[译文]

楚恭王死后，他的儿子即位，这就是楚灵王。楚恭王的儿子们利用已经丧失了职权的公族杀了楚灵王而另立子干。子干尚不及即位，子干的弟弟弃疾又杀了子干而自立为楚王。当初，子干回国时，韩宣子向叔向问道："子干能够成功吗？"叔向回答："很难。"韩宣子说："人有同样的憎恶，就有相互需求，好比市场做买卖，有什么难的呢？"叔向回答说："人无共同的喜好，又怎么会有共同的憎恶？要取得国家有五难：受到国王的宠爱但却得不到贤人的支持，此其一；有了贤人的支持但却无人做内应，此其二；有人做内应但却不擅长谋略，此其三；有谋略但却得不到民众的支持，此其四；有民众的支持但自己却没有德行，此其五。子干在晋国十三年了，晋国和楚国跟从他的人中，不曾听说有知名之士，这可谓没有贤人支持；族人都不在楚国，亲人又叛离，可谓没有内应；尚没有间隙可乘，便轻举妄动，可谓不善谋略；终身在外作客，可谓没有民众的支持；长期流亡在外，竟看不出楚国人有怀念他的迹象，可谓没有德行。楚灵王暴虐无忌，是自取灭亡。然而楚国的公子们冒取国五难杀了旧君而立子干，还有谁能帮助子干成功呢？将来取得楚国王位的，恐怕只有弃疾了吧？他统治着陈、蔡两地，方城山以外的地方也都属他管辖，苛暴邪恶的事情没有发生，盗贼伏隐不出，私欲不违越礼法，老百姓没有怨恨之心，祖先神灵授命给他，国内的老百姓都相信他。王室大姓发生动乱，小儿子就会被拥立，这是楚国的常例。弃疾一有祖先神灵的保佑，二有民众的支持，三有美德，四是受宠显贵，五是符合继立王位的常例。利用这五项有利条件而除去冒犯五难的人，有谁能够阻止得了他？子干的官职不过是右尹；若论贵宠，他又不是嫡生；若论神灵委命，他又离得很远。他没有尊贵的地位，没有受到宠爱，没有得到人民的怀念，国内又没亲附的人内应,他将凭什么条件继立王位呢?"

韩宣子问道:"齐桓公、晋文公不是同子干的情况一样吗?他们为什么能继立王位呢?"叔向回答说:"齐桓公是卫姬的儿子,受到僖公的宠爱,有鲍叔牙、宾须无、隰朋等贤智为辅佐,有莒国、卫国做外援,有国氏、高氏等齐国上卿做内应。再加上齐桓公从善如流,深受部属的尊敬,不贪财货,不放纵私欲,施舍众人不知疲倦,追求善行没有满足,因此而取得王位,不是在情理之中吗?我们的先君晋文公是狐季姬的儿子,受晋献公的宠爱。勤奋好学,专心致志,年仅十七岁时,就有五位杰出人士跟随他。有先大夫子余和子犯做腹心,有魏犨、贾佗为左右臂膀,有齐、宋、秦、楚等国做外援,有栾枝、郤縠、狐突、先轸等人做内应。在外流亡十九年,意志更加坚定。晋惠公、晋怀公抛弃晋民,人民都跟随了晋文公。晋献公除了晋文公已没有其他亲人,老百姓别无其他希望。上天在保佑晋国,有谁能够取代晋文公呢?这两位国君同子干的情况不同。楚恭王有自己宠爱的儿子,还有高深莫测的弃疾,子干对百姓没有什么恩施,他离开晋国时,晋国没有人送行,到楚国时,楚国不派人迎接,有什么希望取得楚国的王位呢?"子干后来果然没有达到目的,楚人最终拥立弃疾为王,如同叔向所预言的一样。

鲁昭公薨于乾侯①。赵简子问于史墨曰②:"季氏出其君而民服焉,诸侯与之,君死于外而莫之或罪,何也?"对曰:"物生有两、有三、有五、有陪贰。故天有三辰③,地有五行,体有左右,各有妃耦。王有公,诸侯有卿,皆其贰也。天生季氏,以贰鲁侯,为日久矣。民之服焉,不亦宜乎?鲁君世纵其失,季氏世修其勤,民忘君矣。虽死于外,其谁矜之!社稷无常奉,君臣无常位,自古以然。故《诗》曰:'高岸为谷,深谷为陵。'三后之姓④,于今为庶,主所知也。在《易》卦,雷乘乾曰大壮,天之道也。政在季氏，于此君也，四公矣。民不知君，何以得国？是以为君，慎器与名，不可以假人⑤。"

[注释]

①乾侯：地名。春秋时晋邑。故址在今河北磁县境。②赵简子：赵鞅。史墨：春秋时晋国史官。③三辰：日、月、星。④三后：古代三王。一般认为是夏禹、商汤、周文王；一说指夏禹、商汤、周文王和周武王。这里则指虞舜、夏禹、商汤。⑤假：给予。

[译文]

鲁昭公在乾侯死去，赵简子向史墨问道："鲁国的季氏赶走了自己的国君，而百姓顺服他，诸侯认可他，使自己的国君死在外国，而没有人指责他的罪行，这是为什么呢？"史墨回答说："事物的存在，有的成双，有的成三，有的成五，有的相辅。所以天有三辰（日、月、星），地有五行（金、木、水、火、土），身体有左右，各有配偶，王下有公，诸侯下有卿，这些是物有陪辅的例子。天生季氏，让他辅佐鲁国的国君，时间已经很久了，人民顺服他，不也在情理之中吗？鲁国的国君世代放纵自己的过失，而季氏却世代勤勉，致使人民已经忘掉自己的国君了。虽然客死国外，又有谁肯怜悯他呢？社稷没有永恒不变的祭奉对象，君臣的位置也不是永固不变的，自古以来都是如此。所以《诗经》上说：'高岸可以变为深谷，深谷也可以变为丘陵。'虞、夏、商的后代，今天都成了普通百姓，这是您也知道的。在《易经》卦中，雷在乾之上叫做'大壮'，这是天道规律。鲁国政权落到季氏手中，到鲁昭公已经是第四代了。人民连自己的国君都不知道，他怎么还会得到国家呢？因此，作为国君，对待车马、服饰和爵号要特别慎重，决不可轻易委托于他人。"

孔子在卫，闻齐田常将欲为乱①，而惮鲍、晏②，移其兵以伐鲁。孔子会诸弟子曰:"鲁,父母之国,不忍观其受敌,将欲屈节于田常以救鲁,二三子谁使?"子贡请使③,夫子许之。遂如齐,说田常曰:"今子欲取功于鲁实难,若移兵于吴则可也。夫鲁,难伐之国,其城薄以卑④,地狭以泄⑤,其君愚而不仁,大臣伪而无用,其士民又恶甲兵之事,此不可与战。夫吴,城高以厚,地广以深,甲坚以新,士选以饱,重器精兵,尽在其中,又使明大夫守之,此易伐也。"田常忿然作色曰:"子之所难,人之所易;子之所易,人之所难。而以教常,何也?"子贡曰:"夫忧在内者攻强,忧在外者攻弱。今君忧在内矣。吾闻君三封而三不成,是则大臣不听也。今君破鲁以广齐,战胜以骄主,破国以尊臣,而子之功不与焉,则交日疏于主。是君上骄主心,下恣群臣,求以成大事,难矣。夫上骄则恣,臣骄则争。是君上与主有郤,下与大臣交争也。如此,则子之位危矣。故曰不如伐吴。伐吴而不胜,民人外死,大臣内空。是君上无强臣之敌,下无民人之过,孤主制齐者,惟君也。"田常曰:"善。然兵业已加鲁矣,不可更,如何?"子贡曰:"子缓师,吾请救于吴,令救鲁而伐齐,子以兵迎之。"田常许诺。

[注释]

①田常:即田成子。或作陈恒、陈成子。春秋时齐国正卿。②鲍、晏:指鲍牧、晏圉。均为齐国世袭卿大夫。③子贡:即端木赐,字子贡。卫国人。孔子的得意门徒。④卑:低。与"高"相对。⑤泄(yì):众多。引申为杂乱。

[译文]

孔子在卫国听说齐国的田常准备作乱,只是畏惧鲍氏、晏氏。田常征调军队准备攻打鲁国,想以此来建立功勋,扩大自己的影响力。孔子便召集弟子们说:"鲁国是我们的父母之国,不忍看它受到敌人的侵略,我想对田常屈节求救,以拯救鲁国,你们谁能完成这一使命?"子贡请求出使,孔子同意。子贡于是来到齐国,对田常说:"现在您想对鲁国用兵建立功勋,实在很困难,如果引兵进攻吴国倒还可以。鲁国是一个很难进攻的国家,它的城墙单薄低矮,土地狭小低洼,它的国君愚昧不仁,大臣伪诈而无用,它的士民又厌恶战争,这就是您不能同鲁国交战的原因。而吴国城墙高大宽厚,土地深广,盔甲既坚又新,士卒精练,斗志饱满,精良的武器装备应有尽有,又有精明的将军统领守备,这就是吴国容易被战胜的原因。"田常听后,愤然大怒,说道:"你认为难的,都是人们认为容易的;你认为容易做到的,都是人们认为难以做到的。你却拿这些不着边际的歪理来教导我田常,你这是想干什么?"子贡回答说:"忧患在国内的,就要进攻强国;忧患在外部的,就要进攻弱国。而今天您的忧患正在国内。我听说您曾三次要封赏,但三次都未能实行,这是因为大臣们不同意。今天您要攻破鲁国来扩大齐国的领土,战胜鲁国使您的主上骄横,攻破鲁国使您国内的大臣更为尊荣,而您并不能得到什么好处,只能使您和主上的关系日益疏远。您这样做的结果只能是对上使国君更加骄横,对下使大臣更加恣睢无忌,因此而想成就事业是很困难的。国君骄傲,就会更加恣睢任意;大臣骄傲,就会相互争夺。这样,您上同国君的关系发生裂痕,下同大臣交锋争斗。这样下去,您的地位就会发生危险。所以我说不如征伐吴国。征伐吴国如果不能取胜,则人民战死国外,朝中丧失了大臣。这样您上无强臣为敌,下无过多的百姓,这样孤立主上、控制齐国的人,也就非您莫属了。"田常听后说:"您说得太好了。然而,军队已经逼临鲁国了,难以更改,这又该怎么办呢?"子贡说:"您延缓进攻的时间,我到吴国请求救援,让吴国援助鲁国攻伐齐国,您率兵迎战吴国的军队。"田常答应了子贡。

秦始皇游会稽①,至沙丘②,疾甚。始皇令赵高为书,赐公子扶苏③,未授使者,始皇崩。赵高因留所赐扶苏玺书,而谓公子胡亥曰:"上崩,无诏封王诸子,而独赐长子书。长子至,即位为皇帝,而子无尺寸之地,为之奈何?"胡亥曰:"固然也。吾闻明君知臣,明父知子。父既捐命,不封诸子,何可言也?"赵高曰:"不然。方今天下之权,存亡在子与高及丞相耳,愿子图之。且夫臣人与见臣于人,制人与见制于人,岂可同日而道哉?"胡亥曰:"废兄而立弟,是不义也;不奉父诏而畏死,是不孝也;能薄而材谫④,强因人之功,是不能也。三者逆德,天下不服。"高曰:"臣闻汤、武杀其主,天下称义焉,不为不忠;卫君杀其父,而卫国载其德,孔子著之,不为不孝。夫大行不细谨,大德不辞让,乡曲各有宜,而百官不同功。故顾小而忘大,后必有害;狐疑犹豫,后必有悔。断而敢行,鬼神避之,后有成功。愿子遂之也。"胡亥喟然叹曰:"今大行未发,岂宜以此事干丞相哉?"高曰:"时乎,时乎!间不及谋,赢粮跃马⑤,惟恐后时。"

[注释]

①会稽:郡名。秦始皇二十五年(前222)在原吴、越地置。治所在吴县(今江苏苏州)。②沙丘:古地名。在今河北广宗西北。③扶苏:秦始皇长子。④谫(jiǎn):浅薄。⑤赢:通"赢"。背,担。

[译文]

秦始皇巡游会稽,到了沙丘病情加重。秦始皇便命赵高给公子扶苏写信,信写好后,还未来得及派使者送出,秦始皇就死了。赵高便扣留了秦始皇赐给扶苏的玉玺和书信。他对公子胡亥说:"皇上已经驾崩,没有下诏书封诸子为王,唯独赐给长子一封书信。长子一来,就即皇帝位,而您却没有尺寸封地,这如何是好呢?"胡亥回答说:"本来就该如此。我听说圣明的君王了解他的臣下,圣明的父亲了解他的儿子。父亲既然已经有了诏命,不分封诸子为王,还有什么话可说呢?"赵高说:"不是这样的。现在天下的大权就在您我和丞相的手中,希望您认真谋划。况且使他人做自己的臣子同自己做他人的臣子,统治他人同被别人统治,难道能同日而语吗?"胡亥说:"废黜兄长而另立他的弟弟,这是不义之举;不奉行父亲的诏命而怕死,这是不孝之举;能力微薄,才疏学浅,却要强占别人的功业,是没有能力的表现。这三项悖逆了道德,天下人不会心服。"赵高说:"我听说商汤、周武杀了他的主上,天下百姓却视之为正义的行为,并不认为他们不忠;卫君曾杀了他的父亲,而卫国人却作为德行载入史册,孔子还写在书上,并不认为这是不孝之举。干大事业不能拘泥小节,大德行不推辞谦让。乡曲间的规矩彼此不同、各有所宜,百官建功的标准也彼此不同。所以照顾小节而忘了大业,将来必受其害;犹豫不决,疑心重重,将来一定后悔。当机立断,果敢而行,连鬼神都会躲避他,将来定能成功。希望您也能如愿。"胡亥长叹一声说:"现在大行(皇帝死后未葬称大行)还未发丧,难道能因这件事去打扰丞相吗?"赵高说:"时间太紧迫了!顾不得考虑那么多了。好比打仗,背着粮食,扬鞭催马,唯恐误了时间。"

胡亥既然高之言,高乃谓丞相斯曰[①]:"上崩,赐长子书,与丧俱会咸阳,而立为嗣。书未行,今上崩,未有知者,事将何以?"斯曰:"安行亡国之言耶?"高曰:"君自料才能,孰与蒙恬?功高,孰与蒙恬?谋远不失,孰与蒙恬?无怨于天下,孰与蒙恬?长子旧而信之,孰与蒙恬?"斯曰:"此五者皆不及蒙恬,而君责之何深也!"高曰:"高故内宫之厮役也,幸得以刀笔之吏进入秦宫,管事二十余年,未尝见秦免罢丞相、功臣有封及二世者也,卒皆以诛亡。皇帝二十余子,皆君之所知。长子刚毅而武勇,信人而奋事,即位必用蒙恬为丞相,君侯终不怀通侯之印归于乡里,明矣。高受诏教习胡亥学法,仁慈笃厚,轻财重士,秦之诸子，皆莫及也。可以为嗣，君计而定之。"斯曰："斯，上蔡闾巷布衣也，上幸擢为丞相者，固将以存亡安危属臣也。岂可负哉！夫忠臣不避死而庶几，孝子不勤劳而见危，君其勿复言。"高曰："盖闻圣人迁徙无常，就变而从时，见末而知本，观指而睹归，物固有之，安得常法哉？方今天下之权，悬命于胡亥，高能得志焉。且夫从外制中谓之惑，从下制上谓之贼。故秋霜降者草华落，水风摇者万物作，此必然之效也，君侯何见之晚也？"斯曰："吾闻晋易太子，三世不安；齐桓兄弟争位，身死为戮；纣残贼亲戚，不听谏者，国为丘墟。三者逆天，宗庙不血食，斯其犹人哉？安足与谋？"高曰："上下合同，可以长久；中外若一，事无表里。君听臣之计，则长有封侯，世世称孤，必有松、乔之寿②，孔、墨之智③。今释此而不从，祸及子孙，足为寒心。善者因败为福，君何处焉？"斯乃仰天而叹，垂泪太息曰："既已不能死，安托命哉？"乃听高立胡亥，改赐玺书，杀扶苏、蒙恬。

[注释]

①斯：即李斯。秦朝政治家。楚上蔡（今河南上蔡）人。秦始皇时任丞相。②松：赤松子。神话传说人物。相传为神农时雨师。一说为帝喾之师。后为道教所信奉。乔：王子乔。神话传说人物。相传为周灵王太子，喜吹笙作凤凰鸣声，由浮丘公引往嵩山修炼，三十年后在缑氏山顶上向世人告别，升天而去。③孔、墨：孔子、墨子。

[译文]

胡亥同意了赵高的意见后，赵高又对丞相李斯说："皇上驾崩，赐给长子扶苏诏书一封，让他到咸阳会理丧事，并立他为嗣，即皇帝位。诏书未及发出，现在皇上已经驾崩，没有人知道这件事，事情应该如何办呢？"李斯说："怎么能口出导致亡国的语言呢？"赵高说："请您自己分析一下，同蒙恬相比：谁的才能高？谁的功劳大？谁的谋虑深远、行而无失？谁对天下的百姓无怨？谁同长子扶苏的交情深、信任度高？"李斯回答说："这五个方面我都比不上蒙恬，您对我的指责是何等的深刻啊！"赵高说："我赵高本来是内官一个听差的小厮，幸而略知文墨而进入朝廷，管事至今已二十余年了，还不曾见到过秦朝免罢丞相、功臣封赏能够传至两代的，他们都以遭杀身之祸而告终。始皇帝有二十多个儿子，他们的性格为人您都很了解。长子扶苏刚毅武勇，深得人们的信赖，而勤奋做事。他如果即皇帝位，肯定用蒙恬为丞相，您最终不能带着列侯的印玺回归乡里，这是显而易见的。我赵高曾奉诏命教习胡亥学习法律，胡亥为人仁慈，诚实厚道，轻蔑财货，推重有才能的人，诸公子中谁也赶不上他，应该嗣立为皇帝，请您考虑定夺。"李斯说："我李斯本来是上蔡闾巷中一名普通百姓，皇上之所以把我提拔为丞相，本来是要把国家的存亡安危嘱托于我，我岂能负于先帝！忠臣不畏避死亡才算得上忠臣，孝子不勤劳就会遭致危险，请您不要再多言。"赵高说："听说圣人迁徙无常，随时变化，看到事物的末端就能推知它的本根，观人旨意就能知道他的目的所在。事物的道本来就是如此，哪里有永恒不变的处事法则呢？现在天下的权柄和命运就悬在胡亥手上，我赵高是能够得志的。况且，由朝廷外部控制朝廷内部叫做别有用心，在下的控制在上的叫做逆贼。所以秋霜降临而草木叶落，春水摇动而万物萌生，这就是事物运行的必然规律，您为什么迟迟不明白事理呢？"李斯说："我听说晋国曾因变易太子，结果三世不得安宁；齐桓公兄弟争夺王位，许多人身遭屠戮；纣王残灭亲戚，不听谏言，他的国家后来化为丘墟。这三者都是因为逆天悖理，才使得宗庙不保。我李斯怎么能重蹈前人覆辙呢？不足以同你们同谋！"赵高说："上下通力合作，就能够保持长久；中外团结一致，事情就无表里之分。您如果能够听从我的计划，就可以长久封侯，世世称孤，寿比仙人赤松子和王子乔，智比孔子和墨子。如果不从此计，必然祸及子孙，着实令人寒心。最好的办法是转败为福，您将何去何从呢？"李斯于是仰天长叹，流着泪水说："我既不肯殉难，将如何活命呢？"于是听从了赵高的计划，拥立胡亥为皇帝，修改秦始皇赐扶苏的玺书，杀了扶苏和蒙恬。

秦二世末，陈涉起蕲①，兵至陈②，张耳、陈余说涉曰③："大王兴梁、楚，务在入关，未及收河北也。臣尝游赵，知其豪杰，愿请奇兵略赵地。"于是陈王许之，与卒三千，从白马渡河④，至诸郡县，说其豪杰曰："秦为乱政虐刑，残灭天下。北为长城之役，南有五岭之戍⑤，外内骚动，百姓罢敝。头会箕敛，以供军费，财匮力尽，重以苛法，使天下父子不相聊生。今陈王奋臂为天下唱始，莫不响应。家自为怒，各报其怨。县杀其令丞，郡杀其守尉，今已张大楚，王陈。使吴广、周文将卒百万西击秦，于此时而不成封侯之业者，非人杰也。夫因天下之力，而攻无道之君，报父兄之怨，而成割地之业，此一时也。"豪杰皆然其言。乃行收兵，下赵十余城。

[注释]

①蕲：古县名。在今安徽宿州东南。②陈：古县名。春秋陈国，秦置县。治所在今河南淮阳。③张耳、陈余：均为大梁（今河南开封）人，著名游说之士。④白马：古津渡名。在今河南滑县东北，秦汉白马县西北古黄河南岸。⑤五岭：山名。即大庾岭、骑田岭、都庞岭、萌渚岭、越城岭。

[译文]

秦二世末年，陈胜在蕲起兵反秦，率兵进至陈，张耳、陈余向陈涉建议说："大王从梁、楚兴起，目标在西入关中，还未顾及收复河北之地。我曾在赵国游历，了解当地的豪杰之士，我请求率一支奇兵向北略取赵地。"陈王答应了他们的请求，拨予他们兵卒三千，从白马津渡过黄河，到达赵地诸郡县，二人对当地的豪杰们说："秦实施暴政虐刑，残害天下。北有修筑长城的苦役，南有五岭地区的兵役戍卫，内外又骚动不安，百姓疲惫不堪。用簸箕收敛人头税来充作军费，搞得百姓财匮力尽，法令严苛，致使天下民不聊生。现在陈王奋臂大呼，为天下首倡义旗，天下人无不响应。家家都愤怒而起，各报家怨家仇。各县杀了他们的县令县丞，各郡杀了他们的郡守郡尉，现在已经建立了大楚的国号，在陈地称王。派吴广、周文二将军率领百万大军向西攻打秦王朝，在这个时候还不能建立封侯大业的人，就算不上人中豪杰。借天下反秦的力量，攻击残暴无道的君主，报父兄的仇怨，建立割地封侯的业绩，现在正是不可多得的大好时机。"豪杰们都很赞同他们二人的见解，开始招兵买马，很快攻下赵地十余座城池。

　　韩信既平齐，为齐王，项王恐，使盱眙人武涉往说齐王，使三分天下，信不听。武涉已去，蒯通知天下权在韩信①，欲为奇策而感动之，以相人说韩信曰："仆常受相人之术。"韩信曰："先生相人何如？"对曰："贵贱在于骨法，忧喜在于容色，成败在于决断，以此参之，万不失一。"信曰："先生相寡人如何？"对曰："愿请间。"信曰："左右远。"蒯通曰："相君之面，不过封侯，又危不安；相君之背，贵乃不可言。"韩信曰："何谓也？"

　　蒯通曰："天下初发难，俊雄豪杰建号一呼，天下之士，云合雾集，鱼鳞杂沓，烟至风起。当此之时，忧在亡秦而已。今楚、汉分争，使天下无罪之人肝胆涂地，父子暴骸，骨肉流离于中野，不可胜数。楚人起于彭城，转斗逐北，至于荥阳，乘利席卷，威震天下。然兵困于京、索之间，迫西山而不能进者，三年于此矣。汉王将数十万之众，距巩、洛②，阻山河之险，一日数战，无尺寸之功，折北不救，败荥阳，伤成皋，遂走宛、叶之间③，此所谓智勇俱困者也。夫锐气挫于险塞，而粮食竭于内藏，百姓罢极，怨望容容，无所依倚。以臣料之，其势非天下贤圣，固不能息天下之祸。当今两主之命，悬于足下：足下为汉则汉胜，与楚则楚胜。臣愿披腹心，输肝胆，效愚计，恐足下不用也。诚能听臣之计，莫若两利而俱存之，三分天下，鼎足而居，其势莫敢先动。夫以足下之贤圣，有甲兵之众，据强齐，从燕、赵，出空虚之地而制其后，因民之欲，西向为百姓请命，则天下风起而响应矣，孰敢不听？割大弱强，以立诸侯。诸侯已立，天下服听而归德于齐。案齐之故，有胶、泗之地，怀诸侯以德，深拱揖让，则天下之君王，相率而朝于齐矣。盖闻'天与不取，反受其咎；时至不行，反受其殃'。愿足下熟虑之。"

[注释]

①蒯通：秦汉之际策谋之士。范阳（今河北徐水固城镇）人。著有《隽永》八十一篇，今佚。②巩、洛：即巩县、洛阳。③宛：战国时楚邑，秦置县，治所在今河南南阳市。叶：春秋楚叶邑，秦置县。故地在今河南叶县。

[译文]

韩信平定了齐国旧地，做了齐王。项王闻讯，十分震恐，急派盱眙人武涉前往劝齐王韩信与刘邦、项王三分天下，韩信不答应。武涉离去以后，蒯通深知天下的主动权此时正操在韩信手中，想用奇策来打动他，于是就扮作观相的人对韩信说："我曾经学习过观相的理论和方法。"韩信问："先生为人看相的本领怎么样？"蒯通回答说："一个人高贵或卑贱要看他的骨法，忧愁或喜悦要看他的容色，一个人的成功或失败，要看他在复杂的环境中能否当机立断。从这三个方面来看人，万无一失。"韩信说："先生也给我相相面，我属于哪一类人呢？"蒯通说："我希望和你单独谈谈。"韩信吩咐左右退下。蒯通便对韩信说："看您的面部，贵不过封侯，但又面临着危险和不安；要看您的背部，则贵不可言。"韩信问："这怎么讲？"

蒯通说："当初天下刚开始向秦朝发难时，英雄豪杰们各树旗帜，振臂一呼，天下反秦之士如云合雾集，鳞次栉比，迅猛之势，烟至风起。这个时候，各路英雄，志在消灭秦王朝，尚无暇他虑。现在楚汉相争，致使天下无辜的百姓肝胆涂地，父子暴尸疆场、骨肉亲人流离荒野的人，不可胜数。楚人在彭城起兵，转战南北，进军到荥阳，乘胜席卷中原，威震天下。然而，他们被困在京师和索邑（在今河南荥阳）之间，被西山（在今陕西宝鸡市西北）阻隔而不能前进，至今已经三年了。汉王刘邦率数十万军队，在巩、洛同项羽相持，也被险峻的山河形势所阻，虽然一日数战，但却不得前进一步，频受挫折和失败，却无人救援。在荥阳、成皋连遭失败后，败逃到宛、叶之间。这正是人们常说的智（刘邦）勇（项羽）俱困的情况。战斗的锐气在险峻的山川形势下受到严重挫伤，所需军资粮饷府库已告枯竭。百姓疲惫已极，满腔怨愤溢于容色，但却仍然无所依归。据我分析，目前天下的总态势是，没有圣贤出现，就难以平息天下的灾祸。现在楚汉两主的命运就操纵在您的手中：您站在汉王的一边则汉胜，站在楚王的一边则楚胜。我甘愿披肝沥胆，奉献计策，只怕您不能采纳。如果您真能听从我的计策，不如对楚、汉双方都维持友好关系，使楚汉共存，造成三分天下、鼎足而立的局面，这样的态势，谁也不敢轻举妄动。以您的贤能和圣明，加之庞大的军事实力，以强大的齐国为根据地，联合燕赵，出兵于楚、汉两国的空虚之处，控制楚汉的后方，顺从人民的愿望，然后引兵西向，为百姓请命，这样，天下百姓就会风起而响应大王，有谁敢不听从您的指挥？您可以把大国分割成小国，把强国分割成弱国，众建诸侯国。诸侯建立以后，天下就会对您唯命是从，并对齐国感恩戴德。齐国据有胶东、泗水等肥沃的土地，用德行来感召诸侯，并对他们恭谨礼让，这样天下的诸侯就会纷纷到齐国来朝拜。您大概也听说过这样的话：'上天赐予的东西不去接受，反而会受到上天的责备；时机已经到来，却不付诸实行，就会受到祸殃。'请您认真考虑。"

韩信曰："汉王遇我厚，载我以其车，衣我以其衣，食我以其食。吾闻之，乘人车者，载人之患；衣人衣者，怀人之忧；食人之食者，死人之事。吾岂可以向利背义乎？"蒯生曰："足下自以为善汉王，欲建万世之业，臣窃以为误矣。始常山王、成安君为布衣时①，相与为刎颈之交，后争张黡、陈泽之事②，二人相怨。常山王奉项婴头鼠窜，归于汉王。汉王借兵东下，杀成安君泜水之南，头足异处，卒为天下笑。此二人相与，天下至欢。然而卒相擒者，何也？患生于多欲，人心难测也。今足下欲行忠信以交于汉王，必不能固于二君之相与也，而事多大于张黡、陈泽。故臣以为足下必汉王之不危己，亦误矣。大夫种、范蠡存亡越，霸勾践，立功成名而身死亡。谚曰：'野兽尽而猎狗烹，敌国破而谋臣亡。'夫以交友言之，则不如张耳之与成安君也；忠臣言之，则不过大夫种之于勾践也。此二人者，足以观矣，愿足下深虑之。且臣闻勇略震主者身危，而功盖天下者不赏。臣请言大王功略：涉西河，虏魏王，擒夏说③；引兵下井陉，诛成安君；徇赵，胁燕，定齐；南摧楚人之兵二十万；东杀龙且④，西向以报。此所谓功无二于天下，而略不世出者也。今足下载震主之威，挟不赏之功，以归楚，楚人不信；归汉，汉人震恐。足下欲持是安归乎？夫势在人臣之位，而有震主之威，名高天下，窃为足下危之。"韩信谢曰："先生且休矣，我将念之。"

[注释]

①常山王、成安君：即张耳、陈余。②张黡、陈泽：均为赵王偈的部将。③夏说：陈余的部将。④龙且：楚霸王项羽的部将。

[译文]

韩信说:"汉王待我很厚,他把自己的车让给我乘坐,把自己穿的衣服让给我穿,把自己的一份食物让给我吃。我听说,乘坐别人车的人要分担别人的忧患,穿了别人衣服的人就应该替别人分担忧愁,吃了别人食物的人就要肯为别人效死命。我怎么能够为获取利益而背弃信义呢?"蒯通说:"您自以为同汉王的交情很深,想帮他建立万世大业,我认为您的这种想法是非常错误的。当初,常山王张耳、成安君陈余做普通百姓时,相互结为刎颈之交,后来因张黡、陈泽的事情(张耳被秦军围困时,派张、陈二人向陈余求援,陈余拨援兵五千给张、陈,张、陈没于秦军),二人结下怨仇。后来常山王拿着项婴的首级逃归汉王。汉王借兵东下,在泜水南岸杀了成安君,使成安君头和脚分离两处,被天下人所耻笑。张耳、陈余的交情,可以说是天下最好的,但最终相互擒杀,是什么原因呢?因为祸患都从多欲而产生,人心难测的缘故。今天您也想以忠信的行动来加深同汉王的交情,但无论您同汉王的情谊有多深,也一定赶不上张耳和陈余的交情,但您同汉王之间的纠葛比张黡、陈泽的事情要复杂得多、严重得多。所以我说,您如果认为汉王一定不会对您造成危害,这又是非常错误的看法。大夫文种和范蠡保存了濒临灭亡的越国,并辅佐勾践称霸,功成名就之后,或遭杀身之祸,或被迫亡命江湖。有句谚语说:'打完野兽后猎狗就会遭到烹杀,打败敌国以后谋臣就得被迫逃亡。'您和汉王的关系,以朋友而论,则比不上张耳同成安君的关系;以忠臣而论,则比不上大夫文种和勾践的关系。以上二人的教训是很值得汲取的。请您再作深入的分析。况且我还听说勇略震动主上的人面临着生命危险,功盖天下的人无法给予封赏。请让我说一说大王的功略:横渡西河,俘虏魏王豹,生擒夏说;带领部队夺取井陉,杀了成安君;攻占了赵国,震服了燕国,平定了齐国;向南摧垮楚国军队二十万;东杀项羽的大将龙且,西向汉王报捷。这可称为功劳之大,天下无人匹敌;谋略之高,当世无比啊!现在您带着使人主震恐的威势,挟着应给予极大封赏的战功,投奔楚国,楚人肯定不信任;归附汉王,汉人会感到震恐。您带着如此大的战功和声威将归向何方呢?您现在身居人臣的位置,却有使主上震恐的威望,名望高于天下所有的人。我为您的危险处境感到担忧。"韩信拜谢道:"先生就说到这里吧。让我考虑考虑。"

后数日,蒯通复说曰:"夫听者,事之候;计者,事之机也。听过计失而能久安者,鲜矣。听不失一二者,不可乱以言;计不失本末者,不可纷以辞。夫随厮养之役者,失万乘之权;守儋石之禄者①,阙卿相之位。故智者,决之断也;疑者,事之害也。审毫厘之小计,遗天下之大数。智诚知之,决不敢行者,百事之祸也。故猛虎之犹豫,不如蜂虿之致螫②;骐骥之跼躅,不如驽马之安步;孟贲之狐疑,不如庸夫之必至也;虽有舜禹之智,沉吟而不言,不如瘖聋之指麾也。夫功者,难成而易败;时者,难得而易失也。时不再来,愿足下详察之。"韩信犹豫不忍背汉,又自以为功多,汉王终不夺我齐,遂谢蒯生。蒯生曰:"夫迫于苟细者,不可与图大事;拘于臣虏者,固无君王之意。"说不听。因去,佯狂为巫。

[注释]

①儋石:一石为石,再石为儋。②虿(chài):蝎类毒虫。

[译文]

又过了几天,蒯通又对韩信说:"能够倾听别人的意见,才能预见事物发展的征兆和趋向;遇事反复比较分析,才能抓住事物成功的关键。采纳错误的建议、作出了错误的决定,而仍然能够长久平安无事的例子是很少有的。听取别人意见判断基本正确的人,就很难用华丽的言辞去扰乱他；筹划计谋不至本末倒置的人，也很难用花言巧语搅乱他的方寸。甘愿为人做劈柴饲养差事的人，就失去了做万乘君王的机会；安心微薄俸禄的人，就不可能取得卿相的职位。所以，当机立断才是聪明的举动，犹豫不决是做事的祸害。专在细小的事情上动心思，就会丢掉天下的大事。智慧足以明辨是非，作出了决定，又没勇气付诸实施，这是导致事情失败的祸根。所以说，猛虎犹豫不动，还比不上蜂蝎类动物螫人厉害；骏马踟躇不进，还比不上劣马一步一步往前走；虽然勇猛如古代的勇士孟贲，但如果狐疑不决，还比不上平庸的人有不达目的誓不罢休的决心；虽然有舜禹一般的智慧，但如果沉默不语，还比不上聋哑人手语的作用。事功，难于取得而易于失败；时机，难于遇到而容易丧失。时机一旦失去，就很难再遇到，希望您仔细考虑斟酌。"韩信仍然犹豫不决，不忍心背叛汉王。又自以为功勋卓著，汉王不会夺去他的齐王之位，于是谢绝了蒯通的建议。蒯通说："斤斤计较于细节的人，难以同他图谋大事业；拘泥于臣子位置的人，当然不会有做君王的雄心。"他的计谋不被韩信采纳，因而离开了韩信，假装疯癫，做了巫师，以避免杀身之祸。

吴王濞以子故不朝，及削地书至，于是乃使中大夫应高诱胶西王[①]。无文书，口报曰："吴王不肖，有宿夕之忧，不敢自外，使喻其欢心。"王曰："何以教之？"高曰："今者主上兴于奸雄，饰于邪臣，好小善，听诡贼，擅变更律令，侵夺诸侯之地，征求滋多，诛罚良善，日以益甚。语有之曰：'舐糠及米。'吴与胶西，知名诸侯也，一时见察，恐不得安肆矣。吴王身有内病，不能朝请二十余年，常患见疑，无以自白。今胁肩累足[②]，犹惧不见释。窃闻大王以爵事有谪[③]，所闻诸侯削地，罪不至此，此恐不得削地而已。"王曰："然，有之。子将奈何？"

高曰:"同恶相助,同好相留,同情相成,同欲相趋,同利相死。今吴王自以为与大王同忧,愿因时循理,弃躯以除患害于天下,抑亦可乎?"王瞿然骇曰:"寡人何敢如是!今主虽急,固有死耳,安得勿戴?"高曰:"御史大夫晁错荧惑天子,侵夺诸侯,蔽忠塞贤,朝廷疾怨,诸侯皆有背叛之意,人事极矣。彗星夕出,蝗虫数起,此万世一时,而愁劳圣人之所起也。故吴王内欲以晁错为讨④,外随大王后车,彷徉天下⑤。所向者降,所指者下,天下莫敢不服。大王诚幸而许之一言,则吴王帅楚王,略函谷关,守荥阳、敖仓之粟,距汉兵,治次舍,待大王。大王有幸而临之,则天下可并,两主分割,不亦可乎?"王曰:"善。"七国皆反,兵败伏诛。

[注释]

①誂(tiǎo):逗引;诱惑。②胁肩累足:耸起肩膀,两足相迭,不敢正立。形容畏惧之状。③谪:谪,谴责。④以晁错为讨:以讨伐晁错为名。⑤彷徉:游散徘徊之意。

[译文]

吴王刘濞因其子被皇太子杀害的缘故长期不赴京师朝拜。当朝廷削诸侯封地的诏书下达到吴国以后,吴王就派中大夫应高去诱惑胶西王。应高没有吴王的文书,仅是捎吴王的口信说:"吴王不才,因有旦夕之忧,不敢亲自外出,所以派我来向您表示他对您的欢娱之情。"胶西王问:"不知有何见教?"应高说:"当今皇上被奸雄所怂恿,被邪臣所迷惑,贪图小利,听信诡诈谗言,擅自变更祖宗律令,侵夺诸侯的封地,横征暴敛日益增多,对善良大臣的诛罚也日甚一日。有句俗语说:'吃了糠皮就连及吃米。'吴国和胶西都是著名的诸侯,同时遭到审察,以后恐怕很难有安宁的日子了。吴王因身患疾病,不能赴京朝拜达二十余年,常担心被人怀疑,难以自我表白。今天就是缩着脖子、捆住双脚赴京向朝廷请罪,恐怕也很难得到谅解了。我听说大王以前曾因卖爵的事情被责备,又听说这次朝廷削夺诸侯封地,并不是为了惩罚这件事,这件事恐怕朝廷不会仅仅削地而善罢甘休吧?"胶西王说:"确有此事。您认为该如何办呢?"

应高说:"具有相同憎恶的人应该互相帮助,具有共同爱好的人应该互相团结,处境相同的人应该彼此成全,具有相同欲望的人应该彼此接近,具有共同利益的人应该同生共死。现在吴王认为与大王具有共同的忧患,愿意顺应时势和事理,甘愿牺牲自己来为天下除害,您认为行不行呢?"胶西王非常惊骇地说:"我哪里敢这样做!皇上虽然逼得急迫,我本当一死,怎么能不拥戴他呢?"应高说:"御史大夫晁错蛊惑天子,侵夺诸侯封地,蔽塞忠贤效命朝廷的道路,朝中大臣疾怨甚多,诸侯都有背叛的想法,人事方面已达到非爆发不可的程度了。现在彗星出现,蝗灾数起,这正是千载难逢的机会,要烦劳圣人崛起。所以吴王对内要以讨伐晁错为名,在外愿跟随大王的战车之后,遍行天下。所向之处,皆望风而降;所指之地,破竹而下。天下没有敢不服从的。大王如果允许,吴王就会率楚王直指函谷关,据有荥阳、敖仓的粮食,抗拒汉兵,安营扎寨,等待大王。大王若有幸前来,就可并吞天下,两主分割天下,这不是很好吗?"胶西王说:"很好。"于是七国起兵反汉,结果兵败被诛。

淮南王安怨望厉王死,欲谋叛逆,未有因也。及削地之后,其为谋益甚。与左吴等日夜按舆地图①,部署兵所从入。召伍被与谋,被曰:"上宽赦大王,王复安得亡国之言乎?臣闻子胥谏吴王,吴王不用。子胥曰:'臣今见麋鹿游于姑苏之台。'臣今亦见宫中生荆棘,雾露沾衣也。臣闻聪者听于无声,明者见于未形。故圣人万举万全。昔文王一动,而功显于世,列为三代,此所谓因天心以动作者也。故海内不期而随。此千岁之可见者。夫百年之秦，近世之吴、楚，亦足以喻国家之存亡矣。臣不敢避子胥之诛，愿大王无为吴王之听。

"昔秦绝圣人之道，杀术士，燔诗书，弃礼义，尚诈力，任刑罚，转负海之粟，致之西河。当是之时，男子疾耕，不足于糟糠；女子绩纺，不足以盖形。遣蒙恬筑长城，东西数千里，暴兵露师，常数十万，死者不可胜数。僵尸千里，流血顷亩，百姓力竭。故欲为乱者，十家而五。又使徐福入海求异物及延年益寿之药，还为伪辞曰：'臣见海中大神曰：以令名振男女，与百工之事，即得之矣。'秦皇大悦，遣振男女三千人，资之五谷、百工而行。徐福得平原广泽，止王不来。于是百姓悲痛相思，欲为乱者，十家而六。又使尉佗逾五岭②，攻百越，尉佗知中国劳极，止王不来。使人上书，求发无夫家者三万人，以为士卒衣补，秦皇可其万五千人。于是百姓离心瓦解，欲为乱者，十家而七。客谓高皇帝曰：'时可矣。'高皇帝曰：'待之，圣人当起东南间。'不一年，陈胜、吴广发矣。高皇始于丰沛一唱，天下不期而响应者，不可胜数也。此所谓蹈瑕候间，因秦之亡而动者也。百姓愿之，若旱之望雨。故起于行阵之中，而立为天子，功高三王，德传无穷。

"今大王见高皇得天下之易也，独不观近世之吴、楚乎？夫吴王赐为刘氏祭酒，受几杖而不朝。王四郡之众，地方数千里，内铸铜以为钱，东煮海以为盐，上取江陵木为船，国富人众。举兵而西，破于大梁，败于狐父，奔走而东，至于丹徒，越人擒之，身死绝祀，为天下笑。夫以吴、楚之众，不能成功者，何也？诚逆天道而不知时也。方今大王之兵众，不能十分吴、楚之一；天下安事，又万倍于秦时。愿大王从臣之计。大王不从臣之计,今见大王事必不成而语先泄也。臣闻微子过故国而悲,于是作《麦秀之歌》,是痛纣之不用王子比干也。故孟子曰:'纣贵为天子,死曾不若匹夫。'是纣先自绝于天下久矣,非死之日而天下去之也。今臣亦窃悲大王弃千乘之君,必且赐绝命之书,为群臣先死于东宫也。"于是王气怨结而不扬,涕满眶而横流,即起,历阶而去。

[注释]

①左吴:淮南王刘安的谋士。②尉佗:即赵佗。南越王。

[译文]

淮南王刘安对其父厉王之死心怀怨恨,一直图谋造反,只是找不到借口。等朝廷削夺了诸侯的封地之后,他反汉的心情更为急切,与左吴等人日夜研究地图,部署发兵的路线。又召伍被参与谋划,伍被说:"皇上已经宽赦了大王,大王为什么还说出这些将会导致亡国的话呢?我听说,伍子胥曾劝谏吴王,吴王不接受伍子胥的谏言,伍子胥便对吴王说:'我就要看到麋鹿游于姑苏台了(意为吴国将亡)!'我今天也看见宫中生出荆棘,雾露沾湿衣裳了。我还听说,聪听的人能够于无声处听到声音,眼睛明亮的人能够看到尚未成形的东西。所以圣人做事能够万无一失。从前,周文王一旦行动,便建立了举世震动的功业,名列于万世瞩目的三代。这就是顺应天意而行动,所以天下不约而随,这是千年以前的事情。百年以前的秦朝,近世的吴、楚,也足以向我们昭示国家存亡的道理。我不敢逃避伍子胥身遭诛戮的下场,请大王不要像吴王那样拒不听谏言。

"从前,秦朝断绝圣人治理国家的原则和方法,杀方术之士,焚毁诗书,抛弃礼义,崇尚诈力,专任刑罚,将沿海一带的粮食转运到西河地区。当时的情况是:男子全力耕作,却连糟糠也吃不饱;女子勤于纺织,却仍然衣不遮体。派蒙恬修筑长城,东西数千里，经常将数十万军队暴露野外，死者不可胜数，僵尸千里，血流遍野，百姓精疲力竭。所以当时想起而反秦的，十有五家。又派徐福等人入东海求仙物异草和延年益寿的药物，徐福回来后编造谎言说：'我在海上见到了大神，大神说用童男童女和百工匠人就能够求得仙药了。'秦始皇听后十分高兴，派童男童女三千人、各种作物的种子及各类工匠前往。徐福在海上找到了一块平原广泽，因而就地称王，不再返回秦朝。这时，老百姓思念远方的子女，十分悲痛，想起而反秦的，十家有六。秦始皇又派尉佗率军远涉五岭，进攻百越，尉佗深知中国疲惫已极，于是留在南越称王，不再北返。同时派人上书朝廷，请求征发尚未出嫁的女子到南越，为战士缝补衣裳，秦始皇准一万五千人前往。这时，老百姓对秦朝离心瓦解，想起而造反的十有七家。这时，有人对汉高祖说：'时机到了，应该采取行动了。'汉高祖说：'再等一等，将有圣人从东南方起事。'不到一年，陈胜、吴广首倡义兵，向秦朝发难。汉高祖在丰、沛振臂一呼，天下不约而同、群起而响应的人不可胜数。这就是所谓等待时机，顺应秦朝将要灭亡的态势而采取行动。老百姓盼望灭亡秦朝，就如同大旱的禾苗盼望雨水。所以汉高祖能从军中崛起，最终立为天子，功高可以同三王相媲美，他的圣德将流传百世。

"现在大王只看到高皇帝得天下容易，为什么不看近世吴、楚等国反汉的可悲下场呢？皇上赐吴王做刘氏宗族的祭酒，又授予几杖，准许可以不赴京朝拜。吴王统有四郡的民众，地方数千里，内有铜山，可以铸钱；东有大海，可煮海为盐；沿江而上，可以取江陵的木材造船。可称得上国家殷富，人民众多。然而却举兵西向反汉，结果首先在大梁吃了败仗，接着在狐父再吃败仗，狼狈向东逃窜，到丹徒被越人擒住，身败名裂，祭祀断绝，被天下人所耻笑。以吴、楚等国如此众多的军队，仍然不能成功，其原因何在呢？这是他们悖逆天道而行、不识时务的缘故。如今大王的军队数量不及吴楚等国军队的十分之一，天下平安无事又万倍于秦朝。希望大王能听从我的建议。大王如不听从我的建议，我看大王肯定不能成功，而且机密会事先泄露出去。我听说微子（纣王的庶兄）从故国经过时感慨万千，作《麦秀之歌》，对纣王不听王子比干的劝谏倍感痛惜。所以孟子说：'纣王生时贵为天子，而死的时候却比不上一位普通百姓。'这是因为纣王自绝于天下百姓已经很久了，并不是在他死的时候，天下人才抛弃他的。今天我同样对大王抛弃千乘之君的尊贵地位，将被赐绝命诏书、先群臣而死于东宫的悲剧而感到痛惜。"淮南王听后，气怨郁结，涕泪横流，难以平息，当即起立，气冲冲地走开了。

后复问伍被曰："汉廷治乱？"被曰："窃睹朝廷之政，君臣之义，父子之亲，夫妇之别，长幼之序，皆得其理。上之举措，遵古之道，风俗纲纪，未有所缺。南越宾服①，羌僰入献②，东瓯入降③。广长榆，开朔方④，匈奴折翅伤翼，失援不振，虽不及古太平之时，然犹为治也。王欲举事，臣见其将有祸而无福也。"王怒，被谢死罪。王曰："陈胜、吴广，无立锥之地，千人之众，起于大泽，奋臂大呼，而天下响应，西至于戏，而兵百万。今吾国虽小，然而胜兵者可得十余万，非直适戍之众，钦凿棘矜也，公何以言有祸无福？"被曰："秦无道，残贼天下，兴万乘之驾，作阿房之宫，收太半之赋，发闾左之戍，父不宁子，兄不便弟，政苛刑峻，天下敖然若焦。民皆引领而望，倾耳而听，悲号仰天，扣心而怨上。故陈胜一呼，天下响应。当今陛下临制天下，一齐海内，泛爱蒸庶，布德施惠。口虽未言，声疾雷霆；令虽未出，化驰如神。心有所怀，威动万里，下之应上犹影响也。而大将军材能，不特章邯、杨熊也，大王以陈胜、吴广喻之，被以为过。"

[注释]

①南越：古族名。古代南方越人的一支。也作南粤。秦于其地置桂林、南海、象郡。秦末，龙川令赵佗兼并三郡，建立南越国。②羌僰：古族名。我国古代西部少数民族。③东瓯：古族名。古越族中的一支。相传是越王勾践的后裔。④朔方：古县名。西汉置。治所在今内蒙古杭锦旗北。

[译文]

后来，淮南王又问伍被："朝廷的情况是治还是乱？"伍被回答说："我看朝廷之政，君臣之义，父子之亲，夫妇之别，长幼之序，都各得其理。皇上的重大举措，都遵循祖先的原则，风俗纲纪也没有缺失。南越宾服朝廷，羌僰入朝贡献，东瓯入降。拓广长榆塞，开辟朔方郡，断匈奴臂膀，使其失去援助，一蹶不振，虽然同古代的太平之世相比还有距离，但仍不失为治世。大王想举兵起事，我看只能招来祸害，不会得到幸福。"淮南王大怒，伍被连忙谢罪。淮南王说："陈胜、吴广无立锥之地，仅凭千把人在大泽起义，奋臂大呼，而天下的人纷纷响应，向西进至戏水（在今陕西临潼东，源于骊山，北入渭河），部队已发展至百万。如今，我的国家虽小，然而胜任打仗的就达十余万，不仅不是戍边的乌合之众，武器也不是镰刀、斧头、木枝和竹矛，您凭什么说有祸无福呢？"伍被说："秦朝政治残酷腐败，残害天下百姓，兴驾巡游淫乐，修筑阿房宫，把老百姓大半的收入征收作赋税，又征发闾左贫弱百姓戍边，致使天下百姓做父亲的难以保全儿子，做兄长的难以便利弟弟，政治苛刻，刑法严峻，天下百姓嗷嗷然，如在水火之中。人民都引颈而望，倾耳而听，仰天悲号，从心底怨恨秦皇。所以陈胜振臂一呼，天下人民纷纷响应。而当今陛下统治天下，统一海内，泛爱广大百姓，推行德政，广施恩惠。皇上虽未发言，声音已响如雷霆；命令虽未发出，就已化行如神。只要心有所想，其威力就能震动万里，下面响应上面的号令，就如同影之随形，响之应声。朝廷中将军们的才能，不是章邯、杨熊所能比得上的。而大王却拿陈胜、吴广自喻，我认为是错误的。"

王曰："苟如公言，不可侥幸耶？"被曰："被有愚计。"王曰："奈何？"被曰："今朔方之郡，田地广，水草美，民徙者不足以实其地。可伪为丞相御史请书，徙郡国豪杰任使，及有耐罪以上①，赦令除家产五十万以上者，皆徙其家属朔方之郡，益发甲卒，急其会日。又伪为左右都司空、上林中都官诏狱，逮诸侯太子、幸臣。如此则民怨，诸侯惧。即使辨武随而说之，倘可侥幸，十得一乎？"王曰："此可也。"欲如伍被计。使人伪得罪而西，事大将军丞相，一日发兵，使人即刺杀大将军青②，而说丞相下之，如发蒙耳。又欲令衣求盗衣，持羽檄，从东方来呼曰："南越兵入！"欲因以发兵，未得发，会事泄，诛。

[注释]

①耐：古代的一种刑罚，颜师古引应劭："轻罪不至于髡，完其耐鬓，故曰耐。古耐字从彡，发肤之意也。"耐，通"耏"。②大将军青：即西汉名将卫青。

[译文]

淮南王说："假如真像您所说的这样，难道不可能侥幸取胜吗？"伍被说："我有一条不成熟的计策。"淮南王问："怎么办？"伍被说："如今朔方郡田地广阔，水草肥美，已经迁徙到此地的百姓还远远不够。可伪造丞相御史奏书，书中请求迁徙各郡国豪杰任使，以及有轻罪以上的人全部赦免，凡家产不到五十万以上的，其家属全部迁往朔方郡，并多派甲兵，加紧集合上路。再伪造左右都司空、上林中都官的诏狱书，下令逮捕诸侯太子及其幸臣。这样就会激起人民的怨恨、诸侯的恐惧。这时再派辨武游说诸侯。倘若能侥幸得手，或许有十分之一的希望吧？"淮南王说："这个办法可行。"准备实行伍被的计策，使人假装得罪了淮南王西入京师，去侍奉大将军和丞相，等到发兵的那一天，所派的人就刺杀大将军卫青，进而再劝说大丞相依从淮南王，就会像启发蒙童一样容易。淮南王还计划派人身着追捕盗贼的服装，从东方大呼而来："南越兵打过来了！"拟于此时发兵。还未来得及实施，事情泄露，淮南王被诛。

后汉灵帝以皇甫嵩为将军①，讨破黄巾，威震天下。而朝政日乱，海内虚困，故信都令阎忠干说嵩曰："难得而易失者，时也；时至不旋踵者，机也。故圣人顺时以动，智者因机以发。今将军遭难得之运，蹈易骇之机，而践运不抚，临机不发，将何以保大名乎？"嵩曰："何谓也？"忠曰："天道无亲，百姓与能。今将军受钺于暮春，收功于末冬。兵动如神，谋不再计，摧强易于折枯，消坚甚于汤雪。旬月之间，神兵电扫，封户刻石，南向以报德，威名震本朝，风声驰海外，虽汤、武之举，未有高将军者也。今身建不赏之功，体兼高人之德，而北面庸主，何以求安乎？"嵩曰："夙夜在公，心不忘忠，何故不安？"

[注释]

①皇甫嵩：东汉大臣。安定朝那（今甘肃平凉）人。在镇压黄巾起义中屡建战功。

[译文]

后汉灵帝任命皇甫嵩为将军，皇甫嵩大破黄巾军，威震天下。此时，朝廷政治混乱，国家空虚疲困。信都令阎忠向皇甫嵩说："难以遇到而又最容易失去的东西就是时机。所以，圣人顺应时势而采取行动，富于智慧的人抓住事物成功的机会而发动。现在将军遇到了难得的时运和令人振奋的机会，而将军对来到的时运不抓住，面临的机会不利用，将怎样继续保持您的名位呢？"皇甫嵩说："您这话是什么意思？"阎忠回答说："天道对人不分亲疏远近，老百姓拥戴有才能的人。如今将军在暮春时节受命兵权,在末冬时节就建立了大功。用兵如神,计无不成,摧毁强寇比折断枯木还容易,攻坚比以汤浇雪还顺利。旬月之间,将军率领军队闪电般扫灭贼寇,建立了封户刻石的功勋,南向报德百姓,威名震朝野,风声驰海外,即使商汤、周武的功勋也不比将军的功勋高。现在将军建立了难以封赏的功劳,又身兼无人可比的崇高道德,却面北侍奉平庸的主上,这样怎么能求得平安呢?"皇甫嵩说:"我昼夜为公家操劳,又对皇上忠心耿耿,又凭什么感到不安呢?"

忠曰:"不然。昔韩信不忍一飧之遇,而弃三分之业,利剑已揣其喉,方发悔毒之叹者,机失而谋乖也。今主上势弱于刘、项,将军权重于淮阴①。指挥足以震风云,叱咤可以兴雷电。赫然奋发,因危抵颓,崇恩以绥先附,振武以临后服,征冀方之士,动七州之众,羽檄先驰于前,大军响振于后,蹈流漳河,饮马孟津,诛阉宦之罪,除群怨之积。虽童儿可使奋拳以致力,女子可使褰裳以用命,况厉熊罴之卒,因迅风之势哉?功业已就,天下已顺,然后请呼上帝,示以天下,混齐六合,南面称制②。移宝器于将兴,推亡汉于已坠,实神机之至会,风发之良时也。夫既朽之木不雕,衰世之朝难佐。若欲辅难佐之朝,雕朽败之木,是犹逆坂走丸,迎流纵棹,岂云易哉?且今宦竖群居,同恶如市,上命不行,权归近习。昏主之下,难以久居;不赏之功,逸人侧目。如不早图,后悔无及。"嵩惧曰:"非常之谋,不施于有常之势。创国大功,岂庸才所致!黄巾细孽,敌非秦项。新结易散,难以济业。且民未忘主,天不祐逆。若虚造不冀之功,以速朝夕之祸,孰与委忠本朝,守其臣节?虽云多谗,不过放废,犹有令名,死且不朽。反常之论,所不敢闻。"忠知说不用,因亡去。

[注释]

①淮阴:淮阴侯韩信。②称制:行施皇帝职权。

[译文]

阎忠说:"道理并非如此。从前韩信不忍心背弃汉王一顿饭的恩惠,从而丧失了三分天下有其一的大业。当利剑已放在自己的脖子上时,才醒悟过来,发出悔不当初的叹息,这是丧失时机、谋划严重失误造成的。如今皇上的势力比当年刘邦、项羽的势力弱小,而将军的权势却比当年韩信的权势重大。发号施令、指挥天下足以震动风云,叱咤如兴发雷电。如果奋发而起,于危困的时局中力挽颓败的局面,对先降附的人用恩德去抚慰,对观望不服的人用强大的武力去震慑。招揽北方的名士,发动七州的民众,先将檄文传布各地,大军随后跟进,涉漳河、渡孟津,剪诛阉宦,清除积怨。如果这样做,即使是童子也可以调动他们挥拳助力,女子也可以动员她们厮打效命,更何况率领的是一支如熊罴一般勇猛的士卒,借助的是如疾风一般痛恨阉宦的气势呢?等功成业就、天下理顺以后,再敬请上帝,昭示天下,统一天下,南面称帝。把国家的宝器转移到必将兴起的人手中,把行将坠亡的汉朝推倒,实在是神赐风发的大好时机。已经腐朽的木头不可雕琢,行将衰亡的朝廷难以辅佐。如果要想辅佐难以再辅佐的王朝,雕琢已经朽败的木头,这就好比踩着石板在弹丸上行走,又好比逆水行舟,难道说是件容易的事情吗?况且现在阉宦奸臣相聚为害,相与为恶如买卖东西,主上的诏命不能贯彻执行,大权旁落皇帝的贴身小人。在昏庸的朝廷下,难以长久安居;您的难以封赏的功劳,令逸侲小人为之侧目。不如及早另作图谋,将来悔恨就无济于事了。"皇甫嵩听后颇有惧色,说:"非常的计谋,不能在正常的情势下施行,创立国家的大功,哪里是平庸的人所做的事?黄巾军这样细弱的敌人,同秦朝项羽不可相提并论。况且刚刚组建的军队凝聚力不强，难以共图大业。再加上人民尚未忘掉皇上，上天也不会佑助叛逆。如果幻想建立难以实现的功业，只能加速祸端的到来，怎么能比得上向本朝效忠，固守做臣子的气节呢？虽说对我的谗毁很多，大不了罢官还乡，尚能留下好的名声，死而不朽。您的违反常规的论说，我是不敢听从的。"阎忠看到自己的计策难以被采纳，就逃走了。

王莽时，寇盗群发。莽遣将军廉丹伐山东。丹辟冯衍为掾与俱，至定陶，莽追诏丹曰："将军受国重任，不能捐身中野，无以报恩塞责。"丹惶恐，夜召衍，以书示之。衍因说丹曰："衍闻之，顺而成者，道之所大也；逆而功者，权之所贵也。是故期于有成，不问所由；论于大体，不守小节。昔逢丑父伏轼而使其君取饮①，称于诸侯；郑祭仲立突而出忽，终得复位，美于《春秋》。盖以死易生，以存易亡，君子之道也；诡于众意，宁国存身，贤者之虑也。故《易》曰：'穷则变，变则通，通则久。'是以自天佑之，吉无不利。若夫知其不可而必为之，破军残众，无补于主，身死之日，负义于世，智者不为，勇者不行。且衍闻之，得时无怠。张良以五代相韩，椎秦始皇于波浪之中，勇冠乎贲、育②，名高于太山。将军之先，为汉信臣。新室之兴，英俊不附。今海内溃乱，民怀汉德，甚于诗人之思召公也。爱其甘棠，而况子孙乎？民所歌舞，天必从之。方今为将军计，莫若屯据大郡，镇抚吏士，砥砺其节，百里之内，牛酒日赐，纳雄杰之士，询忠智之谋，要将来之心，待纵横之变，兴社稷之利，除万人之害。则福禄流于无穷，功烈著于不灭。何与军覆于中原，身膏于草野，功败名丧，耻及先祖哉？圣人转祸而为福，智士因败而为功。愿将军深计而无与俗同。"丹不能从。进及睢阳，复说丹曰："盖闻明者见于未形，智者虑于未萌，况其昭晰者乎？凡患生于所忽，祸发于细微。败不可悔，时不可失。公孙鞅曰：'有高人之行，必负非于世；有独见之虑，必见赘于民。故信庸庸之论，破金石之策；袭当世之操，失高明之德。'夫决者，智之君也；疑者，事之役也。时不再来，公勿再计。"丹不听。进及无盐，与赤眉战死。衍乃亡命河东。

[注释]

①轼：设在车厢前供人凭倚的横木。②贲、育：即孟贲、夏育。均为战国时的勇士。

[译文]

王莽时，寇盗蜂起。王莽派将军廉丹率兵征讨山东地区，廉丹即任命冯衍为掾一同前往，赶至定陶，王莽又给廉丹下诏书到定陶，诏书说："将军身受国家重任，如果不能在中原为国家效命捐躯，就无法报效皇恩、推卸责任。"廉丹惶恐不安，连夜召见冯衍，把诏书给冯衍看。冯衍借机向廉丹建议说："我听说，顺应时势去成就事业，是成功的原则和方法中所推重的；在逆境中取得成功，是权变谋略所追求的。因此，希冀于成功，而不管采取什么途径和方法；着眼于事物的大体，不必在小节问题上固守不放。从前逢丑父趴在车上装扮齐君，而让他的国君装扮差役取水得以逃脱的故事，在诸侯中广为传颂；郑祭仲拥立公子突而逼迫公子忽出走，最后使公子忽复位，也被《春秋》所赞美。以死亡换取生存，或者以存在取代灭亡，这是君子做事的原则和方法；虽然违背众人的意愿，但却可以使国家得到安宁，使自身立于不败，这是贤者所考虑和追求的。所以《周易》说：'当一种道路一种方法行不通时，就要施行一定的变革，变革能够促使事业顺利通行，通行顺利就能够长久。'因此，只要有上天的保佑，就能大吉大利。至于明知事情不可以做却一定要去做，结果破坏了军队，残害了将士，不但对主上没有任何帮助，而且自己以身殉难，仍负义于世人，这些都是有智慧的人不愿做、勇敢的人不愿行的事情。况且我还听说，得到了时机切莫怠惰。张良家五世都是韩国的宰相，他在博浪沙用铁锥袭击秦始皇，其勇敢胜过古代的勇士孟贲和夏育，其名望又高于泰山。将军的先人是汉朝受宠信的大臣，王莽新朝兴起，英雄俊杰不肯归附。如今天下崩溃混乱，人民仍然怀念着汉朝的德政，其情绪的强烈，胜过《诗经》中所述人们对召公的思念。人们对自己曾憩息过的甘棠树尚存爱怜之心，更何况是曾经有德于百姓的汉室子孙呢？凡是人民所歌颂的，上天也一定会顺从人民的愿望。现在为将军筹划，不如屯兵据守大郡，镇抚官吏士卒，砥砺他们的名节，对百里之内的人民天天赏赐他们酒肉，招揽英雄豪杰，征询忠诚智士的谋略，笼络感召尚未归附的人们的心，等待纵横驰骋的时机，为社稷兴利，为万民除害。那么福禄就会像江河奔流，永无穷尽；功烈就会载于史册，永世不灭。这与率军覆灭于中原，葬身于草野，功败名丧，耻辱祖先，怎能同日而语呢？圣人能转祸为福，富于智慧的人能够在困败的环境中获取成功。希望将军深思熟虑，不要与俗人同见。"廉丹未能听从冯衍的计策。军进至睢阳，冯衍又向廉丹进言说："听说眼睛明亮的人能够洞见未成形的东西，富于智慧的人能够在事情尚未萌发之前预设防范的措施，更何况已经明白无误的事情呢？凡祸患产生于疏忽大意，灾祸从细微处萌发。事情一旦失败，后悔莫及；时机一旦丧失，难以再来。公孙鞅说：'有高于常人的才行，必定遭到世人的非议；有独特超群的见解，必定不能被普通大众所理解。所以如果要听信凡夫平庸之论，就会丢弃金石一般的良策；固守当世的所谓节操，就会丧失高大圣明的德行。'善于决断，是智慧的主宰；狐疑不定，是事功的奴隶。时机一旦失去，不会再来，请您不要顾虑不定了。"廉丹仍不予采纳。进军至无盐，同赤眉军交战，廉丹战死，冯衍于是逃往河东。

来歙说隗嚣遣子入侍①。嚣将王元以为，天下成败未可知，不愿专心内事。遂说嚣曰："昔更始西都，四方响应，天下喁喁，谓之太平。一旦坏败，大王几无所措。今南有子阳②，北有文伯③，江湖海岱，王公十数。而欲牵儒生之说，弃万乘之基，羁旅危国，以求万全，此循覆车之轨，计之不可者也。今天水完富，士马最强。北取西河、上郡，东收三辅之地，案秦旧迹，表里山河。元请以一丸泥为大王东封函谷关，此万代一时也。若计不及此，宜蓄糗粮，养士马，据隘自守，旷日持久，以待四方之变。图王不成，其弊犹足以霸。要之，鱼不可脱于泉，神龙失势，即还与蚯蚓同。"嚣然元计。虽已遣子入质，犹负于险厄，欲专制方面。遂背汉。

[注释]

①来歙：东汉初南阳新野人，字君叔。初事刘玄为吏，旋归刘秀，任大中大夫。说隗嚣归汉。后嚣叛，他以精兵破其众，尽取陇右。②子阳：彭修，字子阳。新莽末年南方割据势力。③文伯：卢芳。字君期。曾割据五原、朔方等五郡。建武十六年降汉，封代王。后复叛，留匈奴十余年，病死。

[译文]

来歙劝说割据西北的隗嚣派自己的儿子入汉廷做人质。隗嚣的部将王元认为天下成败尚难预料，因而不主张专心侍奉汉朝，于是就向隗嚣说："从前更始称帝西都，四方响应，人民议论纷纷，认为天下从此太平。更始皇帝一旦崩溃，大王几乎手足无措。现在南部有子阳，北部有文伯，江湖海岱，拥兵割据的王公多以十数。而您却打算听从儒生的说教，丢弃帝王大业，寄身危险的国度里，徘徊不定，反而还想求得安全，这无异于在将导致倾覆败亡的道路上前进，这种计策是万万要不得的。现在我们所据有的天水军备完善，土地富饶，兵马最强。向北收取西河、上郡，向东收复三辅之地（即京畿地区所设京兆尹、左冯翊、右扶风的合称，相当于今陕西关中地区），据有秦国旧地，表里山河。我只请求用一丸泥为大王封住函谷关，这正是建立万代基业的大好时机。如果不用此计，也应该积储粮草，精养兵马，据守关隘要塞，旷日持久，等待四方有变。虽然不图帝王大业，但起码还可以称霸一方。总之，鱼不能脱离水，神龙一旦失去赖以发挥威力的条件，就同蚯蚓没有什么两样了。"隗嚣采纳了王元的计策，虽然已经派遣自己的儿子入朝为人质，但仍然依附险隘，割据一方，之后背叛了汉朝。

　　魏太祖与吕布战于濮阳，不利。袁绍使人说太祖连和，使太祖遣家居邺。太祖将许之。程昱见曰："窃闻将军欲遣家居邺，与袁绍连和，诚有之乎？"太祖曰："然。"昱曰："意者，将军殆临事而惧，不然，何虑之不深也？夫袁绍据燕、赵之地，有并天下之心，而智不能济也。将军自度能为之下乎？将军以龙虎之威，可为韩、彭之事耶？昱愚不识大旨，以为将军之志，不如田横。田横，齐一壮士耳，犹羞为高祖之臣。今将军欲遣家往邺，将北面而事袁绍①。夫以将军之聪明神武，而反不羞为袁绍之下，窃为将军耻之。今兖州虽残，尚有三城，能战之士，不下万人。若与文若、昱等收而用之②，霸王之业可成也。愿将军更虑之。"太祖乃止。

[注释]

　　①北面：古代君王坐北朝南，臣子拜见君王则面向北。故以北面代指向人称臣。②文若：即荀彧，字文若。曹操的谋士。

[译文]

　　魏太祖曹操与吕布在濮阳交战，曹操失利。袁绍派人向曹操表示友好，并劝曹操迁居邺（在今河北临漳西南邺镇），曹操打算答应。程昱来见曹操说："我听说将军准备举家迁往邺地，同袁绍连和，真有此事吗？"太祖回答："真有此事。"程昱说："从您的行动来分析，将军大概是临危而惧了，如果不是这样，考虑问题为什么会这等浅薄呢？袁绍据有燕、赵之地，又有兼并天下的野心，只是他的智慧还达不到这样的水平。将军自料能够甘心屈居于袁绍之下吗？将军凭借自己的龙虎神威，难道能够去做韩信、彭越屈膝侍奉他人的事情吗？程昱我愚鲁无知，不懂得大道理，但我认为将军的志向还不如田横。田横不过是齐国的一名壮士，尚以做汉高祖的臣子为羞耻。现在将军却要举家往邺，面向北侍奉袁绍。以将军的聪明和神武，反而不以甘居袁绍之下为羞耻，而我却替将军感到羞耻。现在兖州虽然残破，但仍保有三城，胜任战斗的士卒不下万人。如果让我和荀彧把这些人集合起来，加以利用，仍然可以成就霸王之业。请将军再考虑一下。"曹操于是放弃了迁往邺地的打算。

袁绍为盟主，有骄色。陈留太守张邈正义责之①。绍令曹操杀邈，操不听。邈心不自安。及操东击陶谦，令其将陈宫屯东郡。宫因说邈曰："今天下分崩，雄杰并起。君拥十万之众，当四战之地，抚剑顾眄，亦足以为人豪。而反受制于人，不亦鄙乎？今州军东征，其处空虚。吕布壮士，善战无前。若迎之共据兖州，观天下之形势，俟时事之变通，此亦纵横之一时也。"邈从之而反曹公。

[注释]

①张邈：字孟卓。汉献帝时为陈留太守。

[译文]

袁绍做了各路诸侯的盟主，面有骄色。陈留太守张邈谴责了袁绍。袁绍命令曹操杀张邈，曹操拒不听从。张邈内心颇感不安。曹操向东攻击陶谦时，命令部将陈宫屯守东郡。陈宫便借机对张邈说："现在天下分崩离析，英雄豪杰纷纷崛起。您拥有十万之众的军队，处于四战之地，抚剑顾盼，也称得上人中豪杰了。现在却受别人的牵制，岂不是太卑贱了吗？现在曹操率州军东征，内部空虚。吕布是一位壮士，英勇善战，一往无前。如果迎接他来共同据有兖州，静观天下形势，等待时事的变化，这也算是纵横一时的机会。"张邈听从了陈宫，背叛了曹操。

钟会、邓艾既破蜀，蜀主降。会构艾，艾槛车征。会阴怀异图，厚待蜀将姜维等。维见而知其心，谓可构成扰乱，徐图克复也。乃诡说之曰："闻君自淮南以来，算无遗策，晋道克昌，皆君为之。今复定蜀，威德震世。民高其功，而主畏其谋，欲以此安归乎？夫韩信不背汉于扰攘，而见疑于既平；大夫文种不从范蠡于五湖，卒伏剑而妄死，岂暗主愚臣哉？利害使之然也。今君大功既立，大德已著，何不法陶朱泛舟绝迹，全功保身，登峨眉之岭，而从赤松游乎①？"会曰："君言远，我不能行。且为今之道，或未尽于此也。"维曰："其他则君智力之所能，无烦于老夫矣。"由是情好欢甚。会自称益州牧以叛，欲授维兵五万人，使为前驱。魏将士愤发，杀会及维。

[注释]

①赤松：古代神话传说中的仙人赤松子。

[译文]

钟会、邓艾共同征伐蜀国，蜀主刘禅投降。钟会谮毁邓艾，于是邓艾被囚进槛车，押送京师。钟会心怀异图，对蜀将姜维等人特别宽厚。姜维对钟会的阴谋洞若观火，认为可以借机使他们自相扰乱，然后再慢慢图谋恢复蜀汉。于是就伪装诚意，对钟会说："我听说您自从淮南用兵以来，料算从未有过失误，晋连战连克，不断昌盛，都是您的力量。现在又平定了蜀地，威德震撼当世。人民虽然称颂您的功劳，而主上却对您的深谋远虑颇多畏惧，鉴于这种情况，您将何去何从呢？韩信不在时势扰攘之时背叛汉王，却在天下平定后遭到主上的猜疑；大夫文种不随从范蠡泛舟江湖，最后妄死利剑之下。这难道仅仅是因为主上昏暗、臣下愚鲁吗？这是利害关系造成的。现在您已经建立了盖世功勋，大德著名当世，为什么不效法陶朱公（即范蠡）泛舟江湖，隐身绝迹，保全性命，登峨眉山，像仙人赤松一样逍遥漫游呢？"钟会说："您说得太远了，我很难实行。况且今天的形势，尚未发展到这一地步。"姜维说："若论其他，是您的智力都能办到的，我就不再多说了。"因此二人的关系更加融洽。后来，钟会果然自称益州牧背叛魏朝，并准备授姜维兵五万，使姜维做先锋。魏军将士愤怨情绪爆发，杀了钟会和姜维。

晋怀帝时，辽东太守庞本私憾杀东夷校尉李臻。鲜卑索连、木津等为臻兴义①，实因而为乱。遂攻陷诸将。大单于慕容廆之长子翰言于廆曰②："臣闻求诸侯莫如勤王。自古有为之君，靡不仗此以成事业者也。今连、津跋扈，王师覆败，苍生屠脍，岂甚此乎？竖子外以庞本为名，内实幸而为寇。辽东倾没，乘便二周，中原兵乱，州师屡败。勤王仗义，今其时也。单于宜明九伐之威，救倒悬之命，数连、津之罪，合义兵以诛之。上则兴复辽邦，下则并吞二部。忠义彰于本朝，私利归于我国。此则吾鸿渐之始也，终可以得志于诸侯。"廆善之。遂戒严讨连、津，斩之，立辽东郡。

[注释]

①索连、木津：二人均为晋末鲜卑族将领。②慕容廆：晋末鲜卑族首领。其孙慕容儁于公元352年建立前燕政权，追尊廆为武宣皇帝。

[译文]

晋怀帝时，辽东太守庞本因私仇击杀东夷校尉李臻。鲜卑族索连、木津等人为李臻兴起义兵，实际则是借机叛乱，随后攻陷诸镇守将。大单于慕容廆的长子慕容翰对廆说:"我听说请求诸侯帮助不如起兵勤王(出兵救助王室叫做勤王)。自古以来有作为的君王,没有不是倚仗这一行动成就事业的。现在索连、木津横行跋扈,王室军队覆败,苍生涂炭,难道还有比这更惨的吗?那些家伙外以讨伐庞本为名,实际则是为乱的寇贼。辽东倾覆于贼手,使叛贼得便已经有两年的时间了。中原兵乱,州中的军队屡屡败北。仗义勤王,现在正是时候。单于应该于此时显示九伐的威力,救王师于倒悬,宣布索连、木津的罪行,联合义兵,诛灭叛贼。上可以兴复辽东,下可以吞并索连、木津两部的军队。忠义传颂于晋朝,而私利则归于我鲜卑国。这是我鲜卑腾飞昌盛的开端,最终可以自强于诸侯之林。"慕容廆很赞同慕容翰的建议。于是调集部队征讨索连、木津,擒斩二人,重立辽东郡。

后秦王苻生杀害忠良①,秦人度于一时,如过百日。权翼乃说东海王坚曰②:"今主上昏虐,天下离心。有德者昌,无德受殃,天之道也。一旦有风尘之变,非君王而谁?神器业重,不可令他人取之。愿君王行汤、武之事,以从民心。"坚然之,引为谋主。遂废生,立坚为秦王。

[注释]

①后秦:当为前秦。②权翼:苻坚的谋士。坚:苻坚。前秦皇帝。

[译文]

后秦王苻生杀害忠良之臣,秦国百姓度过一个时辰,如同一百天。权翼便向东海王苻坚建议说:"现在主上昏庸暴虐,百姓早已离心。有德的人昌盛,无德的人受殃,这是天道规律。王室政权一旦有风尘之变,天下不归君王您,还能归谁呢?帝王神器、帝王大业是非常贵重的,不能让他人取得。希望您践行商汤、周武革命的故事,以顺从人民的心愿。"苻坚深以为然,请权翼做自己的谋主。

于是废掉了苻生，拥立苻坚为秦王。

宋孔熙先者，广州刺史默之子也，有奸才，善占星气。言江州分野出天子①，上当见弑于骨肉。及大将军彭城王义康幽于安城郡，熙先谓为其人也。遂说王詹事范晔曰②："先君昔去广州，朝谤纷纭。藉大将军深相救解，得免艰危。曩受遗命，以死报德。今主上昏僻，殆天所弃。大将军英断聪敏，人神相属，失职南垂，天下愤怨。今人情骚动，星文舛错。时至则不可拒，此之谓乎？若顺天人之心，收慕义之士，内连宠戚，外结英豪，潜图构于表里，疾雷奋于肘腋，然后诛除异义，崇奉圣明，因人之望，以号令天下，谁敢不从！小人维以七尺之躯，三寸之舌，立功立事，而归诸君子。大人谓为何如？"晔甚愕然。

[注释]

①江州：战国时秦置县。治所在今重庆嘉陵江北岸。三国蜀汉时移置南岸。②范晔：南朝宋史学家。字蔚宗，顺阳（今河南淅川）人。曾任尚书吏部郎、宣城太守，后迁左卫将军、太子詹事，掌管禁旅，参与机要。因孔熙先等谋迎立彭城王刘义康一案牵涉，被杀。著有《后汉书》。

[译文]

南朝宋孔熙先是广州刺史孔默之的儿子，有奸邪之才，善于占卜星象吉凶。他曾声称以江州为分野，当出天子，当今皇上必定被自己的骨肉同胞所杀。当大将军彭城王刘义康被幽囚在安城郡时，孔熙先说此人正是杀当今皇上的人。于是便向彭城王詹事范晔说："先父从前离开广州时，朝内诽谤之词纷纷，全凭大将军（刘义康）鼎力救援开脱，才得以走出危难的处境。我曾受父亲遗命，要以死来报答大将军的恩德。现在皇上昏庸邪僻，大概是上天要抛弃他。大将军英明果断，聪慧敏捷，百姓神灵都寄予厚望。现在却被解职囚禁在南方，引起天下人民的愤怨。现在人情骚动不安，星文也出现异常。时势必然，难以抗拒，所说的正是现在的形势吧？如果顺应天命人心，招揽仗义之士，朝内联结受宠的外戚，朝外联结英雄豪杰，事业的宏图在内外秘密酝酿成熟，迅雷从肘腋爆发，然后诛除不义之人，崇奉圣明的君主，顺应人民的愿望，号令天下，谁敢不服从！我愿奉献七尺身躯，三寸不烂之舌，事业的功劳归于君子。您认为这样行吗？"范晔大为吃惊。

熙先重曰："昔毛玠竭节①，不容于魏武；张温毕议，见逐于孙权。彼二人者，国之信臣，时之俊乂。岂疵瑕暴露，言行玷缺，然后至于祸哉？皆以廉直劲正，困于邪柱；高行妙节，不得久容。丈人之于本朝，不深于二主；人间雅誉，有过于两臣。逸夫侧目，为日久矣。比肩竞逐，庸可遂乎？近者殷铁一言，而刘班碎首，彭城斥逐，徐童见疑。彼岂父母之仇，万代之怨，寻戈拔棘，自幼而然？所争不过荣名势利，先后之间耳。及其末也，惟恐陷之不深，发之不早，戮及百口，犹曰不厌。是岂书籍远事？可为寒心悼栗者也。今建大勋，奉贤哲，图难于易，以安易危，比之泰山，而去累卵，何苦不就？且崇树圣明，至德也；身享卿相，大业也；授命幽居，鸿名也；比迹伊、周，美号也。若夫至德、大业、鸿名、美号，三王五霸所以覆军杀将而争之也。一朝包括，不亦可乎？又有迩于此者，愚则未敢道。"晔曰："何谓？"熙先曰："丈人奕叶清华②，而不得联姻帝室，国家作禽兽相处，丈人曾未耻之。"晔门无内行，故熙先以此为激。晔默然。自是情好遂密，阴谋构矣，熙先专为谋主。事露，皆伏诛。

[注释]

①毛玠：东汉末曹操的部属。②奕叶：即世世代代。奕，重、累。叶，世。

[译文]

孔熙先又说："毛玠竭尽臣节，仍不为魏武帝曹操所容；张温谏议刚结束，就被吴王孙权所驱逐。这两个人都是国家的忠信之臣，当时的俊杰才士。难道是因为缺点暴露、言行有失，然后才遭灾祸的吗？恰恰相反：是因他们廉洁正直而被邪枉的人所陷害，他们的高尚行为和节操不能被长期容忍。大人您在本朝的恩遇，比不上曹操对毛玠、孙权对张温更深厚，而您在人们中间的声誉却有过于毛、张二臣。谗夫为之侧目，为时已经很久了。他们竟相向主上进您的谗言，您怎么能够遂心如意呢？最近因为殷铁一句话，刘班人头落地，彭城王被贬斥驱逐，徐童被怀疑。他们之间难道是因为父母有仇、世代有怨，所以舞枪弄棒，从幼年开始就是宿敌吗？他们所争的不过是名利权势、谁先谁后的地位而已。到后来，唯恐对方陷得不深、事发得不早，杀戮对方百口，仍然不解心头之恨。这难道是史籍所记载的非常遥远的事情吗？想起来就令人不寒而栗。现在要建立功勋，奉迎贤哲，化危难为平易，用安宁替代危险，好比去累卵之危而就泰山之安，为什么不朝着这个方向去做呢？况且，崇敬树立圣明的君王，是最大的德行；身享卿相之位，是伟大的功业；授命给幽居的贤人，将赢得崇高的名誉；效法伊尹周公的事迹，将赢得优美的称号。像伟大的德行、伟大的功业、崇高的名誉和优美的称号，正是三王五霸不惜覆军杀将所追求的事业。而您一朝之内却能包揽四项圣人所追求的事业，这不是很值得去做的事情吗？还有比这更近的事情，我未敢出口。"范晔问："什么事情？"孔熙先说："先生世代清正华贵，却不能同帝室联姻，国家把您作为禽兽来看待，您也不感到羞耻。"范晔家族不曾有人入宫廷，所以熙先故意拿此事激励他。范晔默然不语。从此以后，两人感情很好。于是开始密谋策划，孔熙先做谋主。后因机密泄露，均被诛杀。

周大将军郭荣奉使诣隋高祖，高祖谓荣曰："吾雅尚山水，不好缨绂①。过蘩时来,遂叨名位。愿以侯归第,以保余年,何如?"荣对曰:"今主上无道,人怀危惧。天命不常,能者代有。明公德高西伯②,望极国华,方据六合以慰黎庶,反效童儿女子,投坑落阱之言耶?"高祖大惊曰:"勿妄言,族矣。"及高祖作相,笑谓荣曰:"前言果中。"后竟代周室。

[注释]

①缨绂:这里比喻华美的饰物、尊贵的地位。缨,系在脖子上的帽带。绂,系印章或佩玉用的丝带。②西伯:即周文王。

[译文]

北周大将军郭荣奉使来见隋高祖杨坚(此时杨坚在定州任职),杨坚对郭荣说:"我喜好山水,而对做官不感兴趣。以前不过借助好的财运,才有了今日的名位。我很希望以侯爵还归乡里,以度余年,您看怎样?"郭荣说:"现在皇上昏庸无道,人人自危。天命无常,有能力的人取而代之。明公您德行高于西伯文王,威望超过国中精华,正可据有天下,以抚慰广大百姓,怎么倒效法幼儿女子,尽说些没有大志向的话呢?"杨坚大惊失色说:"切莫胡说,要诛灭九族的。"杨坚做了北周宰相时,笑着对郭荣说:"从前果然让您说中了。"后来杨坚取代周室,做了皇帝。

　　隋高祖崩,葬于太陵。初疾也,玺书征汉王谅①。谅闻高祖崩,流言杨素篡位②,大惧,以为诈也,发兵自守,阴谋为乱。南袭蒲州,取之。司马参军裴文安说谅曰:"兵以拙速,不闻巧迟。今梓宫尚在仁寿,比其征兵东进,动移旬朔。若骁勇万骑,卷甲宵行,直指长安,不盈十日。不逞之徒,擢授高位,付以心膂,共守京城,则山东府县非彼之有。然后大王鼓行而西,声势一接,天下可指麾而定也。"谅不从。乃亲率大军,屯于并、介之间③。上闻之,大惧,召贺若弼议之④。弼曰:"汉王,先帝之子，陛下之弟。居连率之重⑤，总方岳之任。声名震响，为天下所服。其举事毕矣。然而进取之策有三：长驱入关，直据京师，西拒六军，东收山东，上策也，如是则天下未可量；顿大军于蒲州，使五千骑闭潼关，复齐旧境，据而都之，中策也，如是以力争；若亲居太原，徒遣其将来，下策也，如是成擒耳。"上曰："公试为朕筹之，计将何出？"弼曰："萧摩诃亡国之将，不可与图大事；裴文安少年虽贤，不被任用；余皆群小，顾恋妻孥，苟求自安，不能远涉。必遣军来攻蒲州，亲居太原，为之窟穴，臣以为必出下策。"果如弼所筹。乃以杨素为将，破之。

[注释]

①汉王谅：即杨谅。隋文帝杨坚第五子，封汉王。开皇十七年，出任并州（治所在今山西太原）总管，统治北部五十二州。太子杨勇被废，他愤愤不平。炀帝即位，他起兵反叛，为杨素所败，废为庶人。②杨素：隋大臣。在灭陈战争中立下战功，参与废太子杨勇。官至司徒，封楚国公。③并、介：即并州、介休。④贺若弼：隋初大将。字辅伯。曾任吴州总管，献灭陈十策。因灭陈功，封宋国公。官至右武侯大将军。后因议论朝政，被炀帝杀死。⑤连率：指地方长官。古代十诸侯国为连。连有帅。率，通"帅"。

[译文]

隋高祖死后，埋葬在太陵。当初患病时，曾以玺书征召汉王杨谅。杨谅听到高祖驾崩的消息，又听到杨素图谋篡位的流言，大为恐惧，认为召他进京一事一定有诈，所以发兵自守，阴谋为乱。他南袭蒲州，并占领了蒲州。司马参军裴文安劝杨谅说："用兵的法则，指挥虽拙，但可以速速取胜，不曾听说指挥工巧而旷日持久、速度迟缓的现象。现在皇上的灵柩还在仁寿宫，等朝廷征兵东进，至少也需十天半月。我如果以万骑骁勇，卷甲夜行，直指长安，则不需十天。对于不得志的人授以高官、委以重任，共守京城，这样，京城以东的府县就不归朝廷所有了。然后大王鼓行西进，东西声势相呼应，天下就可以传檄而定了。"杨谅未采纳裴文安的建议。于是亲率大军屯兵于并州（治所在今山西太原）、介州（今山西介休）之间。皇上听到杨谅起兵的消息后，十分恐惧，急忙召贺若弼商议对策。贺若弼说："汉王是先帝的儿子，陛下的弟弟。他身居地方要职，担负一方重任。其声名震天下，为天下所敬服。他举事的条件都已经具备。不过，他进兵的策略不外三种：长驱入关，直接占领京师，西抗拒六军，东取山东，此为上策，他果真采取这一策略，天下的归属尚难预料；将大军驻于蒲州（治所在今山西永济西南蒲州镇），派五千骑兵封闭潼关，收复北齐旧境，并于此建都，此为中策，如果这样，双方则需力争，方可决定胜负；如果他自己留居太原，只派他的部将前来，此为下策，这样必被我生擒。"皇上问："请您为我再分析一下，杨谅会采取哪一种策略呢？"贺若弼说："萧摩诃是亡国之将，不可与他共图大事；裴文安年资较浅，虽然贤能，但却不被重用；其他群小之辈，顾恋妻室儿女，苟求一时之安，不愿远征。所以杨谅必定派军来进攻蒲州，自己亲居太原，稳固巢穴。所以我认为杨谅必定用下策。"事实果如贺若弼所料。皇上以杨素为将，粉碎了杨谅的叛乱。

隋炀帝亲御六军伐高丽[①]。礼部尚书、楚国公杨玄感据黎阳反[②]。李密说玄感曰[③]："天子远征辽左[④]，地去幽州[⑤]，悬隔千里。南有巨海之限，北有胡戎之患，中间一道，路极艰危。今公拥兵出其不意，长驱入蓟，直扼其喉，前有高丽，退无归路，不过旬月，赍粮必尽，举麾一召，其众自降，不战而克，计之上也；关中四塞，天府之国，有卫文升[⑥]，不足为意，今若率众西入长安，天子虽还，失其襟带，据险临之，故当必克，万全之策，计之中也；若随近逐便，先向东都，顿兵坚城之下，胜负俱未可知，此计之下也。"玄感利洛阳宝货，曰："公之下策，我之上策也。"遂围之。玄感失利，宵溃，王师追斩之。李密乃亡归翟让⑦。

[注释]

①高丽：高丽国。朝鲜封建王朝。②黎阳：古地名。今河南浚县。③李密：隋末瓦岗起义军领袖。④辽左：泛指辽河以东地区。⑤幽州：汉武帝所置十三刺史部之一。隋唐时辖境相当于今北京市及所辖通州、房山、大兴及天津武清、河北永清、安次等县。⑥卫文升：隋朝大臣。曾任刑部尚书、京兆内史等职。⑦翟让：隋末瓦岗农民起义军首领。

[译文]

隋炀帝御驾亲征，统率六军，东伐高丽。礼部尚书、楚国公杨玄感据黎阳起兵反隋。李密向杨玄感建议说："天子远征辽东，其地距幽州远隔千里，南有大海相隔，北有胡戎侵略的忧患，中间一条道路，其形势按常理分析，必定艰险不便。现在您如果率兵出其不意，长驱入蓟（今北京），直接扼制官军咽喉，官军前有高丽，退无归路，旬月之间，粮草用尽。这时您旗帜一招，官军士卒必定自愿投降，不战而克，此为上计。关中地区四面有要塞为屏障，土地肥沃，为天府之国，虽有卫文升守御，但不足为意。现在如果率众西入长安，天子即使还师，也如同失去了襟带，我凭借险要，抗拒官军，就一定能消灭它，此为中计。如果图近就便，先攻取东都洛阳，屯兵于坚城之下，胜负难以预料，此为下计。"杨玄感贪图洛阳珠宝财货，说："您说的下策，我恰恰认为是上策。"于是下令围攻洛阳，失利，趁夜逃遁，官军乘胜追击，擒斩杨玄感。李密于是逃跑，投奔翟让。

隋炀帝初猜忌，唐高祖①知之，常怀危惧。为太原留守，以讨击不利，恐为炀帝所谴，甚忧之。时太宗从在军中②，知隋将亡，潜图义举，以安天下。乃进曰："大人何忧之甚也？当今主上无道，百姓愁怨，城门之外，皆已为贼。独守小节，必且旦暮死亡。若起义兵，实当人欲。且晋阳，用武之地，足食足兵，大人居之，此乃天授。正可因机转祸，以就功业。既天与不取，忧之何益？"高祖大惊，深拒之。太宗趋而出。明日，复进说曰："此为万全之策，以救灭族之事。今王纲弛紊，盗贼遍天下。大人受命讨捕，其可尽乎？贼既不尽，自当获罪。且又世传李氏姓膺图秉箓。李金才位望隆贵③，一朝族灭。大人既能平贼，即又功当不赏，以此求活，其可得乎？"高祖意少解，曰："我一夜思量汝言，大有道理。今日破家灭身，亦由汝；化家为国，亦由汝。"于是定计。乃命太宗与晋阳令刘文静，及门下客长孙顺德、刘弘基等募兵，旬日之间，众且一万。斩留守副王威、高君雅，以其诡请高祖祈雨于晋祠，将为不利故也。用裴寂计，准伊尹放太甲④、霍光废昌邑故事⑤，尊炀帝为太上皇，立代王侑以安隋室。传檄诸郡，以彰义举。秋七月，以精甲三万，西图关中。高祖仗白旗，誓众于太原之野，引师即路，遂亡隋族，造我区夏。

[注释]

①唐高祖：李渊。唐朝皇帝。公元618年至626年在位。②太宗：即唐太宗李世民。李渊次子。公元626年至649年在位。③李金才：隋末贵族。④伊尹放太甲：传说太甲即位商王后怠于政事，被伊尹放逐，三年后又迎他复位。⑤霍光废昌邑：汉昭帝死后，大司马、大将军霍光等迎立昌邑王刘贺为帝，不久废，又迎立宣帝。

[译文]

隋炀帝开始猜忌唐高祖李渊，李渊知道这一情况后，常感忧惧。在做太原留守时，因征讨叛军不利，害怕受到隋炀帝的谴责，更加焦虑不安。这时太宗李世民随从军中，他预见隋朝行将灭亡，暗中策划起义，以安定天下。于是向李渊进言说："您为什么这样忧愁呢？现在主上昏庸无道，老百姓愁苦怨恨，城门之外，都成了反隋的叛贼。如果此时仍然固守小节，早晚必定死亡。如果举起义兵，正顺应了人民的欲望。况且，晋阳本是用武之地，兵广粮足，您现在据有此地，正是上天授予的。正可借机转祸为功，成就大业。上天已经授予了机会，而不去夺取，忧愁又有什么用呢？"李渊听后大惊，坚决拒绝了他。李世民恭敬退出。第二天，李世民又劝李渊说："我昨天所说的正是万全的策略，可以挽救我灭族的灾难。现在王朝纲纪废弛紊乱，盗贼遍天下。您受命讨捕盗贼，能够把他们讨灭净尽吗？既然不能把反贼全部讨灭，当然要获罪于朝廷，况且世上纷纷传言李氏秉应帝王图箓。李金才可谓地位高、威望隆，一朝之间，满族诛灭。大人即使讨灭了叛贼，则又有了无以封赏的功劳，在这种情况下要寻求活命，能办到吗？"高祖李渊情绪稍有缓解，说："你讲的话我考虑了一夜，觉得很有道理。今日破家灭身，是因为你；化家为国也是因为你。"于是决定反隋。于是命李世民和晋阳令刘文静及门下食客长孙顺德、刘弘基等人招募兵马，旬日之中，得兵一万人。杀太原副留守王威、高君雅，借口是他二人诈请李渊到晋祠祈雨，图谋加害李渊。又采用裴寂计策，效仿伊尹放逐商王太甲、霍光废昌邑王的故事，尊隋炀帝为太上皇，另立代王杨侑为皇帝，以暂时稳住隋王室。传檄文至诸郡，以宣扬义举。大业十三年秋七月，李渊以精兵三万，西进关中。李渊手仗白旗，在太原郊外誓师，接着举兵而进，于是灭亡了隋朝，建立了大唐。

　　由此观之，是知天下者，非一人之天下也，天下之天下也。所以王者必通三统①，明天命所受者博，非独一姓也。昔孔子论《诗》，至于"殷士肤敏，祼将于京"，喟然叹曰："富贵无常，不如是，王公其何以诫慎，民萌其何以劝勉！"《易》曰："安不忘危，存不忘亡。"是以身安而国家可保也。故知惧而思诫，乃有国之福者矣。

[注释]

①三统：指夏、商、周三代的正朔。夏正建寅，以正月为岁首，称为人统；商正建丑，以十二月为岁首，称为地统；周朝以十一月为岁首，称为天统。这里借三统的更替变化比喻王朝的兴衰更迭。

[译文]

由此看来，就可以知道，天下，并不是某一个人的天下，是天下人共同的天下。所以做君王的必须通晓三统，懂得可以受天命的人很多，并不是只有某一个姓氏才有这种权利。从前，孔子谈论《诗经》时，当读到"殷人美好敏捷，在周朝京都举行祭祀"时，喟然长叹道："富贵不是恒常不变的，如果不是这样的话，那将用什么来诫慎王公，用什么来劝勉百姓呢？"《易》说："安不忘危，存不忘亡。"只有这样，才能保证自身的安全，从而也保住国家政权。所以懂得以前人的教训为戒，才是做君王的幸福的源泉。

时宜第二十一

夫事有趋同而势异者。非事诡也,时之变耳。何以明其然耶?昔秦末,陈涉起蕲,兵至陈,陈豪杰说涉曰:"将军被坚执锐,帅士卒以诛暴秦,复立楚社稷,功德宜为王。"陈涉问陈余、张耳两人,两人对曰:"将军瞋目张胆,出万死不顾一生之计,为天下除残贼,今始至陈而王之,示天下以私。愿将军无王,急引兵而西,遣人立六国后①,自为树党。如此,野无交兵,诛暴秦,据咸阳以令诸侯,则帝业成矣。今独王陈,恐天下解也。"

[注释]

①六国后:即齐、楚、燕、韩、赵、魏六国诸侯的后代。

[译文]

事情往往有目标相同、方法相同,但造成的结果却截然不同的情况。这并不是因为方法本身有什么问题,而是时势不同造成的。用什么来说明是这样的呢?秦朝末年,陈涉在蕲起兵反秦,进军到陈时,当地的豪杰向陈涉建议说:"将军披坚执锐,率领士卒诛灭残暴的秦朝,恢复楚国的社稷,如此功德,应该称王。"陈涉以此征求张耳、陈余两人的意见,两人说:"将军怒目张胆,出生入死,不顾个人安危,为天下诛除残暴的贼首。现在刚进至陈地,就匆匆称王，是在把自己的私心昭然袒示给天下的人民。希望将军暂时不要称王，迅速引兵西进，派人复立六国诸侯的后代，令其自己树集党羽，这样就可以野无交兵，减轻前进的阻力，诛灭残暴的秦朝，占据咸阳，号令诸侯，那么就可以成就帝王之业了。仅在陈地称王，恐怕天下义军会从此解体。"

及楚汉时，郦食其为汉谋挠楚权，曰："昔汤伐桀，封其后于杞①。武王伐纣，封其后于宋②。今秦失德弃义，侵伐诸侯社稷，灭六国之后，使无立锥之地。陛下诚能复立六国后，此其君臣百姓必皆戴陛下德，莫不向风慕义，愿为臣妾。德义以行，陛下南面称霸，楚必敛衽而朝。"汉王曰："善。"

张良曰："诚用客之谋，陛下事去矣。"汉王曰："何哉？"良因发八难，其略曰："昔者汤伐桀，封其后于杞者，度能制桀之死命也。今陛下能制项籍之死命乎？其不可一也。武王入殷，表商容之闾③，释箕子之囚，封比干之墓，今陛下能封圣人之墓，褒贤者之闾乎？其不可二也。发巨桥之粟，散鹿台之财，以赈贫民，今陛下能散府库以赐贫穷乎？其不可三也。殷事已毕，偃革为轩，倒载干戈，示天下不复用武，今陛下能偃武修文，不复用兵乎？其不可四也。放马华山之阳，示无所为，今陛下能放马不复用乎？其不可五也。休牛桃林之野，示天下不复输积，今陛下能乎？其不可六也。且夫天下游士，离亲戚，弃坟墓，去故旧，从陛下者，日夜望咫尺之地。今复六国，立韩、魏、燕、赵、齐、楚之后，余无复立者，天下游士各归事其主，从亲戚，反故旧，陛下与谁取天下乎？其不可七也。且楚惟无强，六国去者复挠而从之，陛下安得而臣之哉？其不可八也。诚用客之谋，则大事去矣。"时王方食，吐哺，骂郦生曰："竖儒几败我事。"

趣令销印。此异形者也。

[注释]

①杞：周初分封的诸侯国。在今河南杞县。②宋：周初分封的诸侯国。在今河南商丘。③商容：商代贵族。相传被纣王废黜，周武王灭商以后，曾在闾里加以表彰。

[译文]

楚汉相争时，郦食其为汉王谋划削弱楚王的方略时说："从前，商汤灭了夏朝，把杞地分封给夏桀的后人。周武王灭了商朝，把纣王的后代分封到宋国。如今秦朝丧失道德、抛弃信义，侵伐诸侯社稷，灭了六国诸侯以后，使诸侯的后代无立锥之地。陛下如果能重新立六国诸侯的后代，这样，六国的君臣百姓必定感激陛下的恩德，莫不向风慕义，甘愿做陛下的臣子。陛下的德义行天下，南面称霸，楚国必定会恭恭敬敬前来朝拜。"汉王说："很好。"

张良则对汉王说："如果真的采纳了此人的计谋，陛下的大事也就化为泡影了。"汉王问："为什么？"张良便从几个方面予以驳斥，大意是："从前商汤灭了夏朝以后，之所以把夏桀的后代分封到杞地，是因为商汤自信能够置夏桀于死地。如今陛下有把握置项籍于死命吗？这是不可复立六国诸侯后代的第一条理由。周武王灭商后，在谏臣商容的居住地树立旌表，把箕子从狱中释放出来，祭奠王子比干的墓地。如今陛下能够祭扫圣人之墓，褒扬贤者的居处吗？这是不可复立六国诸侯后代的第二条理由。武王能够分发巨桥的粮食，散尽鹿台的财货，以赈济贫民。如今陛下能够散府库的财货来赈济贫穷吗？这是不能复立六国诸侯后代的第三条理由。武王在伐殷事宜完结以后，将甲胄干戈全部载入车中，以向天下表示从此不再用武。如今陛下能够偃武修文，不再用兵吗？这是不可复立六国诸侯后代的第四条理由。放马于华山之南，以示无用。如今陛下能够把战马放归山野，以示不用吗？这是不可复立六国诸侯后代的第五条理由。放牛于桃山之野,向天下老百姓表示从此不再转输军粮。如今陛下能做到这一点吗?这是不可复立六国诸侯后代的第六条理由。况且天下的游士离别亲戚、丢弃祖宗坟墓、辞别故友,跟从陛下南北转战,日夜企盼的就是有朝一日能有一方封地。如今却要复立韩、魏、燕、赵、齐、楚六国诸侯的后代,其余的则不能立为诸侯。这样,天下的游士就会各自重新侍奉旧主,返回到亲戚和故旧身边,陛下还将依靠谁去打天下呢?这是不能复立六国诸侯后代的第七条理由。除非楚国已不再强大,否则,六国重新屈膝侍奉楚国,又有谁来做陛下的臣子呢?这是不可复立六国诸侯后代的第八条理由。所以说,如果真采纳了那位先生的计谋,陛下的大事必将化为泡影。"当时,汉王正在吃饭,听了张良的话以后,吓得将口中的食物吐出来,骂郦食其道:"这个蠢儒险些坏了我的大事!"急忙令人销毁印信。这是"事同形异"的例子。

七国时,秦王谓陈轸曰:"韩、魏相攻,期年不解。或曰救之便,或曰勿救便。寡人不能决,请为寡人决之。"轸曰:"昔卞庄子方刺虎[①],馆竖子止之曰:'两虎方食牛,牛甘必争,争必斗,斗则大者伤,小者死。从伤而刺之,一举必有两虎之名。'今韩、魏相攻,期年不解,必是大国伤,小国亡。从伤而伐之,一举必有两实,此卞庄刺虎之类也。"惠王曰:"善。"果如其言。

初,诸侯之叛秦也,秦将章邯围赵王于钜鹿。楚怀王使项羽、宋义等北救赵[②],至安阳,留不进。羽谓义曰:"今秦军围钜鹿,疾引兵渡河,楚击其外,赵应其内,破秦军必矣。"宋义曰:"不然。夫搏牛之虻,不可以破虮。今秦攻赵,战胜则兵罢,我承其弊;不胜,则我引兵鼓行而西,必举秦矣。故不如斗秦、赵。夫击轻锐,我不如公;坐运筹策,公不如我。"羽曰:

"将军戮力而攻秦,久留不行。今岁饥民贫,士卒食半菽,军无见粮,乃饮酒高会,不引兵渡河,因赵食,与并力击秦,乃曰承其弊。夫以秦之强,攻新造之赵,其势必举赵;赵举而秦强,何弊之承!且国兵新破,王不安席,扫境内而属将军。国家安危,在此一举。今不恤士卒而徇私,非社稷臣也。"即夜入义帐中斩义。悉兵渡河,沉舟破釜,示士卒必死,无还心,大破秦军。此异势者也。

[注释]

①卞庄子:春秋时鲁国卞邑大夫。有勇力。②宋义:秦末农民起义军将领,原楚国令尹。

[译文]

七国争雄时,秦王对陈轸说:"韩、魏两国交战,打得难解难分,已经一年了。有人说出兵救援对我有利,有人说坐观其斗对我有利。我也拿不定主意,请你为我拿个主意。"陈轸说:"从前,卞庄子正准备刺杀老虎,馆竖子阻止说:'两只老虎正在吃牛肉,牛肉很好吃,两只老虎必定相争,争必斗咬,结果必定是大的受伤,小的被咬死。等老虎受伤后再刺,这样就可以一举而得两虎。'现在韩、魏两国交战,一年不决,其结果也必定是大国元气大伤,小国因而灭亡。趁其元气大伤时出兵讨伐,一举必有两得,这同卞庄刺虎的道理是一样的。"秦王听后说:"这个主意好。"事实果然如陈轸所言。

当初,诸侯反叛秦王朝,秦将章邯率军把赵王军队围困在钜鹿。楚怀王派项羽、宋义等率军北上救援,行至安阳,宋义便滞留不进。项羽对宋义说:"现在秦军包围了钜鹿,我迅速引兵渡河,楚军从外部进攻,赵军从内部呼应,内外夹击,定能打败秦军。"宋义说:"不是这个道理。要想扑杀牛身上的蚊虻,就不能把力量用在拍打虱子上面。现在秦军攻赵,秦军如战胜,则兵已疲惫,我可以攻其疲惫之师；秦军不胜，我可鼓行西进，必定灭亡秦朝。所以不如让秦赵相斗。若论披坚执锐，在战场上冲杀，我不如您；若论运筹帷幄，则您就不如我了。"项羽说："将军本应尽全力进击秦军，现在却久留不进。今年遇灾荒，人民贫困，士卒不能饱食，军中已无存粮，你却仍然饮酒会客，不率兵渡河，利用赵地的粮食，同赵军合力攻秦，还侈谈什么承秦军之弊。以强大的秦军攻击刚刚复立的赵国，其势必定克服赵军；攻破赵军，秦军就更加强大，哪来的疲弊可乘！再加上我楚军刚刚吃过败仗，楚王寝食不安，把举国的兵力嘱托给将军，国家安危，在此一举。如今你不体恤士卒而徇私情，算不上安定社稷的大臣。"当夜，项羽直入宋义帐中斩了宋义。继而全军渡河，下令破釜沉舟，以示死战的决心。结果钜鹿之战，大破秦军。这是"事同势异"的例子。

韩信伐赵，军井陉。选轻骑二千人，人持一赤帜，从间道升山而望赵军，诫曰："赵见我走，必空壁逐我，若疾入赵壁，拔赵帜，立汉赤帜。"信乃使万人先行，出背水阵。平旦，信建大将之旗，鼓行出井陉口，赵开壁击之。大战良久，于是信弃旗鼓，走水上军，水上军开入之。复疾战，赵空壁争汉旗鼓，逐韩信，韩信等已入水上军，军皆殊死战，不可败。信所出奇兵二千骑，其候赵空壁逐利，则驰入赵壁，皆拔赵旗，立汉赤帜二千。赵军已不能得信等，欲还归壁，皆汉赤帜，而大惊，以为皆已得赵王将矣。遂乱，遁走，赵将虽斩之，不能禁也。于是汉兵乘击大破之，虏赵军。诸将效首虏，皆贺信。因问曰："兵法右背山陵，前左水泽。今者反背水阵，然竟以胜，此何术也？"信曰："兵法不曰'陷之死地而后生，置之亡地而后存'？且信非得素拊循士大夫也[①]，此所谓驱市人而战之，其势非置之死地，使人人自为战。今与之生地，皆走，宁尚可得而用之？"

又，高祖劫五诸侯兵，入彭城②。项羽闻之，乃引兵去齐，与汉大战睢水上，大破汉军，多杀士卒，睢水为之不流。此异情者也。

[注释]

①拊（fǔ）循：安抚，抚慰。②彭城：古县名。在今江苏徐州市。

[译文]

韩信率军攻打赵国，屯军井陉关（在今河北井陉西北井陉山上）。选轻骑两千，每人手持一面红色的旗帜，从小道登上山岭，眺望赵军营垒。出发前，韩信嘱咐他们说："赵军见我军败走，必定倾巢而出追我，这时你们迅速冲入赵军营垒，拔掉赵军旗帜，树立汉军旗帜。"韩信派军一万为先锋，背水列阵。清晨时，韩信树起大将旗帜，鼓行出井陉口。赵军出营交战，两军大战良久，韩信便丢弃旗帜战鼓，急急奔向已列阵水边的汉军阵营，汉营打开阵营迎韩信入阵。稍后，韩信率军出阵交战，赵军此次空巢而出争抢汉军旗帜，追逐韩信，韩信又入汉军阵营，汉军战士都殊死而战，势不可挡。韩信此前派出的奇兵两千看到赵军倾巢而出时，迅速冲入赵军营垒，把赵军旗帜全部拔掉，树立两千面汉军旗帜。赵军看抓不到韩信，正想撤回营垒，猛然看到自己的营垒全是红色的汉军旗帜，因此大惊失色，都认为自己的将帅已经被汉军擒获，顿时大乱，竞相逃遁。赵将虽然立斩逃兵多人，仍然不能禁止。于是，汉军乘势掩杀，大破赵军，并俘虏赵军。诸将校首领纷纷献出自己斩获的首级和俘虏向韩信表示祝贺，并问道："按照兵法，布阵时右背靠山陵，前左面水泽。而您却背水列阵，竟然也能取胜，这是什么战术呢？"韩信回答说："兵法不是说'陷之死地而后生，置之亡地而后存'吗？况且，我韩信今天指挥的军队平时并没有得到我的抚慰和训练，这就好比驱使集市上的乌合之众去打仗，在这种情况下，就必须把他们置之死地，使每个人都为了保全自己的生命而战。今天如果给他们留条生路，他们就全部逃走了，还怎么利用他们去打胜仗呢？"

汉高祖劫夺五诸侯的兵马，进入彭城。项羽闻讯，便率兵离开齐地，同汉军大战于睢水岸边，大破汉军，多杀士卒，睢水为之不流。这是"事同而异情"的例子。

汉王在汉中，韩信说曰："今士卒皆山东人，歧而望归，及其锋东向可以争天下。"

后汉光武北至蓟①，闻邯郸兵到，世祖欲南归，召官属计议，耿弇慷曰："今兵从南来，不可南行。渔阳太守彭宠，公之邑人，上郡太守即弇父也。发此两郡，控弦万骑，邯郸不足虑也。"世祖官属不从，遂南驰，官属各分散。

[注释]

①蓟：古地名。在今北京城西南角。后为燕国国都。秦置县。

[译文]

汉王刘邦在汉中时，韩信对汉王说："军队的士卒都是山东人，都踮起脚尖盼望回到山东家乡。利用他们东归心切、锋锐难挡的有利条件，可以引兵向东争取天下。"

后汉光武帝率军进抵蓟时，听说邯郸兵来到了，就想南归。召下属商议，耿弇说："我的战士都是南方人，军队从南方来，就不宜向南走。渔阳太守彭宠是您的老乡，上郡太守是我的父亲。调发两郡的兵力，还可以得到骑兵万余人，邯郸兵来，也不足为虑。"光武帝的官属们都不同意耿弇的意见，于是引兵南归，结果官属也各自分散而去。

后汉李傕等追困天子于曹阳。沮授说袁绍曰："将军累世台辅，世济忠义。今朝廷播越①，宗庙残毁。观诸州郡，虽外托义兵，内实相图，未有忧在社稷、恤人之意。且今州城粗定，兵强士附，西迎大驾，即定邺都，挟天子而令诸侯，畜士马以讨不庭，谁能御之！若不早定，必有先之者。夫权不失机，功不厌速，愿其图之。"绍不从。魏武果迎汉帝，绍遂败。

[注释]

①播越：流亡；流离失所。播，迁。越，逸。

[译文]

后汉末年，李傕等人把天子追困在曹阳（在今河南陕市陕州区西）。沮授对袁绍说："将军世代为朝廷台辅，世代忠义。现在朝廷蒙尘，宗庙残毁。观察各州郡诸侯，虽然打着义兵的旗帜，内心则想吞掉对方，壮大自己，没有为国家社稷担忧、体恤人民疾苦的意图。现在您所管辖的州城已基本稳定，兵马强盛，士人归附，向西奉迎天子大驾到邺都（在今河北临漳县），挟持天子而号令诸侯，召集人马讨伐那些不来朝拜的人，谁能阻挡得住。如果不提早作出决定，就一定会有人抢先这样做。权谋不能丧失时机，建功不厌速度快，请您赶快行动。"袁绍未予采纳。魏武帝曹操果然奉迎汉帝，袁绍最终败在曹操手下。

梁武帝萧衍初起义，杜思冲劝帝迎南康王都襄阳，正尊号，帝不从。张弘策曰："今以南康置人手中，彼挟天子以令诸侯，节下前去，为人所使，此岂岁寒之计耶①？"帝曰："若前途大事不捷，故自兰艾同焚；若功业克建，谁敢不从？岂是碌碌受人处分于江南，立新野郡，以集新附哉？"不从。遂进兵，克建邺而有江左。此情与形势之异者也。随时变通，不可执一矣。

[注释]

①岁寒：喻指长远。

[译文]

梁武帝萧衍初起义兵时,杜思冲劝萧衍迎接南康王建都襄阳,称帝号,萧衍没有答应。张弘策向萧衍说:"如果让南康王落在他人手中,他们就可以挟持天子而号令诸侯,您以后就得受他人的指使,这难道是长远之计吗?"萧衍说:"如果前途大事失败,我就会如同草木一样被焚毁;如果功业告成,谁还敢不服从?我怎么能够在江南地区碌碌无为,受人处分,重立新野郡,以召集众人呢?"萧衍没有采纳张弘策的建议,于是进兵攻克建邺(今南京)而据有江左。这是人情和形势不同的例子。所以应该随当时的具体情况而变化,不可固守一种方法。

卷八（杂说）

钓情第二十二

孔子曰："未见颜色而言，谓之瞽。"又曰："未信，则以为谤己。"孙卿曰："语而当，智也；默而当，智也。"尸子曰："听言，耳目不惧，视听不深，则善言不往焉。是知将语者，必先钓于人情，自古然矣。"

故韩子曰："夫说之难也，在知所说之心，可以吾说当之。说之以厚利，则见下节而遇卑贱，必弃远矣；说之以名高，则见无心而远事情，必不收矣。事以密成，语以泄败。未必其身泄之也，而说及其所匿之事，如是者身危。贵人有过端，而说者明言善议，以推其恶者，身危。贵人得计而欲自以为功，说者与知焉，则身危。强之以其所不为，止之以其所不能已者，身危。"又曰："与之论大人，则以为间己；与之论细人，则以为鬻权；论其所爱，则以为借资；论其所憎，则以为尝己；顺事陈意，则曰怯懦而不尽；虑事广肆，则曰草野而倨侮。此不可不知也。彼自知其计①，则无以其失穷之；自勇其断，则无以其敌怒之。"

荀悦曰："夫臣下之所以难言者，何也？言出乎身，则咎悔及之矣。故曰，举过揭非，则有干忤之咎；劝励教诲，则有挟上之议。言而当，则耻其胜己也；言而不当，则贱其愚也。先己而同，则恶其夺己明也；后己而同，则以为从顺也。违下从上，则以为谄谀也;违上从下,则以为雷同也。与众共言,则以为顺负也;违众独言,则以为专美也。言而浅露,则简而薄之;深妙弘远,则不知而非之。特见独智,则众恶其盖之也,虽是而不见称;与众同智,则以为附随也,虽得之不以为功。谦让不争,则以为易穷;言而不尽,则以为怀隐。进说竭情,则以为不知;量言而不效,则受其怨责;言而事效,则以为固当。利于上,不利于下;或便于左,则不便于右;或合于前而忤于后。此下情所以常不通。仲尼发愤,称'予欲无言'者,盖为语之难也。"

[注释]

①知:同"智"。

[译文]

孔子说:"不首先察言观色,就冒失发言,这样的人就如同瞎子一样。"又说:"尚未取得对方的信任,讲话就直言不讳、无所顾忌,对方就会认为是在诽谤自己。"荀子说:"话讲得恰到好处,是有智慧的表现;沉默得恰到好处,也是智慧的表现。"尸子说:"听别人讲话时耳目不表示惊异,这说明他的视听不敏感或者听不进去。这时对他讲话即便是善良的、有利的,也等于白说。因此,在开口讲话之前,必须先搞清对方的心理状态,自古以来都是这样。"

所以韩非子说:"游说的困难在于要了解游说对象的心理,并使他接受我的学说和建议。如果对方是一个喜好名誉的人,你却向他建议如何取得丰厚的经济利益,这样他必然鄙视你、疏远你、抛弃你。如果对方是个喜好实利的人,却向他建议如何赢得较高的名誉,他就会认为你的建议没有诚意、不切实际,他就不会接受你的建议。事情靠严格保密而取得成功,因说话时泄露秘密而失败。不一定你有意泄露人的秘密,当游说的人谈话涉及机密的事情时,那么游说的人也就危险了。尊贵的人有过失,游说的人直言不讳、多方议论去宣扬他的过失,那么游说的人就危险了。尊贵的人有了好的计谋，并且想独自以此建立功劳，而游说的人参与或了解了这一计谋，那么游说的人就危险了。强迫对方做他不能做或不愿做的事，阻止对方做他不能停止的事情，那么游说的人也就危险了。"韩非子还说："与主上谈论大人物，就容易让人觉得你在离间他们的关系；同主上论说小人，则又有卖弄权势的嫌疑；同主上谈论他所珍爱的人或物，则有借资利用的嫌疑；同主上谈论他所憎恶的人或物，则有试探对方的嫌疑；顺着事情发展的趋势而陈述自己的意见，则有怯懦不敢尽言的嫌疑；论说旷达无羁，则又有草野之人傲慢无礼的嫌疑。以上都是游说进言的人不可不懂得的道理。当对方自认为他的计策很高明时，就不要抓住他的漏洞和失误不放，使他感到他的计策行不通；当对方自认为英勇果断、无与伦比时，就不要拿出堪与其相匹敌的对手去激怒他。"

荀悦说："做臣下的说话难，为什么呢？一言出口，罪过和悔恨可能会随之而来。所以说列举主上的过失、揭露主上的错误，则有忤犯主上的罪过；劝勉鼓励、教诲引导，则可能招来挟持主上的非议。所言得当可行，主上就会因有人胜过他自己而感到羞耻；所言不合事理，难以实行，则又会因自己的愚笨而受到主上的鄙视。抢先说出了同主上想法一致的意见，主上就会憎恶你夺去了显示主上聪明的机会；稍后说出了同主上想法一致的意见，则被认为是顺从主上的旨意。违背下层的意见而顺从主上的意见，则被认为是谄媚巴结主上的举动；违背主上的意见而顺从下层的意见，则被认为与众雷同、没有主见。同大家的意见相同，则被认为顺风使舵；违背众言，独树一帜，则被认为逞能出风头。语言浅显易懂，则被认为简陋浅薄；语言深妙弘远，又会因为不易使人听懂而遭到非议。见解独特不群、充满了智慧，大家就会因为他智盖群芳、鹤立鸡群而憎恶他，虽然见解正确，也得不到大家的称颂；如果同大家的见解一致，则被认为是随波逐流，即使他说得对、做得好，人们也并不认为他有什么功劳。与人谦虚礼让，不相互争斗，则被认为是没有本领；言而不尽，则被认为内怀隐情；如果和盘托出，则又被认为鲁莽不聪明；对事物的分析和预言如果同事物发展的实际不相符合，就会受到责备和埋怨；对事物的预言准确、提出的建议获得了成功，人们则认为本来就应该如此。凡事情有利于主上，则可能不利于臣下；便利于左，则可能不便利于右；合于前则可能不合于后。这就是下情往往不能上达的原因。孔夫子曾因愤怨而声称'我打算不再讲话'，大概就是因为讲话的确是一件很难的事吧。"

何以明其难耶？昔宋有富人，天雨墙坏。其子曰："不筑且有盗。"其邻人亦云。暮而果大亡。其家智其子而疑邻人之父。

郑武公欲伐胡①，乃以其子妻之。因问群臣："吾欲用兵，谁可伐者？"关其思曰②："胡可伐。"乃戮关其思。曰："胡，兄弟之国也，子言伐之，何也？"胡君闻之，以郑为亲己而不备郑。郑人袭胡，取之。此二说者，其智皆当矣。然而甚者为戮，薄者见疑。非智之难也，处智则难。

[注释]
①郑武公：春秋时郑国国君。②关其思：春秋时郑国大夫。

[译文]
怎么证明向人游说进言是一件很难的事情呢？从前，宋国有一富有的人家，天雨不止，院墙损坏，他的儿子向他说："不赶快修复院墙，可能会失盗。"他的邻居也同样告诫他。当天晚上果然被盗，损失惨重。这家人便认为儿子很聪明，同时却对他的邻居产生了疑心。

郑武公想讨伐胡国，就把自己的女儿嫁给胡国的国君做妻子。借机问群臣："我准备对外用兵，你们看征伐哪国合适？"关其思回答说："胡国可以讨伐。"郑武公杀了关其思，并说："胡国与我亲如兄弟,你却要我征伐胡国,是何道理?"胡国的国君听说后,便认为郑国的确同自己亲善,从而对郑国未予戒备。郑国袭击胡国,并轻而易举地灭了胡国。以上两位劝说进言的人说得都很对。然而后果严重的被诛戮,轻的被怀疑。可见,具有相当高的智慧,看出问题的实质并不难,难的是如何运用自己的智慧,洞悉进言对象的心理。

卫人迎新妇,妇上车,问:"骖马谁马也①?"御曰:"藉之。"新妇谓仆曰:"拊骖②,无苦服。"车至门,拔,教逆母:"灭櫃,将失火。"入室,见臼,曰:"徙牖下,妨往来者。"主人大笑之。此三言皆要言也,然而不免为笑者,早晚之时失矣。此说之难也。

[注释]

①骖马:古时一车驾三马或四马,旁边的马称骖马,居中的马称服马。
②拊:击,拍打。

[译文]

卫国人迎娶新娘,新娘上车,问:"前边套的骖马是谁的马?"赶车的人回答说:"是我借来的。"新娘便对仆人说:"用鞭子抽骖马,不要抽服马。"车子到了夫家门口,新娘子下车,告诉随行的老妈子说:"回去要把灶火灭掉,不然可能会失火。"进屋后看到石臼摆在中间,便说:"把这个石臼移到窗下,它妨碍人通行。"夫家的人都笑话她。本来,她说的三句话都是很有用的话,然而却引来人们的讥笑,这是因为说话的早晚时机没掌握好。这就是说话进言的难处。

说者知其难也,故语必有钓,以取人情。何以明之?
昔齐王后死,欲置后而未定,使群臣议。薛公田婴欲中王之意①，因献十珥而美其一②。旦日，因问美珥所在。因劝立以为王后，齐王大悦，遂重薛公。此情可以物钓也。

申不害始合于韩王，然未知王之所欲也，恐言而未必中于王也。王问申子曰："吾谁与而可？"对曰："此安危之要，国家之大事也，臣请深维而苦思之。"乃微谓赵卓、韩晁曰③："子皆国之辩士也。夫为人臣者，言何必用，尽忠而已矣。"二人各进议于王以事。申子微视王之所说，以言于王，王大悦之。此情可以言钓也。

[注释]

①薛公田婴：战国时齐相。齐威王少子，孟尝君之父。封于薛，称薛公。②珥：女子的珠玉耳饰。③赵卓、韩晁：战国时韩国善辩的谋臣。

[译文]

游说进言的人懂得了向人游说进言是一件很难的事情，所以在向人进言时，总是首先试探对方，以了解他的心理状态、喜怒好恶。如何来证明这一点呢？

从前，齐国的王后死了，齐王想再立王后，但尚未确定，于是召群臣商议。薛公田婴想选一位令齐王称心如意的王后，因此就向齐王进献了十对耳环，其中的一对特别精美。第二天便问齐王那对精美的耳环送给谁了，齐王如实相告，田婴就劝齐王立这位精美耳环的得主为王后，齐王非常高兴，于是对田婴非常器重。这是用器物来钓取人的心理喜好的例子。

申不害同韩王交往时，很想迎合韩王的爱好和欲望，但又担心自己的话不能令韩王称心如意。韩王问申子："我国应该同哪国结为友好呢？"申不害回答说："这是关系国家安危的大事，请让我认真考虑以后再禀报大王。"申不害暗中找赵卓、韩晁，向他们说："你们都是国家能言善辩的人。做臣子的向主人进言不可能做到言而必用，只要能为国家尽到忠心也就可以了。"于是二人就韩国的外交分别向韩王陈述自己的意见。申不害仔细观察韩王的表情反应，判断他喜欢什么不喜欢什么，然后根据韩王的喜好向韩王进言，韩王听了申不害的话非常高兴。这是用语言去钓取人的心理喜好的例子。

吴伐越，越栖于会稽，勾践喟然叹曰："吾终此乎？"大夫种曰："汤系夏台①，文王囚羑里②，重耳奔翟，齐小白奔莒，其卒霸王。由是观之，何遽不为福乎？"勾践既得免，务报吴。大夫种曰："臣观吴王政骄矣，请尝之。"乃贷粟以卜其事。子胥谏勿与，王遂与之。子胥曰："王不听谏，后三年，吴其墟矣。"太宰嚭闻之，谗曰："伍员貌忠而实忍人。"吴遂杀子胥。此情可以事钓也。

[注释]

①夏台：古台名。在今河南禹州。相传夏桀囚汤于此。②羑里：古地名。在今河南汤阴北。相传周文王被商纣王囚于此。

[译文]

吴国讨伐越国，越王勾践被困居在会稽山的时候，喟然叹道："难道我将死在这里了吗？"大夫文种说："商汤曾被关押在夏台，周文王曾被囚在羑里，重耳（晋文公）被迫出奔翟国，公子小白（齐桓公）被迫逃奔莒国，他们最终都得以称王称霸。由此看来，为什么担心我们不能转祸为福呢？"勾践后来被吴王赦免，以向吴国报仇为己任。大夫文种说："我观察吴国的政治骄慢，请对吴国作一试探。"于是越国便向吴国借粮食，以此来判断吴国的政治情况。伍子胥向吴王进言，切莫借给越国粮食。吴王没有采纳伍子胥的建议，随后借粮给越国。伍子胥说："吴王不听我的谏言，三年以后，吴国将化为一片废墟了。"太宰嚭闻讯，便向吴王进伍子胥的谗言说："伍员这个人貌似忠厚，内心残忍。"吴王听信谗言，杀了伍子胥。这是用事去钓取情况的例子。

客以淳于髡见梁惠王①。惠王屏左右，再见之，终无言。惠王怪之，让客。客谓淳于髡，髡曰："吾前见王，王志在驰逐，后复见王，王志在音声，是以默然。"客具以报王。王大骇曰："淳于先生，诚圣人也。前有献善马者，寡人未及试，会生来；后有献讴者，未及试，又会生来。寡人虽屏人，然私心在彼。"此情可以志钓也。

[注释]

①淳于髡：战国时齐国学者。以博学著称。齐威王任为大夫。后到魏国，魏惠王拟任为卿相，辞而不受。

[译文]

有人把淳于髡推荐给梁惠王。梁惠王把淳于髡接至客房，屏退左右，向淳于髡请教，如此两次，淳于髡都一言未发。梁惠王感到此人很奇怪，便责备推荐淳于髡的人。此人便把受到梁惠王责备的事告诉了淳于髡，并向他询问事情的缘由。淳于髡说："我第一次见梁惠王时，他内心的兴趣仍在狩猎上面；我第二次见梁惠王时，他的注意力则在音乐上面，因此我便默不作声。"推荐者把淳于髡的话报告给梁惠王，惠王大为吃惊，说道："淳于髡先生的确是圣人。第一次会见他时，有人向我进献了一匹良马，我还未来得及试骑，正好淳于髡先生来；第二次又有人向我进献了一位歌手，还未来得及试听，正好淳于髡先生来。我虽然屏退了左右的人，做出了请教的样子，但内心的兴趣仍在良马和歌手上面。"这是根据人的志向钓取其内心情感的例子。

智伯从韩、魏之君伐赵①，韩、魏用赵臣张孟谈之计②，阴谋叛智伯。张孟谈因朝智伯，遇智果于辕门之外③。智果入见智伯曰："二主殆将有变。臣遇张孟谈，察其志矜而行高。见二君色动而变，必背君矣。"智伯不从。智果出，遂更其姓为辅氏。张孟谈入见赵襄子，曰："臣遇智果于辕门之外，其视有疑臣之心，入见智伯而更其族。今暮不击，必后之矣。"襄子曰："诺。"因与韩、魏杀守堤之吏，决水灌智伯军。此情可以视钓也。

[注释]

①智伯：又称智襄子。春秋末晋四卿之一。②张孟谈：一作赵孟同。春秋末晋国权臣赵襄子的家臣。③智果：智伯的族人。

[译文]

智伯联合韩国和魏国的国君共同征伐赵国。韩国和魏国接受了赵国大臣张孟谈的计策，阴谋背叛智伯。张孟谈因此事前往拜见智伯，在辕门外遇见智果。智果看到了张孟谈，急忙入见智伯，说："韩、魏两国的国君伐赵的态度可能有变。我遇到张孟谈，看他神色和举止傲慢，不可一世的样子。又看到韩、魏两国国君神色激动、不同往常，他们肯定要背叛您。"智伯不同意智果的判断。智果出走，改姓为辅氏。张孟谈拜见赵襄子说："我在辕门之外遇见了智果，从他的眼神中可以断定，他已经开始对我怀疑了，他拜见智伯之后就改变了自己的族姓。如果今晚我们不出击，很可能就来不及了。"赵襄子说："好。就今晚行动。"于是，同韩、魏两国的军队杀了守护堤坝的部队首领，决开堤坝，水灌智伯的军队。这是用察言观色的方法钓取内情的例子。

殷浩仕晋①，有盛名。时人观其出处，以卜江左兴亡。此情可以贤钓也。

《钤经》曰："喜色洒然以出，怒色麃然以侮，欲色炕然以愉，惧色惮然以下，忧色惧然以静。"此情可以色钓也。由是观之,夫人情必见于物,能知此者,可以纳说于人主矣。

[注释]

①殷浩:东晋大臣,名士。官至建武将军、扬州刺史。

[译文]

东晋殷浩在朝做官享有盛名。当时,人们都以殷浩入朝做官或挂冠隐退来判断江左的兴亡。这是根据贤人的或隐或出来钓取内情的例子。

《玉钤经》说:"喜色飘飘然而出,怒色则忿忿然带有很重的挑战性和侮辱性,欲色红润愉悦,恐惧的神色惮然卑下,忧愁的神色惊惧而又沉静。"这是通过人的神色钓取内情的例子。由此看来,人的内心情感必定要在某些事物上表现出来,懂得其中道理的人,就能取悦于人主。

诡信第二十三

孔子曰："君子贞而不谅①。"又曰："信近于义，言可覆也。"由是言之，惟义所在，不必信也。何以明之？叶公问孔子曰："吾党有直躬者，其父攘羊②，而子证之。"孔子曰："吾党有直躬者，异于是。父为子隐，子为父隐，直在其中矣。"

[注释]

①谅：诚信。②攘：窃取。

[译文]

孔子说："君子忠贞但未必诚信。"又说："信约合于义的要求，才可以付诸实行。"由此说来，只要符合义的要求，不必讲求诚信。用什么来证明这一道理呢？叶公问孔子："我们那里有一位坦诚正直的人，他的父亲偷了别人的羊，他亲自作证。"孔子说："我们那里也有坦诚正直的人，和你说的正好相反。做父亲的为儿子隐瞒，做儿子的为父亲隐瞒。这就是正直的表现。"

楚子围宋，宋求救于晋。晋侯使解扬如宋，使勿降楚，曰："晋师悉起，将至矣。"郑人因而献诸楚。楚子厚赂之，使反其言。许之。登诸楼车，使呼宋人而告之，遂致其君命。楚子将杀之，使与之言曰："尔既许不穀而反之①，何故？非我无信，汝则弃之，速即尔刑。"对曰："臣闻之，君能制命为义，臣能承命为信，信载义而行之为利。谋不失利，以卫社稷，民之主也。义无二信，信无二命。君之赂臣，不知命也。受命以出，有死无陨，又何赂乎？臣之许君，以成命也。死而成命，臣之禄也。寡君有信臣，下臣获考，死又何求？"楚子舍之以归。

[注释]

①不穀：不善。古代诸侯王自称的谦辞。反之：即反失前言。

[译文]

楚子率军包围了宋国，宋国向晋国请求救援。晋国的国君派解扬到宋国，劝宋国不要向楚国投降，说："晋国的军队已经全部发动，将要到达宋国了。"郑国人乘解扬路过郑国时把他囚禁起来并献给了楚国。楚子用丰厚的财货收买解扬，让他违反晋君的意思向宋国传话，解扬答应了楚子的要求。楚人让解扬登上楼车，向宋国人喊话，解扬借机准确传达了晋国国君带给宋国人的话。楚子准备杀解扬，派人质问他："你既然已经答应了我们，却临机而反，是什么道理？不是我们不守信用，而是你抛弃了信约，赶快去接受对你的刑罚吧。"解扬回答说："我听说，做国君的能制定可行的诏命叫作义，做臣子的能够执行国君的诏命叫作信，用信的行为使义的诏命得到实施，就叫作利。谋划不丧失利益，以达到保卫社稷的目的，这是人民赖以生活的保障。义不可能有双重的信用，信用也不可能同时执行敌对双方的国君的命令。做国君的贿赂臣下，就是不懂得一种信用不可能执行两种相反的命令的道理。既然接受了国君的命令出使宋国，宁死不可有辱君命，有什么可贿赂的呢？我之所以暂时答应您的要求，是想借机完成我的国君交给我的使命。以死来完成我的使命，是我的幸运。我们的国君有守信之臣，这同时也是我的成功，除死以外我还能有什么其他的追求呢？"楚子听说后，派人把解扬送回晋国去了。

颜率欲见公仲，公仲不见。颜率谓公仲之谒者曰①："公仲必以率为伪也，故不见率。公仲好内，率曰好士；公仲啬于财，率曰好施；公仲无行，率曰好义。自今以来，率且正言之而已矣。"公仲之谒者以告公仲，公仲遽起而见之②。

[注释]
①谒者：主管接待宾客的官。②遽：急速。

[译文]
周人颜率想会见韩相公仲，公仲拒不接见。颜率便向公仲手下负责接待的人说："公仲肯定是认为我颜率虚伪不诚实才不愿见我。本来公仲爱好女色，我却说他爱好人才；本来公仲吝啬财货，我却说他慷慨好施；本来公仲品行不端，我却说他爱好行义。从今以后，我颜率凡话照实说就是了。"负责接待的人把颜率的话回报公仲，公仲听后，赶快起身去见颜率。

齐伐燕，得十城。燕王使苏秦说齐，齐归燕十城。苏秦还燕，人或毁之曰："苏秦，左右卖国，反覆臣也，将作乱。"燕王意疏之，舍而不用。苏秦恐被罪，入见王曰："臣东周之鄙人也，无尺寸之功，而王亲拜之于庙，礼之于庭。今臣为王却齐之兵，而功得十城，宜以益亲。今来而王不官臣者，人必有以不信伤臣于王者。且臣之不信，王之福也。使臣信如尾生，廉如伯夷，孝如曾参，三者天下之高行，而以事王，可乎？"燕王曰："可也。"苏秦曰："有此臣，亦不事王矣。孝如曾参，义不离其亲宿昔于外，王又安得使之步行千里，而事弱燕之危王哉？廉如伯夷，义不为孤竹君之嗣，不肯为武王之臣，不受封侯，而饿死于首阳之下。有廉如此者，王又安能使之步行千里，而进取于齐哉？信如尾生，与女子期于梁柱之下，女子不来，水至不去，抱梁柱而死。有信如此，何肯扬燕、秦之威，却齐之强兵哉？且夫信行者，所以自为也，非所以为人也；皆自覆之术①，非进取之道也。且三王代兴，五霸迭盛，皆不自覆；君以自覆为可乎？则齐不益于营丘②，足下不窥边城之外。且臣之有老母于东周，离老母而事足下，去自覆之术，而行进取之道。臣之趋固不与足下合者：足下者，自覆之君也；仆者，进取之臣也。臣所谓以忠信得罪于君也。"

[注释]

①自覆：自我保护。覆，覆盖，喻指保护。②营丘：古邑名。在今山东淄博市临淄北。以营丘山得名。周武王封吕尚于齐，建都于此。后改名临淄。

[译文]

齐国进攻燕国，攻占燕国十座城池。燕王派苏秦出使齐国，劝说齐王归还燕国的十座城池，齐王答应了苏秦的请求，把十座城池归还给了燕国。苏秦回到燕国后，有人向燕王谗毁苏秦说："苏秦是一个时常出卖国家、反复无常的贼臣，将来一定会作乱。"燕王听了谗言，开始对苏秦疏远，不予重用。苏秦担心因此获罪于燕王。于是就入宫拜见燕王，说："我本来是洛阳乡野的一名普通百姓，没有建立一点什么功劳，而大王却把宗庙社稷的大权托付给我。现在我替大王退去了齐国的军队，取得了夺回十城的功劳，大王本应该更加亲近我。近来大王却夺了我的官职，其原因肯定是有人在大王面前诋毁我不诚信。而我的不诚信的品质正是大王的福气。假设我守信如尾生，廉洁如伯夷，孝悌如曾参，用这三个人的高尚品行来侍奉大王，大王认为可以吗？"燕王说："那当然太好了。"苏秦说："如果我具有三者的高尚品质，也不可能来侍奉大王了。孝如曾参，按孝道的要求，不能离开自己的父母在外借宿，大王又怎么能使他步行千里，去侍奉弱小燕国面临危难的国王呢？廉洁如伯夷，仗义不做孤竹君的嗣子，不肯做周武王的大臣，不受封侯，最后饿死于首阳山下。像这样廉洁的人，大王又怎么能使他步行千里，到齐国去夺回已经失去的城池呢？守信如尾生，同女子约定在梁柱之下相会，女子没有如期前来，这时大水汹涌而来，尾生仍不肯离去，最后抱梁柱而死。像这样讲求诚信的人，怎么肯去宣扬秦国和燕国联合的威力，迫使齐国强大的军队撤退呢？况且，所谓守信的品行可用来自我修炼和提高，不能用来为他人服务；都是自行保全的方法，不是进取成功的方法。三王更替兴起，五霸更替昌盛，都不仅仅是自我保全；大王认为仅仅自我保全就可以了吗？按自我保全的道理，齐国不应该在营丘以外扩展领土，您也不应该窥视边城之外的领土。况且我还有老母在洛阳，离开老母来侍奉您，抛弃自保自足生活，履行进取成功的道路。我的作为和目标之所以不能同大王的目标相投合的原因是：您是一位自保自足的君王，而我则是一位富于进取精神的臣子。我正是因为忠诚守信在大王面前获罪的啊。"

燕王曰："夫忠信又何罪之有也？"对曰："足下不知也，臣邻家有远为吏者，其妻私人，其夫且归，其私者忧之。其妻曰：'公勿忧也，吾已为药酒待之矣。'后二日夫至，其妻使妾奉卮酒进之。妾知其药酒也，进之则杀主父，言之则逐主母。乃佯僵弃酒，主父大怒而笞之。妾之弃酒，上以活主父，下以存主母，忠至如此，然不免于笞。此以忠信得罪也。臣之事适不幸而类妾之弃酒也。且臣之事足下，亢义益国①，今乃得罪。臣恐天下后事足下者，莫敢自必也。且臣之说齐，曾不欺之也。后之说齐者，莫如臣之言，虽尧、舜之智，不敢取之。"燕王曰："善。"复厚遇之。由此观之，故知谲即信也，诡即忠也。夫诡谲之行，乃忠信之本焉。

[注释]

① 亢义：大义，高义。亢，高、大。

[译文]

燕王说:"做臣仆的忠信又有什么罪过呢?"苏秦回答说:"大王有所不知,我的邻居中有一家丈夫远出做小吏,他的妻子在家与人私通。丈夫快要回来时,与她私通的人很是忧虑。妻子说:'没有什么值得担忧的,我已经为他备好毒酒了。'过了两天,丈夫回来了,妻子就指使侍妾向丈夫进酒。妾知道是毒酒,如果进上就会毒死主父;告诉他酒中有毒,主母就会被赶出家门。于是就假装跌倒,把毒酒洒在地上。主父盛怒之下,打了侍妾竹板。侍妾把毒酒洒在地上,于上保住了主父的性命,于下使主母不至被逐出家门,如此尽忠,却不免挨板子。这就是因为忠信而获罪主人的例子。我现在遇到的不幸同侍妾弃酒的事情相类似。我侍奉您,仗义而行,有益于国,却获罪在身,我担心将来侍奉您的人,不会像我这样坚持大义了。再说,我到齐国去倡导合纵,并不曾欺骗齐国。以后再去游说齐王的人,如果没有我那样的语言艺术,即便有尧舜一般的智慧,恐怕也夺不回来十座城池。"燕王说:"你讲得好。"因此恢复了对苏秦的优厚待遇。

由此看来,欺诈就是诚信,诡辩奸猾就是忠诚。诡谲的行为是忠信得以实现的基础。

忠疑第二十四

夫毁誉是非不可定矣。以汉高之略,而陈平之谋,毁之则疏,誉之则亲。以文帝之明,而魏尚之忠①,绳之以法则为罪,施之以德则为功。知世之听者,多有所尤②,多有尤即听必悖矣。何以知其然耶?

《吕氏春秋》云:"人有亡斧者,意其邻之子。视其行步颜色言语动作态度,无为而不窃斧者也。窃掘其谷而得其斧,他日复见其邻之子,动作态度,无似窃斧者也。"其邻子非变也,己则变之。变之者无他,有所尤矣。

[注释]

①魏尚:西汉臣。文帝时任云中太守。②尤:过错。

[译文]

毁誉和是非没有固定不变的标准。以汉高祖的胸襟和韬略,对陈平这种充满了智谋的人,有人诋毁陈平,汉高祖就疏远陈平;有人赞誉陈平,汉高祖又重新亲近陈平。以汉文帝的开明,对魏尚这样的忠臣,如果绳之以法,他就成了罪人;如果对他施以恩德,他又成了功臣。因此就可以知道,听别人汇报情况的人,判断经常会发生失误;判断失误,那么听到的情况同实际情况就可能差距很大。用什么来证明这一点呢?

《吕氏春秋》记载:"有一个人丢了斧头,便怀疑是邻人的儿子偷去的。看他走路的姿势、面部神色、说话的特征、举止态度,都很像偷斧头的人。后来他在掘坑时发现了自己的斧头。这时,再见到邻人的儿子,看他的动作态度,一点不像偷斧头的人。"邻人的儿子并没有什么变化,而是自己的看法改变了。促使自己看法改变的原因不是别的,是自己的判断有偏差。

邾之故①,为甲裳以帛。公息忌谓邾之君曰:"不若以组。"邾君曰:"善。"下令令官为甲必以组。公息忌因令其家皆为组。有伤之者曰:"公息忌所以欲用组者,其家为甲裳多为组也。"邾君不悦,于是乎止,无以组。邾君有所尤也。邾之故为甲,以组而便也,公息忌虽多为组,何伤?以组不便,公息忌虽无以为组,亦何益?为组与不为组,不足以累公息忌之说也。凡听言不可不察。

[注释]

①邾:古国名。即邹。

[译文]

邾国的习俗,是用帛连缀战袍铠甲。公息忌向邾国国君说:"用帛连缀不如用组(丝带)连缀。"邾君说:"很好。"于是命令制作铠甲必须用组连缀。公息忌就让他家里的人都去织组。有人便向邾国君攻击公息忌说:"公息忌之所以向您建议制作铠甲用组,是因为他家里人做甲裳多用组。"邾君很不高兴,随后命停止用组。邾国国君的判断有失误。邾国本来是用帛连缀战袍铠甲的,假如用组制作铠甲战袍更为方便合适,即使公息忌家因此而多织组,又有何妨呢?如果用组制作铠甲战袍不方便,即使公息忌因此不得织组,对国家又有什么好处呢?制作战袍用组或不用组的标准,不能以公息忌家是否多织组为转移,从而肯定或否定公息忌的建议。凡听别人建议，不可不认真分析。

楼缓曰^①："公父文伯仕于鲁^②，病而死。女子为自杀于房中者二人。其母闻之弗哭。其相室曰：'焉有子死而弗哭乎？'其母曰：'孔子，贤人也，逐于鲁而是人弗随之。今死，妇人为自杀，若是者，必其于长者薄，而于妇人厚。'故从母言之，是为贤母；从妻言之，是不免于妒妻也。"故其言一也，言者异，则人心变矣。

[注释]

①楼缓：战国时赵臣。曾侍奉赵武灵王。②公父文伯：春秋末鲁臣。

[译文]

楼缓说："公父文伯在鲁国做官，因病而死。两位女子为他而在房中自杀。他的母亲听说后却一声不哭。屋内侍候她的人说：'哪有自己的儿子死了却一声不哭的道理？'他的母亲说：'孔子是一位贤人，被鲁国驱逐，而我的儿子却不跟随孔子。现在病死了，妇人为他而自杀。这肯定是因为他对长者刻薄而对妇人厚道。'这件事，用做母亲的标准来衡量，她是一位贤良的母亲；如果用做妻子的标准来衡量，就不免成为爱嫉妒的妻子了。"所以说，同样的话，说话人的身份不同，其用意也就随之不同了。

乐羊为魏将而攻中山^①，其子在中山，中山之君烹其子而遗之羹，乐羊尽啜之。文侯曰："乐羊以我故，食其子之肉。"堵师赞曰："其子且食之，其谁不食？"乐羊罢中山，文侯赏其功而疑其心。

[注释]

①乐羊：战国初魏国将领。

[译文]

乐羊是魏国的将领,率兵攻打中山国。乐羊的儿子在中山国,中山国的国君盛怒之下,就把乐羊的儿子煮成肉羹,并把肉羹送与乐羊吃,乐羊吃尽了肉羹。魏文侯听说此事后,颇有感慨地说:"乐羊为效忠于我,吃了自己儿子的肉。"堵师赞却说:"自己亲生儿子的肉都能吃得下去,还有谁的肉吃不下去呢?"战事结束后,魏文侯因战功而封赏乐羊,同时也怀疑乐羊心理的残忍。

《淮南子》曰:"亲母为其子治秃①,出血至耳,见者以为爱子之至也。使在于继母,则过者以为憎也。事之情一也,所从观者异耳。从城上视牛如羊,视羊如豚,所居高也。窥面于盘水则圆,于杯则隋②。面形不变其故,有所圆有所隋者,所自窥之异也。"今吾虽欲正身而待物,庸讵知世之所自窥我者乎?是知天下是非,无所定也。世各是其所是,非其所非。今吾欲择是而居之,择非而去之,不知世之所是非者,孰是孰非哉?故有忠而见疑者,不可不察。

[注释]

①𤷍(gē):通"疙"。②杯(póu):用手捧。隋:赵蕤注:隋,音随,训亏也。

[译文]

《淮南子》说:"生身母亲为她的儿子治疗头上的脓疮,血流至耳,看到这一情景的人都认为她疼爱儿子到极点了。假若他的继母这样做,人们就会觉得她太狠心了。事情都是一样的,但观察的角度不同,看法就会迥然各异。从城楼上看城下的牛像羊,看羊又像猪,这是站得太高的缘故。从一盘水中观照自己的面部是圆形完整的,用手捧水观照自己的面部就可能小而不完整。面形并未有变化,有圆而完整和小而不完整的区别,是因为自己观照的方法不一样。"今天我虽然想以端正的态度接人待物，又怎么知道世人会用什么标准、从什么角度来对待我呢？由此可知天下没固定的是非标准，各自都用自己的是非标准来判断是非。今天我很想选择正确的予以保留和发扬，而把错误的抛弃掉，但却不知道世人所遵循的是非标准。究竟谁是谁非呢？所以有竭尽忠心而又受到怀疑的情况，不能不加以考察。

用无用第二十五

古人有言曰:"得鸟者,罗之一目。然张一目之罗,终不能得鸟矣。鸟所以能远飞者,六翮之力也①。然无众毛之助,则飞不能远矣。"以是推之,无用之为用也大矣。故惠子谓庄子曰②:"子言无用矣。"庄子曰:"知无用而始可与言用矣。夫天地非不广且大也,人之所用容足耳。然则削足而垫之至黄泉,人尚有用乎?"惠子曰:"无用。"庄子曰:"然则无用之为用也亦明矣。"昔陈平智有余而见疑,周勃质朴忠而见信。夫仁义不足相怀,则智者以有余见疑,而朴者以不足取信矣。汉征处士樊英、杨厚③,朝廷若待神明,至,竟无他异。李固、朱穆以为处士纯盗虚名,无益于用。然而后进希之以成器,世主礼之以得众。原其无用,亦所以为用也。而惑者忽不践之地,赊无用之功,至乃诮讪远术,贱斥国华,不亦过乎?

[注释]

①翮(hé):即羽根。这里代指鸟翼。②惠子:即惠施。战国时宋人。曾任梁相。善辩。③处士:德才兼备却又隐居不仕的人。

[译文]

古人说:"捉住鸟的,只是罗网的一个小孔。但只设置有一个小孔的罗网,还是捉不住鸟的。鸟类之所以飞得很远,靠的是翅膀上六根粗茎的力量。但如果没有众多小羽毛的辅助，还是不能飞远的。"以这个道理来推论，看似无用的东西，实际上却能发挥很大的作用。惠子曾向庄子说："你所说的没有任何用处。"庄子说："懂得了无用的道理，才能够同他谈有用的道理。天地不能说不广大吧？但人所用的只是小小的一片容足之地而已。如果把除了供人立足以外的地方都挖至黄泉，那么人的这块立足之地还有用吗？"惠子回答说："没有用了。"庄子说："由此可知，无用的用处也就很明确了。"从前，陈平具有丰富的智慧反而被怀疑，周勃质朴忠诚而受到信任。当仁义还不足以使人们彼此信任的时候，那么富于智慧的人就会因为足智多谋而被猜疑，质朴的人反而因为智慧不足而得到信任。汉朝征召处士樊英、杨厚，朝廷待若神明，但始终也没有什么特别的作为。李固、朱穆认为处士纯粹是欺世盗名的人，没有任何实际的用处。然而后进的人仰慕他们的高风亮节，因而成就了大器，当世的君主也因为礼遇处士而赢得了众心。所以推究无用的东西，正可以"无用"为用。而那些迷惑的人忽视人迹不至的土地的作用，忽视了所谓"无用"的功用，以至于谴责讽刺远离正统道术的人，贱斥才学很高的隐士，这不是很大的过错吗？

恩生怨第二十六

　　《传》称:"谚曰:'非所怨,勿怨。'寡人怨矣。"是知凡怨者,不怨于所疏,必怨于亲密。何以明之?高子曰:"《小弁》,小人之诗也。"孟子曰:"何以言之?"高子曰:"怨乎。"孟子曰:"固哉①,夫高叟之为诗也!有越人于此,关弓而射我,我则谈笑而道之,无他,疏之也;兄弟关弓而射我,我则泣涕而道之,无他,戚之也。然而《小弁》之怨,亲亲也。亲亲,仁也。"

　　晋使韩简子视秦师②,云:"师少于我,斗士倍我。"公曰:"何故?"对曰:"出因其资,入用其宠,饥食其粟,三施而不报,所以来也。"

　　杜邺说王音曰③:"邺闻人情,恩深者,其养谨;爱至者,其求谨。夫戚而不见异,亲而不见殊,孰能无怨?此《棠棣》《角弓》之所作也。"由此观之,故知怨也者,亲之也;恩也者,怨之所生也。不可不察。

[注释]

①固:鄙陋;固执不通。②韩简子:即韩简。春秋时晋国大夫。③杜邺:西汉臣。官至凉州刺史。王音:西汉臣。官至车骑将军、安阳侯。

[译文]

《左传》:"谚语说:'不该怨恨的不要怨恨',寡人却怨恨了。"

据此可知，凡怨恨者，不会去怨恨他所疏远的人，肯定是怨恨他所亲近的人。用什么证明呢？高子说："《诗经》中'小弁'这一篇就是小人之作。"孟子说："为什么这样说呢？"高子说："因为诗中充满了怨恨的情绪。"孟子说："高老先生讲诗真是讲得太死板了！假设有位越人，张弓向我射箭，事后，我会谈笑风生为别人讲述这件事，没有别的原因，因为越人同我的关系疏远。如果是我的兄弟张弓向我射箭，事后，我会哭泣着向人讲述这件事，没有别的原因，因为兄弟是自己的亲人。'小弁'诗篇中所表现的怨恨之情，则是出于对亲人的爱。而热爱亲人，正是仁的表现。"

晋国派韩简子去了解秦国军队的情况，回来后说："军队的数量比我们少，但能战斗的战士却比我们多。"晋公问道："什么原因呢？"韩简子回答说："君王逃离晋国靠的是秦国的帮助，回到晋国是因为得到了秦国的恩宠，发生了饥荒，吃的是秦国的粮食。秦三次施舍给我们恩德，而我们却未作任何报答，所以秦兵胸怀怒气而来，战斗力肯定比我们强。"

杜邺向王音说："我听说人之常情是：恩情深的人，对他的敬养须特别谨慎周到；特别亲爱的人，其要求也特别细腻周到。关系亲密而得不到特殊的对待，谁能无怨呢？这就是《诗经》中《棠棣》、《角弓》所创作的情感背景。"由此可知，所谓愤怨的情绪，是亲人之间的一种情感；所谓恩情，是怨恨情绪赖以产生的源泉。人生在世，不能不详察这其中的道理。

诡顺第二十七

赵子曰：夫云雷世屯，瞻乌未定，当此时也，在君为君，委质事人，各为其主用职耳。故高祖赏季布之罪，晋文嘉寺人之过，虽前窨，莫之怨也，可谓通于大体矣。

昔晋文公初出亡，献公使寺人披攻之蒲城①，披斩其袪②。及反国，吕、郤畏逼③，将焚公宫而杀之。寺人披请见，公使让之曰："蒲城之役，君命一宿，汝即至。其后余从狄君以田渭滨，汝为惠公来，求杀余，命汝三宿，汝中宿至。虽有君命，何其速也？"对曰："臣谓君之入也，其知之矣。若犹未也，又将及难。君命无二，古之制也。除君之恶，惟力是视。蒲人、狄人，余何有焉？今君即位，其无蒲、狄乎？齐桓公置射钩而使管仲相，君若易之，何辱命焉？行者甚众，岂惟刑臣。"公见之，以难告，得免吕、郤之难。

[注释]

①寺人：古代宫中供使令的小臣。披：人名。②袪：袖口。③吕、郤：吕甥、郤芮。均是晋惠公的大臣。

[译文]

赵蕤说：阴云密布，雷电交加，世界一片混沌，领头的鸟雁尚未确定，当此之时，不管跟随哪位君主，都全身心侍奉他，各为自己的主公尽职尽责而已。所以汉高祖很赏识项羽手下的名将季布，并赦免了他的罪过；晋文公嘉奖曾逼自己于窘迫之地的宦官的罪过，不计前怨，可谓宽宏大量了。

从前，晋文公从晋国出逃的时候，晋献公派宦官披围攻在蒲城的晋文公，披斩断了晋文公的衣袖，但晋文公还是跑掉了。晋文公后来回到晋国做了国王以后，晋国的旧臣吕甥、郤芮害怕晋文公报复他们，准备焚烧宫室，杀害晋文公。宦官披请求拜见文公，文公派人责备披说："蒲城之战，国君本来命你第二天到达，而你当天即率兵赶到了。后来我随狄国的国君在渭水边打猎，你又向晋惠公请战来杀我，国君本来命你三天赶到，你第二天就赶到了。虽然你是奉命行事，但你的速度为什么那么快呢？"披回答说："我原来认为君王回国后，就会很快了解当前的情况，看来您尚不了解内情，这样下去，恐怕还将遭难。执行君王的命令，不能三心二意，这是古代的制度。除掉君王所憎恶的人，唯有尽力而为。无论蒲人还是狄人，与我又有什么关系呢？现在您做了国王，难道就不会像先君一样重演在蒲、狄追杀仇敌的情况吗？齐桓公置管仲曾指挥射中自己的带钩的前怨于不顾，任命管仲做齐相，您如果采取同齐桓公相反的态度，不劳您的命令，我就会自觉离开晋国的。而且出走的人会非常多，难道仅仅是像我这样受过宫刑的小臣吗？"晋文公很快接见了披，披就把吕、郤将发难的事情告诉了晋文公，使晋文公避免了一场灾难。

　　陈轸与张仪俱事秦惠王，惠王皆重之。二人争宠，仪恶轸于王曰："轸重币轻使秦、楚之间，将为国交也。今楚不善于秦而善于轸，轸为楚厚，为秦薄也。轸欲去秦而之楚，王何不听之？"王乃召轸而问之，轸曰："臣愿之楚，臣出，必故之楚①，且明臣为楚与不也。昔楚有两妻者，王闻之乎？"王曰："弗闻。"轸曰:"楚有两妻者。人挑其长者,长者骂之;挑其少者,少者复挑之。居无几何,有两妻者死,客为挑者曰:'为汝娶少者乎,长者乎?'挑者曰:'娶长者。'客曰:'长者骂汝,少者复挑汝,汝何故娶长者?'挑者曰:'居人之所,则欲其挑我;为我之妻,则欲其骂人。'今楚王明主,昭阳贤相,使轸为臣,常以国情输楚,楚王将不留臣,昭阳将不与臣从事矣。臣何故之楚?臣出必故之楚,足以明臣为楚与不也。"轸出,仪入问王曰:"轸果欲之楚不?"王曰:"然。"仪曰:"轸不为楚,楚王何为欲之?"王复以仪言谓轸,轸曰:"然。"王曰:"仪之言果信矣。"轸曰:"非独仪知之,行道之人尽知之矣。子胥忠于君,而天下皆争以为臣;曾参、孝己爱于亲,而天下皆愿以为子。故卖仆妾不出闾巷售者,良仆妾也;出妇嫁于乡曲者,必善妇也。今轸若不忠于君,楚亦何以为臣乎?忠且见弃,轸不之楚,将何归乎?"王以其言为然,遂厚待之。惠王终相张仪,轸遂奔楚。

[注释]

①故之楚:依旧是原来的楚国。

[译文]

陈轸和张仪一起侍奉秦惠王,惠王对二人都很器重。二人不久彼此妒忌,相互争宠。张仪在秦王面前攻击陈轸说:"陈轸携带贵重的财货往来奔走于秦、楚之间,为秦国办外交,同楚国结好。现在楚国对秦国并不友善而对陈轸却非常友善,据此可知陈轸对楚国厚而对秦国薄。陈轸打算离开秦国到楚国去,大王为什么不听任他去呢?"秦王便召陈轸询问此事,陈轸说:"我愿意到楚国去。我离开秦国以后,楚国必将还是原来的楚国,这样就可以证明我是否如别人所指责的那样,为楚国的利益考虑而不为秦国的利益考虑。从前,有个楚人两妻的故事,大王听说过吗?"秦王说:"没有听说过。"陈轸说:"从前,楚国有个人,有两房妻子。有人挑逗他年长的妻子，被年长的妻子骂了一顿。有人挑逗他年少的妻子，年少的妻子就同人相互挑逗。没过多久，丈夫死去了。有人就对曾经挑逗过这两位妻子的人说：'为你娶年长的妻子呢，还是娶年少的妻子呢？'挑逗者说：'娶年长的妻子。'这人便说：'年长的妻子曾经骂你，年少的妻子曾和你相互挑逗，你为什么还要年长的？'挑逗者说：'是人家的妻子，我想让她挑逗我；作为我的妻子，我想让她骂人。'当今的楚王是一位明智的君主，昭阳是楚国的贤相。陈轸作为人臣，如果经常把秦国的机密报告给楚国，那么这次楚王肯定不会收留我这样的人臣，昭阳也不会愿同我这样的人共事。我为什么还要到楚国去呢？我离开秦国到楚国去，楚国必将还是原来的楚国，这样就足以证明我是否出卖秦国的利益给楚国。"陈轸出去后，张仪就进去问秦王："陈轸是否想到楚国去？"秦王答："是想到楚国去。"张仪说："陈轸如果对楚国不好，楚王为什么会让陈轸到楚国去？"秦王又把张仪的话告诉了陈轸。陈轸说："的确如张仪所说。"秦王说道："张仪的话果然可信啊。"陈轸说："不仅仅张仪知道这一点，连道上的行人也都知道。伍子胥忠于君王，而天下的君王都想让他做自己的臣子；曾参、孝己爱自己的亲人，所以天下的人都想让他们做自己的儿子。所以，出卖仆妾远不出自己邻里街巷的范围，这仆妾必定是很好的仆妾；姑娘出嫁，就嫁在自己的乡里，这姑娘必定很善良。我陈轸如果是不忠之臣，楚王又凭什么让我做他的大臣呢？忠君反而被抛弃，陈轸不到楚国去，又能到哪去呢？"秦王认为陈轸的话有道理，于是又厚待陈轸。秦惠王最终用张仪为相，陈轸于是到楚国去了。

韩信初为齐王时，蒯通说使三分天下，信不听。后知汉畏恶其能，乃与陈豨谋反。事泄，吕太后以计擒之。方斩，曰："吾悔不听蒯通之计，乃为儿女子所诈，岂非天哉？"高祖归，乃诏齐捕通，至。上曰："若教淮阴侯反耶？"曰："然。臣固教之，竖子不用臣之策，故今自夷于此。如彼竖子用臣之计，陛下安得而夷之乎？"上怒曰："烹之①。"通曰："嗟乎！冤哉烹也！"上曰："若教韩信反，何冤？"对曰："秦之纲弛而维绝，山东大扰，异姓并起，英俊乌聚，秦失其鹿，天下共逐之。于是高材疾足者先得焉。跖之狗吠尧，尧非不仁，狗固吠非其主。当是时，臣独知韩信，非知陛下也。且天下锐精持锋，欲为陛下所求者甚众，固力不能耳，又可尽烹耶？"高帝曰："置之。"乃释通之罪也。

[注释]

①烹：古代酷刑。用鼎来煮杀人。

[译文]

韩信刚做齐王时，蒯通劝韩信同汉王和项王三分天下，韩信没有采纳。后来，当他了解到汉王畏惧嫌恶他的才能时，就同陈豨谋划反汉。谋反的事情泄露以后，吕太后用计生擒了韩信。临刑前，韩信感慨地说道："我悔恨当初没有听从蒯通的计策，竟被妇人小子所蒙骗，这难道不是天意吗？"汉高祖返回京城后，下诏齐国，捉拿蒯通。蒯通被押解到京城后，汉高祖问他："你曾唆使淮阴侯反汉吗？"蒯通答："是的。我竭尽全力策动他反汉，那小子不能用我的计策，所以今天落得自我毁灭的下场。如果那时韩信小子用了我的计策，陛下又怎么能杀他呢？"汉高祖非常气愤，吩咐说："给我煮了他！"蒯通喊道："煮了我实在是冤枉啊！"高祖说："你策动韩信谋反，有什么冤枉？"蒯通回答说："当秦朝纲纪紊乱废弛时，山东纷扰大乱，异姓纷纷崛起，英雄俊杰像乌鸦一样聚集在一起。秦朝的天子皇位如同逃跑的鹿在田野奔驰，天下的人竞相追逐它。这时，才能高、腿脚快的就能首先得到它。盗跖的狗见了尧帝也照样狂吠，这并不是因为尧帝不仁，而是因为狗见了其主人以外的生人都要狂吠。当时，我就知道韩信，而并不了解陛下您。况且，当时天下的精锐之士拿着锋利的武器，想做陛下要做的事的人很多，只是他们的力量还达不到而已，您能把他们都杀尽吗？"汉高祖听后，便说："放了他吧！"于是赦免了蒯通的罪过。

初，吴王濞与七国谋反，及发，济北王欲自杀①。齐人公孙玃谓济北王曰："臣请试为大王明说梁王，通意天子，说而不用，死未晚也。"公孙玃遂见梁王，曰："夫济北之地东接强齐，南牵吴、越，北胁燕、赵。此四分五裂之国，权不足以自守，劲不足以扞寇，又非有奇佐之士以待难也。虽坠言于吴，非其正计也。昔郑祭仲许宋人立公子突以活其君，非义也。《春秋》记之，为其以生易死，以存易亡也。向使济北见情，实示不从之端，则吴必先历齐，军济北，招燕、赵而总之。如此，则山东之从结而无隙矣。今吴、楚之王练诸侯之兵，驱白徒之众②，西与天子争衡。济北独底节坚守不下，使吴失与而无助，跬行独进③，瓦解土崩，破败而不救者，未必非济北之力也。夫以区区之济北，而与诸侯争强，是以羔犊之弱，而捍虎狼之敌也。守职不挠，可谓诚一矣。功义如此，尚见疑于上，胁肩低首，累足抚襟，使有自悔不前之心，非社稷之利也。臣恐藩臣守职者疑之。臣窃料之，能历西山，径长乐，抵未央，攘袂而正议者，独大王耳。上有全亡之功，下有安百姓之名，德沦于骨髓，恩加于无穷。愿大王留意详维之。"孝王大悦，使人驰以闻，济北王得不坐，徙封于菑川。

[注释]

①济北王：即刘志。西汉诸侯王。②白徒：未经军事训练临时被征募的壮丁。③跬（kuǐ）：古时举足一次为跬，举足两次为步。

[译文]

当初，吴王刘濞联合楚国等七国共同反汉，事发以后，济北王打算自杀。齐人公孙玃向济北王说："请让我为大王劝说梁王,使梁王向天子通融,如果劝说无效,再死不晚。"公孙玃于是来见梁王,说:"济北之地东与强大的齐国相连接,南受吴越牵制,北面有燕、赵威胁。其形势是一个四分五裂的国家,其实力不足以自守,其军队又不足以抵抗外敌的入侵,又缺乏奇谋人才的辅佐来对付这场灾难。虽然一时失言,答应了吴王,但却是被迫的,并非出于本意。从前郑国祭仲被迫答应宋国立公子突为国君以便保护原国君公子忽的生命,这是不符合义理的。然而《春秋》予以记载,认为这是以生代替死、以存代替亡的举动。假设使济北王在当时的情形下,不顺从吴、楚,吴、楚必定先经过齐国,占领济北,召集燕、赵等国而统一在自己的指挥棒下。这样,山东诸国就形成了合纵之势而无隙可击了。今天吴、楚国王训练诸侯的军队,驱赶着未经训练的百姓,向西同天子的军队以争高低。济北王独自砥节,坚守不动,使吴王失去了援助,单兵独进,步履维艰,瓦解土崩,破败而得不到救援,这未必不是济北王的力量。如果以区区济北小国,而与吴、楚等诸侯争强,这就好比用弱小的羊羔牛犊去抵御虎狼的攻击,只能白白送死。尽职不屈,对皇上也算得上一片诚心了。功劳忠义如此,尚被皇上所怀疑,令臣下缩肩低首、捆足抚襟、产生悔不反汉的心理,这对国家没有什么好处。我担心天下诸侯和地方官员因此而产生疑虑。我曾暗自分析,能够经过西山,径直到长乐宫、未央宫,面见皇上,直言进谏的人,也只有大王您了。大王此举,上有挽救济北灭亡的功劳,下有安抚百姓的美名,德深骨髓,恩广无穷,请大王费心详加考虑。"梁孝王听后十分高兴,即派人驰报天子,济北王因此未受吴、楚之乱的牵连,徙封为菑川王。

陈琳典袁绍文章①,袁氏败,琳归太祖。太祖谓曰:"卿昔为本初移书，但可罪状孤而已，恶止其身，何乃上及祖父耶？"琳谢曰："楚、汉未分，蒯通进策于韩信；乾时之战，管仲肆力于子纠。惟欲效计其主，取福一时。故跖之客，可以刺由；桀之狗，可使吠尧也。今明公必能进贤于忿后，弃愚于爱前，四方革面，英豪宅心矣。惟明公裁之。"太祖曰："善。"厚待之。由此观之，是知晋侯杀里克，汉祖戮丁公②，石勒诛枣嵩③，刘备薄许靖，良有以也。故范晔曰："夫人守义于故主，斯可以事新主；耻以其众受宠，斯可以受大宠。"若乃言之者虽诚，而闻之者未譬。岂苟进之悦，易以情纳；持正之忤，难以理求？诚能释利以循道，居方以从义，君子之概也。

[注释]

①陈琳：东汉末文学家。"建安七子"之一。②丁公：西汉薛（今山东滕州南）人。名固。季布同母异父弟。初为项羽部将，项羽败，丁公谒见刘邦，被杀。③石勒：十六国时期后赵建立者。

[译文]

陈琳曾做袁绍的机要文书，袁绍失败后，陈琳归服魏太祖曹操。曹操问陈琳："你从前为袁本初起草文书，只历数我的罪状也就够了，恶意的攻击也应局限于我自身，为什么上溯到我的祖父呢？"陈琳急忙谢罪，说："楚、汉相争，胜负未分的时候，蒯通向齐王韩信进献同汉王、项王三分天下的策略；乾时之战，管仲为齐桓公的政敌公子纠竭尽了全力。他们唯一的目的就是为主人效力，取得一时的幸福。所以盗跖的门客受主人之命，可以去刺杀许由；夏桀的狗，只要主人示意，就会去咬帝尧。现在明公如果能够在愤怒平息之后仍然提拔贤能的人才，淘汰那些虽然同您的关系亲密但又无能的人，这样就能使四方英豪革面定心，效力明公。请明公斟酌定夺。"曹操说："你讲得很好。"于是厚待陈琳。由此可知，晋侯杀不从君命的里克，汉高祖杀对项羽不忠的丁公，石勒杀枣嵩，刘备薄待卖主求荣的许靖，也是很有道理的。所以范晔说："人只有对旧主尽忠守义，侍奉新主才有可能忠心耿耿；耻于多方受宠信的人，才是值得受宠信的人。"说这话的人虽然出于一片诚心，但听的人未必能真正懂得其中的道理。岂不是谄媚取悦主人的话容易被主人接受，而持正的逆耳之言难以被主人理智地接受吗？真正做到抛弃私利、遵循道的原则，处世方正、遵从义的原则，这才是君子的风范。

难必第二十八

夫人主莫不欲其臣之忠,而忠未必信。故伍员流于江①,苌弘死于蜀②,其血三年而化为碧。凡人亲莫不欲其子之孝,而孝未必爱。故孝己忧而曾参悲。此难必者也。何以言之?

魏文侯问狐卷子曰:"父子、兄弟、君臣之贤足恃乎?"对曰:"不足恃也。何者?父贤不过尧而丹朱放,子贤不过舜而瞽叟拘,兄贤不过舜而象傲,弟贤不过周公而管、蔡诛,臣贤不过汤、武而桀纣伐。望人者不至,恃人者不久。君欲理亦从身始,人何可恃乎?"

[注释]

①伍员:春秋时吴国大夫。字子胥。楚大夫伍奢次子。他来到吴国,助吴王阖闾刺杀吴王僚,夺取王位。后攻破楚国,因功封于申,又称申胥。吴王夫差时,他劝吴王拒绝越国求和并停止伐齐,渐被疏远。后吴王赐剑命他自杀。②苌弘:周景王、敬王的大臣刘文公所属大夫。又称苌叔。刘氏与晋范氏世为婚姻,在晋卿内讧中帮助范氏,晋卿赵鞅以此来声讨,他被周人杀死。传说他的血三年后化为碧玉。

[译文]

做人主的没有不想让自己的臣子效忠于自己的,然而尽忠未必能守信。所以伍子胥被赐死抛尸江中,苌弘死在蜀地,他的血三年后化作碧玉。凡做父母的都希望自己的子女孝顺，而孝顺未必能得到疼爱。所以孝己感到忧愁而曾参感到悲伤。这就是难有固定依靠的道理。为什么这样说呢？

魏文侯问狐卷子："父子兄弟君臣的贤明足以依靠吗？"狐卷子回答说："不足依靠。为什么呢？做父亲的贤明谁也超不过唐尧，但是，他的儿子丹朱却被尧流放了。做儿子的贤明谁也超不过舜，但他却被自己的父亲瞽叟囚拘。做弟弟的贤明超不过周公，但他的哥哥管叔和蔡叔却被他杀掉了。做臣子的明贤谁也超不过商汤和周武，但商汤讨伐并推翻了自己的君王夏桀，周武讨伐并推翻了自己的君王商纣。单单指望他人，就难以达到目的；仅仅依靠他人，就难以维持长久。您如果想把自己的国家治理好，就应该从自身做起，怎么能仅仅依靠他人呢？"

汉时梁孝王藏匿羊胜、公孙诡。韩安国泣说梁孝王曰①："大王自度于皇帝，孰与太上皇之与高皇帝及皇帝之与临江王亲？"孝王曰："弗如也。"安国曰："夫太上、临江，亲父子间，然而高帝曰：'提三尺剑，取天下者，朕也。'故太上终不得制事，居栎阳。临江王，嫡长太子也，以言过废王临江，用宫垣事，卒自杀中尉府。何者？治天下终不以私害公。语曰：'虽有亲父，安知其不为虎？虽有亲兄，安知其不为狼？'今大王列在诸侯，说一邪臣浮说，犯上禁，挠明法。天子以太后故，不忍致法于王。太后日夜泣涕幸大王自改，而大王终不觉悟。有如太后车即晏驾，大王尚谁攀乎？"语未卒，孝王出羊胜等。

[注释]

①韩安国：西汉大臣。初为梁孝王中大夫。吴、楚七国之乱时击退吴兵，由此著名。武帝时任御史大夫、卫尉等职。

[译文]

西汉时,梁孝王藏匿被朝廷通缉的羊胜和公孙诡,韩安国哭泣着劝梁孝王说:"大王揣度一下,您与皇上(汉景帝)的关系,同太上皇之与高皇帝、皇帝之与临江王(汉景帝的太子)比较,谁更亲密?"梁孝王回答说:"比不上他们之间的关系亲密。"韩安国说:"太上皇同高皇帝、皇帝同临江王,是亲生父子关系,然而,高皇帝却说:'手提三尺宝剑打天下的是我。'所以太上皇始终不得干预朝政,居住在栎阳宫。临江王本为太子,因一言的过错而被废为临江王,又因侵占宫垣事被迫自杀于中尉府。这说明什么道理呢?治理天下毕竟不能因私情而妨害公事。俗语说:'虽然有亲生父亲,怎能保证他不是将伤害自己的老虎?虽有一母同胞的兄长,怎能保证他不会成为伤害自己的狼?'现在大王位在列侯,赏悦一帮奸邪之臣的浮说,犯上禁纲,扰乱国法。天子因为太后的缘故,不忍心对大王绳之以法。太后日夜哭泣,盼望大王自我悔过,而大王至今仍不觉悟。假若太后去世,大王还能依攀谁呢?"话还未说完,梁孝王就把羊胜等人交了出来。

由是观之,安在其可必哉?语曰:"以权利合者,权利尽而交疏。"又曰:"以色事人者,色衰则爱绝。"此言财色不可必也。《墨子》曰:"虽有慈父,不爱无益之子。"黄石公曰:"主不可以无德,无德则臣叛。"此言臣子不可必也。《诗》云:"自求伊祜①。"有旨哉!有旨哉!

[注释]

①祜(hù):福。

[译文]

由此看来,哪有足可依靠的事物呢?俗语说:"因暂时的利益相结交的人,共同的利益没有了,交往也就随之疏远。"又说:"仅靠美色去侍奉人，当色衰时，所受的宠爱也就随之断绝。"这讲的是财货和美色都不足依靠。《墨子》说："虽然有慈祥的父亲，但他也不会去疼爱对自己毫无益处的儿子。"黄石公说："做君主的对臣子不能没有恩德，否则臣子就会背叛他。"这讲的是臣子也是不能无条件依靠的。《诗经》说："靠自己的力量求得幸福。"太深刻了！太深刻了！

运命第二十九

夫天道性命，圣人所稀言也。虽有其旨，难得而详。然挍之古今，错综其纪，乘乎三势，亦可以仿佛其略。何以言之？荀悦云：凡三光、精气变异①，此皆阴阳之精也。其本在地，而上发于天。政失于此，则变见于彼，不其然乎？今称《洪范》咎征，则有尧汤水旱之灾；消灾复异，则有周宣《云汉》"宁莫我听"；《易》称"积善余庆"，则有颜、冉短折之凶②。善恶之报，类变万端，不可齐一。故视听者惑焉。尝试言之。

[注释]

①三光：日光、月光、星光。②颜、冉：颜回、冉伯牛。均为孔子的学生。均以德行高尚著称。

[译文]

天道性命，是圣人也很少论及的问题。虽然有这些问题的要旨，但没有详细的论说。但校阅古今零星错综的记载，运用性命三势的道理分析研究，也可了解这一命题的概貌。怎么说明这一问题呢？荀悦说：日月星辰精气的变化，都是阴阳精气的变化。它们本来在大地上，向上升发到天上。所以人世政治一旦有失误，天上就必然有所反应。不是这样吗？《尚书·洪范》记载的上天惩罚人间的征兆，有尧汤时期的水旱灾害；解除灾害、恢复正常，在《诗经·云汉》篇中有"宁莫我听"的歌颂；《易经》中说"积善之人，必能丰裕幸福"。然而却有颜回、冉伯牛短命夭折的悲剧。或善或恶的报答，变化万端，没有固定统一的原则。所以令人的视听迷惑。试举例说明。

孔子曰："死生有命。"又曰："不得其死。"又曰："幸而免者。"夫"死生有命"，其正理也；"不得其死"者，未可以死而死也；"幸而免者"，可以死而不死也。此皆性命三势之理也。推此以及教化，则亦如之。人有不教化而自成者，有待教化而后成者，有虽加教化而终不成者。故上智与下愚不移，至于中人则可上可下。推此以及天道，则亦如之。灾祥之应，无所疑焉。故尧、汤水旱，天数也；《洪范》咎征，人事也。鲁僖淫雨，可救之应也；周宣旱甚，难变之势也；颜、冉之凶，性命之本也。

《易》曰"有天道焉，有地道焉，有人道焉"。言其异也；"兼三才而两之[①]"，言其同也。故天人之道，有同有异。据其所以异，而责其所以同，斯则惑矣；守其所以同，而求其所以异，则取弊矣。迟速深浅，变化错乎其中，其故参差难得而均也。天地人物之理，莫不同之。故君子尽心焉，尽力焉，以邀命也。《易》曰："穷理、尽性以至于命。"此之谓也。

[注释]

①兼三才而两之：把天道、地道、人道合并为两个方面，即天道与人道。

[译文]

孔子说："或死或生都有一定的命数。"又说："死得不合适。"又说："有幸运而避免的。"所谓"死生有命"，是一般的原则和道理；"不得其死"，即没有以应有的时间和方式去死；所谓"幸而免者"，是说本该死的而没有死。这就是性命三势的道理。把这样的道理推广运用到人的教化方面也是如此。人有不需要别人的教化而自我成就的，有经过教化而后成就的，也有虽加教化而最终不能成就的。所以说，特别聪明的人和特别愚鲁的人，是天生的，不可改变的，至于中等的人则有可上可下的可塑性。把这一道理推广运用到天道方面也是如此。灾祥相感应的道理是无可怀疑的。尧汤时期的水旱灾害是天数决定的；《洪范》中记载的惩罚人间的征兆是人事决定的。鲁僖公时期的淫雨是可以挽救的灾害；周宣王时期严重的旱灾，却是难以改变的；颜回、冉伯牛的夭折，则是命运决定的。

《易经》说"天有天运行的法则，地有地运行的法则，人有人运行的法则"，讲的是三者之间的区别；"兼容天、地、人三者，归为两端，即天人"，这讲的是它们之间的相同之处。所以上天和人世运行的法则彼此有同有异。用天人运行法则的不同之处，去指责否定它们之间的相同之处，就会陷于困惑之中；用天人运行法则的相同之处去要求它们彼此的不同之处，这样就会获取弊端。上天人世运行的迟速深浅，其变化错综复杂，不可能整齐划一。天、地、人、物彼此运行联系的道理也都是如此。所以凡君子都以尽心尽力的行动去掌握自己的命运。《易经》说："追究万事万物的道理，使它们都能充分发挥自己的作用，这就是万事万物真正的命运。"讲的也是同样的道理。

大私第三十

《管子》曰:"知与之为取①,政之宝也。"《周书》曰②:"将欲取之,必故与之。"何以征其然耶?黄石公曰:"得而勿有,立而勿取,为者则己,有者则士,焉知利之所在?彼为诸侯,己为天子,使城自保,令士自取,王者之道也。"尸子曰:"尧养无告,禹爱辜人,此先王之所以安危而怀远也。圣人于大私之中也为无私。汤曰:'朕身有罪,无及万方;万方有罪,朕身受之。'汤不私其身而私万方。文王曰:'苟有仁人,何必周亲。'文王不私其亲而私万国。先王非无私也,所私者与人不同,此知大私者也。"由是言之,夫惟不私,故能成其私。不利而利之,乃利之大者矣。

[注释]

①与:给予。②《周书》:《尚书》的组成部分,所记为周代史实。

[译文]

《管子》说:"懂得给予就等于获取的道理,是为政的法宝。"《周书》说:"要想获取,必须首先给予。"用什么来印证这一道理呢?黄石公说:"要想得到,就不要首先去占有;为别国拥立了国君,不要吞并它;决策出于自己,而功劳归于他人,哪里有心去计较利益的归属?他人为诸侯,自己为天子,使他们各自保全自己的城邑，令将士自取敌国城池的财货。这就是君王应采取的统治法则。"尸子说："尧收养无所依靠的老人，禹爱护犯了罪的人，这就是先王所以能够安定危亡、感召偏远地区人民的原因。圣人能够在国家的大私之中行个人的无私。商汤说：'我自己犯了罪过，不会把惩罚扩展到万方百姓身上；如果万方百姓犯了罪过，我就应该受到惩罚。'商汤不为自己谋私利，而为万方百姓谋私利。周文王说：'如果有仁人出现，又何必是周室的亲人。'文王不谋亲族的私利而谋万国的私利。先王并不是没有私心，只是他所为人谋私的对象同常人不同，这是懂得大私的道理。"由此说来，正是不谋私利，反而能成就自己的私利。通过不为自己谋取利益的方法而为自己谋利益，才是利益中最大的利益。

功败第三十一

《文子》曰①:"有功,离仁义者必见疑;有罪,不失仁心者必见信。故仁义者,天下之尊爵也。"何以言之?昔者楚恭王有疾,召其大夫曰:"不穀不德,少主社稷,失先君之绪,覆楚国之师,不穀之罪也。若以宗庙之灵,得保首领以没,请为'灵'若'厉'②。"大夫许诸。及其卒也,子襄曰:"不然。夫事君者从其善,不从其过。赫赫楚国而君临之,抚征南海,训及诸夏,其宠大矣。有是宠也,而知其过,可不谓恭乎?"大夫从之。此因过以为功者也。

[注释]

①《文子》:撰者佚名。②灵:据《谥法解》,不勤劳成名为"灵"。厉:据《谥法解》,杀戮无罪的人称为"厉"。

[译文]

《文子》说:"虽然有功劳,但远离了仁义的原则,就会受到怀疑;虽然犯了罪过,但却没有丧失仁心的人,必定仍然受到人们的信任。所以说,仁义是天下最尊贵的东西。"为什么这样说呢?从前,楚恭王病重时,把楚国的大夫召来说:"我没有什么德行,年少时就开始主持社稷,丧失了先君的优良传统,使楚国的军队蒙受了巨大损失,这些都是我的罪过。如果在宗庙能够得到祖先神灵的保佑,让我保全脑袋死去,我就满足了。请把我的谥号称为'灵'或者

'厉'吧。"大夫们应许了楚王的要求。楚王死了以后,子襄说:"不能那样做。侍奉君王,主要应该看他的功绩,而不是他的过错。楚王统治着显赫的楚国,征讨安抚南海,感召华夏地区,他对天下的宠爱已经够大了。有这样大的功劳,又明白自己的过错,这还算不上'恭'吗?"大夫们听从了子襄的建议。这是因过为功的例子。

魏将王昶、陈泰兵败,大将军以为己过[①]。习凿齿论曰:"司马大将军引二败以为己过,过销而业昌,可谓智矣。夫忘其败而下思其报,虽欲勿康,其可得乎?若乃讳败推过,归咎万物,上下离心,贤愚释体,是楚再败而晋再克,谬之甚矣。夫人君苟统斯理,而以御国,行虽失而名扬,兵虽挫而战胜。百败犹可,况再败乎?"此因败以成功者也。故知智者之举事也,因祸为福,转败为功,自古然矣。

[注释]

①大将军:即司马懿。

[译文]

魏将王昶、陈泰吃了败仗,大将军司马懿把两次败仗引为自己的过错。习凿齿评论说:"司马大将军承担两次失败的过错,纠正了错误,使事业昌盛,可谓明智的举动。上级不追究下级失败的责任,下级一心想予以报答,即使你不想事业昌盛,能够做得到吗?如果对失败讳莫如深,推卸责任,归咎于各种条件不成熟,致使上下离心,无论贤能的或愚鲁的都离散解体,这就如同当年晋楚城濮之战后,楚国再吃败仗、晋国再打胜仗一样,那是最荒谬的事情了。做君王的如果遵循这样的原则来统治自己的国家,行动虽然有所失误却使美名传颂,军队虽然遭遇了挫折但却能赢得战争的最后胜利。即使这样失败一百次也无妨大局,更何况仅仅失败了两次呢?"这是借鉴失败的教训而获取成功的例子。由此可知:富于智慧的人做事,能够因祸为福,转败为功。自古以来都是这样。

昏智第三十二

夫神者，智之渊也①；神清则智明。智者，心之符也；智公则心平。今士有神清智明而暗于成败者，非愚也，以声色势利怒爱昏其智矣。何以言之？

[注释]

①渊：源泉。

[译文]

人的神志是智慧的源泉，神清才能智明。智慧是心灵的表现，智虑公允才能使心灵平和。当今有这样的人，他们神清智明，而又不明晓事情成功和失败的道理，这并不是因为愚笨，而是被声色、势力、怒爱等因素冲昏了头脑。为什么这样说呢？

昔孔子摄鲁相，齐景公闻而惧，曰："孔子为政，鲁必霸。霸则吾地近焉，我之为先并矣。"犁且曰①："去仲尼犹吹毛耳。君何不延之以重禄，遗哀公以女乐？哀公亲乐之，必怠于政。仲尼必谏，谏不听，必轻绝鲁。"于是选齐国中女子好者八十人，皆衣文绣之衣，而舞康乐，遗鲁君。鲁君受齐女乐，怠于事，三日不听政。孔子曰："彼妇人之口，可以出走。"遂适卫。此昏于声色者也。

[注释]

①犁且：春秋时齐大夫。

[译文]

从前，孔子做了鲁国的宰相，齐景公听说这一消息后面有惧色，说："孔子总理朝政，鲁国必定称霸诸侯。鲁国称霸，我国同鲁国近邻，会首先被鲁国兼并。"犁且说："除去仲尼就如同吹起一根鸿毛一样容易。您何不用重金厚禄联络鲁哀公，并送给他女乐呢？哀公耽于女乐，必然怠于政事。仲尼必定劝谏，劝谏不听，孔子就会辞官离开鲁国。"于是精选齐国八十名美女，让她们穿上漂亮的文绣之衣，而且能歌善舞，送给了鲁哀公。哀公接受了齐国的女乐后，便怠于政事，三天不理朝政。孔子说："他是妇人的君王，我可以出走了。"于是孔子离开鲁国到了卫国。这是被声色冲昏了头脑的例子。

太史公曰："平原君①，翩翩浊代之佳公子也，然不睹大体。语曰：'利令智昏。'平原君贪冯亭邪说②，使赵陷长平四十余万，邯郸几亡。"此昏于利者也。

后汉班固传评曰："昔班固伤司马迁云：'迁博物洽闻，不能以智免极刑。'然固身亦自陷大戮，可谓智及之而不能守，古人所以致论于目睫邪？"此昏于势者也。

[注释]

①平原君：即赵胜。战国时赵国贵族。惠文王之弟。任赵相。有食客数千人。②冯亭：战国时韩国上党太守。秦攻上党，冯不能守，便以上党属赵，赵封其为华阳君。与赵括拒秦军，战死长平。

[译文]

太史公说："平原君是混乱之世一位风度潇洒的公子哥，然而却不识大体。俗语说'利令智昏'。平原君轻信冯亭的邪说，使赵国在长平之战中丧失了四十万大军，邯郸几乎失陷。"这是被利益冲昏了头脑的例子。

后汉《班固传》的评语说："从前班固感伤司马迁一生的遭遇，说：'司马迁博学多闻，却不能运用自己的智慧避免极刑。'然而班固自身也遭遇极刑，可谓有智慧能够看清别人的问题，但自己却仍然不能避免。这大概就是古人关于目与睫关系的理论吧？人的眼睛能够极目远望，但却看不到就在它旁边的睫毛。"这是昏于形势的例子。

尸子曰："夫吴、越之国，以臣妾为殉。中国闻而非之。及怒，则以亲戚殉一言。夫智在公则爱吴、越之臣妾，智在私则忘其亲戚。非智损也，怒弇之也^①。"此昏于怒者也。好亦然矣。语曰："莫知其子之恶。"非智损也，爱弇之也。是故论贵贱，辨是非者，必且自公心言之，自公心听之，而后可知也。故范晔曰："夫利不在身，以之谋事，则智；虑不私己，以之断义，则厉。诚能回观物之智，而为反身之察，则能恕而自鉴。"

[注释]

①弇（yǎn）：遮蔽；覆盖。

[译文]

尸子说："吴、越之国的风俗，人死了要以臣妾殉葬。中原人听说后都非议这种陋俗。但当自己盛怒时，就会因说错了一句话使自己的亲戚丧命。当智慧公正的时候，就会为殉葬而死的吴、越臣妾感到惋惜；当智慧偏私的时候，就忘记了自己的亲戚。这并不是因为智慧受到了损伤，而是智慧被怒气遮蔽所致。"这是被怒气冲昏了头脑的例子。好恶的道理也是一样。俗语说："人们往往看不到自己的儿子的短处。"这并不是因为智慧的水平还达不到，而是溺爱的情感遮蔽了智慧的光芒。因此论贵贱、辨是非的人，必须以公正的心态来说，必须以公正的心态来听，然后才能作出正确的判断。所以范晔说："不计较自己的切身利益，用这样的心态去做事就是明智；考虑问题不为自己谋私利，用这样的心态去判断事物的得失就能严肃认真。如果真能够用观察他事他物的态度和方法来反观自身、检查自身，就能够于人宽恕、于己严肃了。"

卑政第三十三

《淮南子》曰:"济溺人以金玉,不如寻常之缒①。"韩子曰:"百日不食,以待粱肉,饿者不肯。"此言政贵卑以济事者也②。何以言之?

韩非曰:"所谓知者微妙之言,上知之所难也。今为众人法,而以为上知之所难也,则人无从识之矣。故糟糠不厌者,不待粱肉而饱;短褐不完者,不须文绣而好。以是言之,夫治世之事,急者不得,则缓者非务也。今所治之政,人间之事,夫妇之所明知者不用,而慕上知之所难论,则其于人过远矣。是知微妙之言,非人务也。"

[注释]

①缒(mò):绳索。②贵卑:以卑为贵。

[译文]

《淮南子》说:"救助落水的人,给他金玉财宝,不如给他一条普通的绳子。"韩子说:"许诺人,让他一百天不吃饭,然后给他吃酒肉好饭,他是不会答应的。"这些话说明的道理是:为政的措施无论高低贵贱,只要有助于事情的成功即可。为什么这样说呢?

韩非子说:"所谓智者的微妙言论,就是那些具有上等智慧的人也难以完全理解的。现在为普通百姓立法,运用的是具有上等智慧的人也难以完全理解的文字，普通百姓就更无从理解了。所以，连糟糠也吃不够的人，不奢望等待有了酒肉好饭才去吃饱；破衣短裤也穿不上的人，更不会要求穿文绣之衣来打扮自己。由此说来，治理世事，太着急了不行，太缓慢了也不行。现在所治理的政事，都是民间俗务，如果不用普通百姓都能明白的道理，而仰慕具有上等智慧的人也难以明白的理论，离人事也就太远了。据此可知，微妙高深的言论，不是治理世事所需要的。"

故《尹文子》曰①："凡有理而无益于治者，君子不言；有能而无益于事者，君子不为。故君子所言者不出于名法权术，所为者不出于农稼军阵，同务而已。今世之人，行欲独贤，事欲独能，辩欲出群，勇欲绝众。夫独行之贤，不足以成化；独能之事，不足以周务；出群之辩，不可为户说；绝众之勇，不可与正阵。凡此四者，乱之所由生也。故圣人任道以通其险，立法以理其差，使贤愚不相弃，能鄙不相遗，此至理之术。"故叔孙通欲起礼，汉高帝曰："得无难乎？"对曰："夫礼者，因时世人情而为之节文者也。"张释之言便宜事，文帝曰："卑之，无甚高论，令今可施行。"由是言之，夫理者，不因时俗之务而贵奇异，是饿者百日以待粱肉、假人金玉以救溺子之说矣。

[注释]

①《尹文子》：相传为战国时期尹文所著。经后人考证可能是魏晋间人伪托。仅一卷，分上下两篇。其说与黄老刑名之说相近。

[译文]

《尹文子》说："凡是虽有道理但对于治理政事没有益处的理论，君子是不讲的；凡能够显示自己的本领但对事功无益的事情，君子是不做的。所以，君子所谈论的超不出名法权术的范围，所做的超不出农稼军阵的范围，同世务相结合而已。今世的人，品行想显示自己独特的贤良，做事想显示自己独特的才能，辩论想出群，勇敢想绝众。独特的贤良，不足以用来教化大众；独特的才能，不足以周济众务；出群的辩说，不能够用来劝动大众；绝众的勇敢，不能够参与征阵。凡此四项，是导致动乱的根源。所以圣人铺设道路，目的在于贯通险阻；制定法律，目的在于整齐划一。使有道德、有才能的人同愚笨、卑贱的人彼此不相互遗弃，这才是达到天下大治的方法。"叔孙通打算制定朝班礼仪，汉高祖问："礼仪不难实行吗？"叔孙通回答说："礼仪，要根据时势、世情，对人的言行加以节制和修饰。"张释之向汉文帝谈利国便民的事，文帝说："讲得通俗一些，不要高谈阔论，讲现在就能够施行的。"由此说来，治理国家的人，抛开时俗最急待解决的事务而崇尚高贵奇妙的理论，无异于饥饿的人不吃粗茶淡饭而等待百日以后的酒肉好饭，又好比给人金玉以使他去救落水的人。

善亡第三十四

《易》曰："积善之家，必有余庆。"又曰："善不积，不足以成名。"何以征其然耶？孟子曰："仁之胜不仁也，犹水之胜火也。今为仁者，犹以一杯水救一车薪之火，火不熄，则谓水不胜火，此又与于不仁之甚者也。"又："五谷种之美者，苟为不熟，不如荑、稗①。夫仁亦在熟之而已矣。"《尸子》曰："食所以为肥也，一饭而问人曰：'奚若？'则皆笑之。夫治天下大事也，譬今人皆以一饭而问人'奚若'者也。"由是观之，故知善也者，在积而已。今人见徐偃亡国②，谓仁义不足仗也；见承桑失统，谓文德不足恃也。是犹杯水救火、一饭问肥之说，惑亦甚矣。

[注释]

①稊（tí）：一种形似稗的草，实如小米。②徐偃：徐偃王。西周徐国王。姓偃。为楚国所灭。

[译文]

《易经》说："积善的家庭，必能得到丰裕可贺的生活。"又说："不积善行，不足以成名。"用什么来印证这一道理呢？孟子说："仁能战胜不仁，好比水能战胜火一样。如今实行仁政的人，却好比拿一杯水去扑一车干柴的烈火，火不熄灭，就认为水不能够扑灭火。这与不施仁政更有过之而无不及了。"又说:"五谷是粮食中好吃的种类,如果没有成熟,反倒不如稊子和稗子。仁也同五谷一样,只有在成熟以后才能收到应有的效果。"《尸子》说:"进食可以使人长胖,如果刚吃了一顿饭就问:'我长胖了吗?'这只能招来人们的嘲笑。今人治理天下大事,追求急功近利,也好比吃了一顿饭就问人自己长胖了没有,同样地荒唐可笑。"由此看来,所谓的善行,贵在积累而已。今人看到以仁义著称的徐偃亡了国,便认为仁义也不足倚仗;见承桑国修文废武而亡国,就认为文德也不足倚恃。这就好比杯水救火、一饭问肥的故事,是非常荒谬的。

诡俗第三十五

夫事有顺之而为失义，有爱之而为害，有恶于己而为美，有利于身而损于国者。何以言之？刘梁曰："昔楚灵王骄淫，暴虐无度。芈尹申亥从王之欲，以殡于乾溪，殉之以二女。此顺之而失义者也。鄢陵之役，晋楚对战，穀阳献酒，子反以毙①。此爱之而害者也。臧武仲曰②：'孟孙之恶我，药石也③；季孙之爱我，美疢也④。疢毒滋厚，药石犹生我。'此恶之而为美者也。"韩子曰："为故人行私，谓之不弃；以公财分施，谓之仁人；轻禄重身，谓之君子；枉法曲亲，谓之有行；弃官宠交，谓之有侠；离俗遁世，谓之高慙；交争逆令，谓之刚材；行惠取众，谓之得人。不弃者，吏有奸也；仁人者，公财损也；君子者，人难使也；有行者，法制毁也；有侠者，官职旷也；高慙者，人不事也；刚材者，令不行也；得人者，君上孤也。此八者，匹夫之私誉，而人主之大败也。"由是观之，夫俗之好恶，与事相诡。惟明者能察之。

[注释]

①子反：春秋时楚国将领。②臧武仲：即臧孙纥。春秋时鲁国大夫。③药石：治病的药物和砭石。借指善意的谏言。④疢（chèn）：疾病，病毒。

[译文]

常常有这种矛盾现象：做事顺从了他人反而丧失了义的原则，

有爱护他人反而造成了危害,有的对自己充满了恶意反而成就了自己的美事,有的有利于自身反而有害于国家。为什么这样说呢?刘梁说:"从前,楚灵王骄奢淫逸,暴虐无度,芈尹、申亥在楚灵王死后,顺从了灵王生前的欲望,把他葬在乾溪,并用两位女子殉葬。这是顺从他人欲望从而丧失了义的原则的例子。在晋楚两国的鄢陵之战中,穀阳百姓用牛酒犒赏军队,子反喝酒误事,以至自杀身亡。这是爱护人反而给人造成危害的例子。臧武仲说:'孟孙氏厌恶攻击我,这好比治病的药石;季孙氏爱我,好比是传我一种难以察觉的热病。热病的毒素更为深厚,而药石却能为我治病。'这是表面有恶意而实际却能成就美事的例子。"韩子说:"为故旧徇私舞弊的行为,称为不弃故旧;用公家的财物施舍人,称为仁人之举;轻蔑爵禄,重视自己的节操,称为君子;曲枉国法,包庇亲戚,称为有品行;不惜丢掉官位而为朋友尽力,被称为有侠义精神;脱俗遁世,被称为清高诚实;富于斗争精神、违令而行,被称为刚勇之材;广施恩惠,以争取众心,称为得人。实际上,不弃的行为是官吏施奸,仁人之举是损公家之财,君子难为人所使用,有品行造成法纪废弛,侠义精神造成官职旷废,清高诚实不能感召人来侍奉他,刚勇的人致使号令不行,得人的行为造成了君王的孤立。这八项,能使无知的人赢得私誉,却是人主的最大的失败。"由此看来,世俗中的好恶标准正好同人主成就事功的方向相违背。聪明的人才能看到这一点。

息辩第三十六

《中论》曰①："水之寒也，火之热也，金石之坚刚也，彼数物未尝有言，而人莫不知其然者，信著乎其体。"故知行有本，事有迹。审观其体，则无所窜情。何谓行本？孔子曰："立身有义矣，而孝为本；丧纪有礼矣，而哀为本；战阵有列矣，而勇为本。"太公曰："人不尽力，非吾人也；吏不洁爱，非吾吏也；宰相不能富国强兵，调和阴阳，安万乘之主，简练群臣，定其名实，明其令罚，非吾宰相。"此行本者也。

[注释]

①《中论》：东汉末徐幹著。内容属儒家思想。

[译文]

《中论》说："水的寒冷，火的热烈，金石的坚刚，这几种物质从未曾自我表白过什么，但人没有不了解它们的属性的，因为它们的这些性质鲜明地表现在它们的质体上。"由此可知，行为必有其根据，事情定会留下痕迹，详细观察事物的本体，事物的真情就无所逃匿。什么叫行为的根本？孔子说："立身要遵循义的原则，而孝道就是义的根本；办丧事要遵循丧事的礼仪，而哀伤是丧礼的根本；打仗有军阵队列，而勇敢是军阵的根本。"太公说："人民不能为国尽力，就不是我的人民；官吏不能廉洁爱民，就不是我的官吏；宰相不能够富国强兵，调和阴阳，稳固君王的地位，选拔培养群臣，使他们的名实相符，严明法纪，做不到这些，就算不上我的宰相。"这就称之为行本。

何谓事迹？昔齐威王召即墨大夫而语之曰："自子之居即墨也，毁日至。然吾使人视即墨，田野辟，人民给，官无留事，东方以宁。是子不事吾左右以求誉也。"封之万家。召阿大夫而语之曰："自夫子之守阿也，誉日闻。然吾使人视阿，田野不辟，人贫苦；赵攻甄，子不能救；卫取薛陵，子不能知。是子常以币事吾左右以求誉也。"是日，烹阿大夫及左右常誉之者。齐国大理。

汉元帝时，石显专权。京房宴见，问上曰："幽、厉之君何以危①？所任者，何人也？"上曰："君不明而所任巧佞。"房曰："知其巧佞而用之也，将以为贤？"上曰："贤之。"房曰："然则今何以知其不贤也？"上曰："以其时乱而君危知之。"此事迹者也。由是言之，夫立身从政，皆有本矣；理乱能否，皆有迹矣。若操其本行，以事迹绳之，譬如水之寒、火之热，则善恶无所逃矣。

[注释]

①幽、厉：即周幽王和周厉王。

[译文]

什么是"事迹"？从前，齐威王把即墨大夫召来，向他说："自从你治理即墨以来，诋毁你的言论天天传到我这里来。然而，我派人到即墨视察，田野开辟出来了，家给人足，官府里没有遗留未处理的事情，东方因此安宁。这是因为你不来巴结我左右的近臣，以求得他们对你赞扬的缘故。"于是封赏即墨大夫万家作采邑。齐威王又把阿大夫召来向他说："自从您治理阿以来，天天都能听到对您的赞誉。然而,我派人到阿视察,田野不开垦,人民贫苦;赵国进攻甄时,您不能率兵救援;卫国攻取薛陵,您竟然不知道。尽管如此,仍能天天听到对您的赞誉。这是因为您经常用金钱来贿赂我左右的近臣,以求得他们对您多加颂扬的缘故。"当日即下令烹杀了阿大夫及威王左右经常赞扬阿大夫的大臣。自此,齐国大治。

汉元帝时,石显专制朝政。京房借朝宴之机问元帝:"周幽王和周厉王为什么把国家搞到危亡的边缘?二王所任用的是哪些人?"元帝说:"君王眼光不明,所任用的都是些巧言谄媚之臣。"京房说:"二王是本来知道他们是巧言谄媚之臣仍然予以任用呢,还是认为他们是贤臣然后才予以任用呢?"元帝回答说:"二王认为他们是贤臣才加以任用的。"京房问:"那么今天我们又是怎么知道周幽王和周厉王所任用的不是贤臣的呢?"元帝说:"是从二王两代国家混乱、君王危险的事迹中知道的。"这就是"事迹"。由此说来,立身从政,都有赖以实行的根本;国家的治乱,臣下的贤能与否,都有事迹可寻。做君王的如果能掌握臣下的行为之本,又用事迹去考察他们,这就好比水的寒冷、火的热烈,或善或恶,都逃不过君王的眼睛。

量过第三十七

孔子曰："人之过也，各于其党。观过，斯知仁矣。"何以言之？太史公云："昔管仲相齐，九合诸侯，一匡天下。然孔子小之曰：'管仲之器小哉！岂不以周道衰，桓公既贤，而不勉之至王，乃称霸哉？'"

虞卿说魏王曰①："夫楚亦强大矣，天下无敌，乃且攻燕。"魏王曰："向也子云天下无敌，今也子云乃且攻燕者，何也？"对曰："今谓马多力则有之矣，若曰胜千钧则不然者，何也？夫千钧非马之任也。今谓楚强大则有矣，若夫越赵、魏而开兵于燕，则岂楚之任哉？"

由是观之，夫管仲九合诸侯，一匡天下，而孔子小之；楚人不能伐燕，虞卿反以为强大，天下无敌。非诡议也，各从其党言之耳。不可不察。

[注释]

①虞卿：一作虞庆、吴庆。战国时人，虞氏，名失传。因进说赵孝成王，被任为上卿，称虞卿。《汉书·艺文志》儒家著录有《虞氏春秋》十五篇，今佚。有清马国翰辑本。

[译文]

孔子说："人所犯的错误，往往因各自地位和集团的不同而不同。观察他所犯的错误，就可以知道仁或不仁了。"为什么这样说呢？太史公说："从前，管仲做齐国的宰相时，曾九次会盟天下诸侯，匡扶安定天下。然而孔子仍然小看他，说：'管仲的气度太小了！为什么不因着周道已经衰微、桓公又贤能的优势，去劝勉齐桓公称王天下，而仅仅做天下的霸主呢？'"

虞卿曾劝魏王说："楚国也强大起来了，天下无敌，楚正准备攻打燕国。"魏王问道："您刚说过楚国天下无敌，又说它准备攻打燕国，是什么意思？"虞卿回答说："现在如果说马的力量很大还可以，如果说马可以负载千钧的重量就不可以了，为什么呢？负载千钧不是马所能胜任的事情。现在说楚国很强大则可以，但如果让楚国飞越赵、魏两国向燕国开战，这岂是楚国能够胜任的吗？"

由此看来，管仲九次会盟天下诸侯，匡扶安定天下，而孔子仍然小看他；楚国不能攻打燕国，而虞卿反而认为楚国强大，天下无敌。这些都不是诡辩之说，都是从各自不同的地位和所处的形势来谈论而已。不可不予以观察和区别。

势运第三十八

夫天下有君子焉，有小人焉，有礼让焉。此数事者，未必其性也，未必其行也，皆势运之耳。何以言之？《文子》曰："夫人有余则让，不足则争。让则礼义生，争则暴乱起。物多则欲省，求赡则争止。"

《淮南子》曰："游者不能拯溺，手足有所争急也；灼者不能救火，身体有所痛也。林中不卖薪，湖上不鬻鱼者，有所余也。故世治则小人守正，而利不能诱也；世乱则君子为奸，而刑不能禁也。"故《庄子》曰："当尧舜而天下无穷人，非智得也；当桀纣而天下无通人，非智失也。时势适然。"《新语》曰："近河之地湿，近山之木长者，以类相及也；四渎东流①，则百川无西行者，小象大而少从多也。"

是知世之君子，未必君子；世之小人，未必小人；世之礼让，未必礼让。夫势运者，不可不察。

[注释]

①四渎：指长江、黄河、淮河、济水。四条大河均注入大海。

[译文]

天下有君子，有小人，有礼让。君子之举、小人之举、礼让之举，未必出于人的本性，也未必是他们的品行本来如此，这些都是由于大势推动造成的。为什么这样说呢?《文子》说:"人衣食有余才可能谦让,衣食不足就会相互争夺。谦让产生礼义,争夺引起暴乱。物质丰富了,人的欲望就会减少;人的欲望得到了满足,争夺就会停止。"

《淮南子》说:"在水中游泳的人不便拯救溺水的人,因为他的手足难以两用;被灼伤的人不便去救火,是因为灼伤的疼痛难忍。林中不卖柴,湖边不卖鱼,因为这些东西很丰裕。所以在太平盛世,即使小人也能循规蹈矩,利益也不能引诱他;世道混乱时,君子也会去做奸邪的事情,刑罚也不能禁止他们。"所以《庄子》说:"尧舜之世,天下没有困窘不得志的人,并不是因为他们都是充满了智慧的人;桀纣之世,天下没有通达的人,也并不是因为他们的智力不足。这都是由时势造成的。"《新语》认为:"靠近河流的地方湿润,靠近山岭的树木高大,这是它们近水近山的缘故;四条大河向东流,而百川没有向西流的,原因在于小仿大、少从多。"

由此可知,世上的所谓君子,未必真是君子;世上的小人,也未必真是小人;世上的礼让,未必是真正的礼让。大势对人的塑造和推动的道理,不能不予以研究。

傲礼第三十九

《左传》曰:"无傲礼。"《曲礼》曰:"无不敬。"然古人以傲为礼,其故何也?欲彰于人德者耳。何以言之?昔侯嬴为大梁夷门监①,魏公子闻之,乃置酒大会宾客,坐定,公子从车骑,虚左,自迎夷门侯生。侯生引公子过市,及至家,以为上客。侯生谓公子曰:"今日嬴之为公子亦足矣,嬴乃夷门抱关者也,而公子亲枉车骑。稠人广众之中,不宜有所过,今公子故过之。然嬴欲就公子之名,故久立公子车骑市中,以观公子。公子愈恭,市人皆以嬴为小人,而以公子为长者,能下士也。"

[注释]

①侯嬴:战国时魏人。年十七任大梁(今开封)的夷门小吏。后成为信陵君的上客。曾献计信陵君窃符救赵。

[译文]

《左传》说:"不要傲视礼仪。"《曲礼》说:"不可不敬。"然而,古人也有以傲慢为礼的,是什么原因呢?为显示他人的高尚品德而已。如何证明这一点呢?从前,侯嬴做大梁夷门的看守,魏公子听说了他的大名以后,便设宴大会宾客。等宾客坐定后,魏公子率领车马,把左边的位子空出来,亲往夷门迎请侯嬴。侯生引导魏公子的车马从繁华的街市通过,驶向魏公子府。魏公子待侯嬴为上客。侯生对魏公子说:"今天我的作为已经够难为公子的了。我侯嬴只是一个城门的看守,而公子枉驾亲往迎接,稠人广众之中,本不宜通过,公子却有意从那里通过。然而我侯嬴也想成就公子的美名,故意让公子的车骑停在市中久等,以观察公子的态度。公子愈是恭敬,市人都认为我侯嬴是小人,而认为公子您有长者之风,能够礼贤下士。"

张释之居廷中①,三公九卿尽会立。王生老人曰:"吾袜解。"顾谓张廷尉:"为我结袜。"人或谓王生曰:"独奈何廷辱张廷尉?"王生曰:"吾老且贱,自度终无益于张廷尉。张廷尉,方今天下名臣,吾故聊辱廷尉,使跪结袜,欲以重之。"诸公闻之,贤王生而重张廷尉。

由是观之,以傲为礼,可以重人矣。

[注释]

①张释之:西汉臣。字季。文帝时,以资选为郎,累迁公车令、中郎将、廷尉。景帝时任为淮南相。

[译文]

张释之上朝,三公九卿都会立朝中。王生老人说:"我的袜带子开了。"回过头来向张廷尉说:"替我把袜带子系好。"有人事后向王生说:"为什么在朝中当着三公九卿的面侮辱张廷尉?"王生回答说:"我年纪大了,而且地位卑贱,自料最终也难以对张廷尉提供什么帮助。张廷尉现在是天下名臣,我有意小小羞辱一下张廷尉,使他跪着为我系袜带,目的在于通过这件事,让人们更加敬重张廷尉。"公卿听说这件事后,都称赞王生贤哲,同时更加敬重张廷尉。

由此看来,以傲为礼可以让人的名威望重。

定名第四十

夫理得于心，非言不畅；物定于彼，非名不辨。言不畅志，则无以相接；名不辨物，则识鉴不显。原其所以①，本其所由，非物有自然之名，理有必定之称也。欲辨其实则殊其名，欲宣其志则立其称。故称之曰，道、德、仁、义、礼、智、信。

[注释]

①原：追究根源。

[译文]

某种思想在心里酝酿成熟，如果不运用语言，就无法畅快表达；事物的性质确定以后，如果不给它命名，人们就不便于辨认。语言不能畅顺表达自己的情志，就无以同他人相交流；名称不能使事物彼此相区别，就不便于人们对事物进行认识和鉴别。考察事物的本原，追究事物的生成和发展，并不是事物本来就有名称，思想本来就有固定的称谓。要想辨认事物的本质，就必须区别事物的名称；要想表达自己的情志，就必须为这些情志设立称谓。所以把不同的思想分别称为道、德、仁、义、礼、智、信。

夫道者，人之所蹈也。居知所为，行知所之，事知所乘，动知所止，谓之道。德者，人之所得也。各得其所欲，谓之德。仁者,爱也。致利除害,兼爱无私,谓之仁。义者,宜也。明是非,立可否,谓之义。礼者,履也。进退有度,尊卑有分,谓之礼。智者,人之所知也。以定乎得失是非之情,谓之智。信者,人之所承也①。发号施令,以一人心,谓之信。见本而知末,执一而应万,谓之术。

[注释]

①承:辅助。

[译文]

所谓道,就是人们应该遵循的原则和方法。居家知道应该做什么,出行知道该往哪里去,做事知道该怎样做,行动知道什么时候该停止,这就称为道。所谓德,就是人们应该得到的东西。使人们都得到各自想要得到、应该得到的东西,这就称为德。所谓仁,就是爱人。为人们谋取利益,消除灾害,泛爱众人,不徇私情,这就称为仁。所谓义,就是适宜。明确是非的原则,设立可否的标准,这就称为义。所谓礼,就是履行的道路和规则。使人们进退适度,尊卑有序,这就称为礼。所谓智,就是人们的知识和经验。以此来判定事物的得失和是非等情况,这就称为智。所谓信,就是人们所承仰、所凭借的东西。据此发号施令,统一人心,这就称为信。观察事物的现在,即可推知事物的未来;抓住一端而应付万方,左右逢源,这就称为术。

《说苑》曰①:"从命利君,谓之顺;从命病君,谓之谀;逆命利君,谓之忠;逆命病君,谓之乱。君有过失,将危国家,有能尽言于君,用则留,不用则去,谓之谏;用则可,不用则死,谓之诤;能率群下以谏于君,解国之大患,除国之大害,谓之辅;抗君之命,反君之事,安国之危,除主之辱,谓之弼。"

[注释]

①《说苑》：西汉刘向撰。二十卷。内分君道、臣术、立节等二十门，分类纂辑先秦至汉代史实，杂以议论，借以阐明儒家的政治思想和伦理观念。又有《新序》一书。性质与此相类。

[译文]

《说苑》说："听从君王的诏命并有利于君王统治的，称之为顺；顺从君王的命令，但却会给君王的统治带来危害的，称之为谀；违抗君命，但却有利于君王统治的，称之为忠；违抗君命，又给君王统治造成危害的，称之为乱。君王有过失并将会给国家造成危害，有人能够向君王进言，劝他纠正过失，如果君王采纳了自己的建议，就留下来辅佐他，如果君王执迷不悟，拒不采纳，就挂冠而去，这就称之为谏；向君王进言，君王采用则已，如果不采用，就以死相谏的，称之为诤；能够率群臣共同劝谏君王，解除国家的大患，铲除国家的大害，称为辅；违抗君王的诏命，措置君王交办的事情，因此而使国家转危为安，消除君主将要受到的耻辱，称为弼。"

《庄子》曰："莫之顾而进，谓之佞；俙意导言，谓之谄；不择是非而言，谓之谀；好言人恶，谓之谗；称誉诈伪以败恶人，谓之慝；不择善否，两容颊适，偷拔其所欲，谓之险。"

古语曰："以可济否，谓之和；好恶不殊，谓之同；以贤代贤，谓之夺；以不肖代贤，谓之伐；缓令急诛，谓之暴；取善自与，谓之盗；罪不知愆①，谓之虐；敬不中礼，谓之野；禁而不止，谓之逆；禁非立是，谓之法；知善不行，谓之狂；知恶不改，谓之惑。"

[注释]

①愆（qiān）：罪；过失。

[译文]

庄子说:"没人理睬他,仍厚着脸皮进言的,叫作佞;迎合主上的心意进言的,叫作谄;不择是非而进言的,叫作谀;好说别人的坏话的,叫作谗;称誉诈伪以诋毁人的,叫作慝;不择善恶,两者兼容,暗中拔高他想要说的东西,叫作险。"

古语说:"用可行的冲淡不可行的,叫作和;好恶不分,叫作同;用贤代替贤,叫作夺;以不肖代替贤,叫作伐;法令本来和缓,但诛杀苛急,叫作暴;把好的东西据为己有,叫作盗;有罪而不知悔改,叫作虐;对别人尊敬,却不符合礼的要求,叫作野;有禁不止,叫作逆;禁非立是,叫作法;知善不行,叫作狂;知恶不改,叫作惑。"

太公曰:"收天下珠玉美女、金银彩帛,谓之残;收暴虐之吏,杀无罪之人,非以法度,谓之贼;贤人不至,谓之蔽①;忠臣不至,谓之塞;色取仁而实违之,谓之虚;不以诚待其臣,而望其臣以诚事己,谓之愚;分于道,谓之性;形于一,谓之命。凡人函五常之性,而刚柔缓急,音声不同,系水土之气,谓之风;好恶取舍,动静无常,随君上之情欲,谓之俗。"

[注释]

①蔽:遮蔽;不通明。

[译文]

太公说:"搜掠天下珠玉美女、金银彩帛,叫作残;网罗暴虐的官吏,用以杀戮无罪的臣民,不遵循法度,叫作贼;贤人不能选拔上来,叫作蔽;忠臣不能入朝从政,叫作塞;阳奉阴违的,叫作虚;不以诚心对待他的臣下,却指望臣下诚心侍奉自己的,叫作愚;人天生的性格、气质等秉性,叫作性;后天受外界因素影响而逐渐定形的,叫作命。凡人身上都包含五常(仁义礼智信)综合的性格，只是它们表现得刚柔缓急、声音不同，这显示了不同水土之气的，叫作风；好恶取舍、动静无常，一切以迎合君上的情欲为标准，叫作俗。"

或曰：乐与音同乎？对曰：昔魏文侯问子夏曰："吾端冕而听古乐，惟恐卧。听郑卫之音，则不知倦。敢问古乐之如彼，新乐之如此，何也？"子夏曰："今君之所问者乐也，所好者音也。夫乐者，与音相近而不同。"文侯曰："敢问何如？"子夏曰："夫古乐者，天地顺而四时当，民有德而五谷昌，疾疢不作而无妖祥，此之谓大当。然后圣人为父子、君臣，以为之纪纲；纪纲既正，天下大定；天下大定，然后正六律①，和五声②，弦歌诗颂，此之谓德音，德音之谓乐。《诗》云：'貊其德音，其德克明，克明克类，克长克君，王此大邦，克顺克比，比于文王，其德靡悔，既受帝祉，施于孙子。'此之谓也。今君之所好者，溺于音乎？郑音好滥，淫志也；宋音燕安，溺志也；卫音趋数，烦志也；齐音傲僻，骄志也。四者皆淫于色而害于德，是以祭祀弗用。"此音乐之异也。

[注释]

①六律：即黄钟、太簇、姑洗、蕤宾、夷则、无射。②五声：古代五声音阶，指宫、商、角、徵、羽。

[译文]

有人问：乐与音相同吗？回答说：从前，魏文侯问子夏："我听古乐时正襟危坐，唯恐身歪打瞌睡；而听郑卫之音则不知疲倦。请问，为什么古乐和新乐之间的差别如此之大呢？"子夏回答说："您问的问题是有关乐的，而您喜好的却是音。乐与音相近，但却是两种不同的东西。"魏文侯说："请问二者有什么不同？"子夏回答说："古代的所谓乐，是在这样的背景下产生的：天地和顺，四时适宜，人民有德，五谷丰盛，疾疫不作，妖祥不兴，这就称之为大当。然后圣人制定父子君臣的纲纪，纲纪公正，天下大定；天下大定以后，正六律，和五声，在乐器的伴奏下吟唱《诗·颂》，这就是德音，德音就称为乐。《诗经》说：'清静淡泊，德行能够明辨是非，因此也就能够辨别善恶，能够尽力教化百姓，又能够赏善罚恶，办事公平。所以他在这个国家里做国王，对百姓慈善和气，使君臣上下相互亲热。到了文王的时候，由于其崇高的德行，没有人怨恨他。他自己享受着上帝赏给他的福气，还要传给他的子孙！'说的也正是德音。今天您所沉溺于其中的，大概是音吧？郑音动听而放荡，能消淫情志；宋音宴安，能消溺情志；卫音繁复，能烦乱情志；齐音傲僻，能骄人情志。这四种音均淫于色情，于德有害，因此，祭祀时就不采用这四种音。"这就是音与乐的区别。

或曰：音与乐既闻命矣，敢问仪与礼同乎？对曰：昔赵简子问揖让周旋之礼于太叔①，太叔曰："是仪也，非礼也。吉也闻诸先大夫子产曰②：'夫礼，天之经也，地之义也，民之行也。天地之经，民实则之。则天之明，因地之性，生其六气，用其五行，气为五味，发为五色，章为五声。淫则昏乱，民失其性，是故为礼以奉之。人有好恶喜怒哀乐，生于六气，是故审则宜类，以制六志。哀有哭泣，乐有歌舞，喜有施舍，怒有战斗，哀乐不失，乃能协于天地之性，是以长久。'故人能曲直以从礼者，谓之成人。"

[注释]

①太叔：复姓。相传为春秋时卫文公子太叔仪之后。②子产：即公孙乔、公孙成子。名乔，字子产。春秋时政治家。郑国贵族。

[译文]

有人问：音与乐的区别我已经领教了，请问，仪与礼相同吗？

回答说：从前，赵简子向太叔询问有关揖让周旋的礼节，太叔说："您所问的是仪，不是礼。吉曾听先大夫子产说过：'所谓礼，是天经地义、人民行为的准则。天地大经，人民在实际生活中都无时无刻不在遵循着。效仿天的光明，利用大地高下刚柔的特性，生其六气（阴、阳、风、雨、晦、明），用其五行（金、木、水、火、土），气为五味（酸、咸、辛、甘、苦），发为五色（青、黄、赤、白、黑），彰发为五声（宫、商、角、徵、羽）。如果这些东西过分了，就会迷失本性，人民就会丧失正常的性情，因此制定出礼来，作为人民遵奉的准则。人有好、恶、喜、怒、哀、乐六种情感，这六种情感是由六气而产生。因此，详细分析了六种情感应遵循的原则和方式并归于一定的种类，以便对六种情感予以适当的节制。悲哀之情的表达，可以通过哭泣的方式；欢乐之情的表达，可以通过歌舞的方式；喜悦时有施舍；愤怒时有战斗。哀、乐不失度，才能和天地的本性协调，这样才能长久。'所以，人的行动，无论曲直都能符合礼的要求的，就叫作成人。"

或曰：然则何谓为仪？对曰：养国子，教之六仪。祭祀之容，穆穆皇皇；宾客之容，俨恪矜庄；朝廷之容，济济跄跄；丧纪之容，累累颠颠；军旅之容，暨暨诣诣①；车马之容，骎骎翼翼。此礼仪之异也。夫定名之弊，在于钩铒析辞。苟无其弊，则定名之妙也。

论曰：班固九流②，其九曰杂家。兼儒、墨，合名、法。《傅子》九品③，其九曰杂才，以长讽议。由是观之，杂说之益，有自来矣。故著此篇，盖立理叙事，以示将来君子矣。

[注释]

①暨暨诣诣：果敢庄重貌。②九流：先秦九种学术流派，即儒、道、阴阳、法、名、墨、纵横、农、杂等九家。③九品：魏晋南北朝时品评人物时将

士人分为九个等级，称九品。

[译文]

有人问：那么，什么是仪呢？回答说：培养太学生，教他们六仪。祭祀时的容貌和气氛应该庄严肃穆，接待宾客的容貌和气氛应庄重、谦恭，朝廷的容貌和气氛应威严有序、步趋有礼，丧纪的容貌和气氛应该忧思重重，军旅的阵容应该号令整齐，车马行进的容貌应该行列整齐。这就是礼和仪的区别。为事物定名的弊端在于，一些怪僻的事物，词汇难以明确事物的本质和特性，造成名实不符。如果没有这一弊端，定名就非常完美了。

作者论说：班固的九流之说，第九家叫杂家。杂家兼容儒家和墨家，综合名家和法家。《傅子》中有九品之说，第九叫作杂才。杂才擅长讽议。由此看来，杂说的益处，是早有根据的。所以著作此篇，立论叙事，以供将来的君子借鉴。

卷九（兵权）

赵子曰：《诗》云："允文允武。"《书》称："乃武乃文。"孔子曰："君子有文事，必有武备。"《传》曰："天生五材，民并用之，废一不可。谁能去兵？"黄帝与蚩尤战，颛顼与共工争，尧伐驩兜，舜伐有苗，启伐有扈，汤伐有夏，文王伐崇，武王伐纣，汉高有京索之战，光武兴昆阳之师，魏动官渡之军，晋举平吴之役。故《吕氏春秋》曰："圣王有仁义之兵，而无偃兵。"《淮南子》曰："以废不义而授有德者也。"是知取威定霸，何莫由斯。自古兵书，殆将千计，若不知合变，虽多，亦奚以为？故曰：少则得，多则惑。

所以举体要而作兵权云。

[译文]

赵子说：《诗经》说："既有文德，又有武功。"《尚书》说："能文能武。"孔子说："君子有文事，必有武备。"《左传》说："上天生就了五种材料（金、木、水、火、土），人民一并予以运用，废一不可。有谁能够除去武器不用呢？"黄帝同蚩尤大战，颛顼与共工争夺帝位，尧伐驩兜，舜伐有苗，夏启伐有扈氏，商汤伐夏，文王伐有崇氏，周武王伐纣，汉高祖有京索之战，光武帝有昆阳大捷，曹操有官渡之战，西晋有平东吴的战争。所以《吕氏春秋》说："圣明的君王有为推行仁义而发动的战争，而不偃武息兵。"《淮南子》说："战争的目的在于废除不义的君王而授予有德的人。"由此可知，树立威望，奠定霸业，不能不通过战争的方式来实现。自古以来，兵书多以千计，如果不能融会贯通，举一反三，即使读得很多，又有什么用呢？所以说：抓住要领，少而精，就能有效运用；繁富而不得要领，就迷惑不解，不能有效运用。

所以提纲举要作兵权一卷。

出军第四十一

夫兵者，凶器也；战者，危事也。兵战之场，立尸之所，帝王不得已而用之矣。故曰：救乱诛暴，谓之义兵，兵义者王。敌加于己，不得已而用之，谓之应兵，应兵者胜。争恨小故，不胜愤怒者，谓之忿兵，兵忿者败。利人土地宝货者，谓之贪兵，兵贪者破。恃国之大，矜人之众，欲见威于敌，谓之骄兵，兵骄者灭。是知圣人之用兵也，非好乐之，将以诛暴讨乱。夫以义而诛不义，若决江河而溉萤火，临不测之渊而欲堕之①，其克之必也。所以必优游恬泊者何？重伤人物。故曰：远人不服，则修文德以来之。不以德来，然后命将出师矣。

[注释]

①堕：掉下来。

[译文]

刀枪剑戟，是凶残的器械；战争，是危险的事情。兵家交锋的战场，是断命抛尸的场所，所以武器、军队，是帝王在不得已的情况下才运用的。所以说：解救危乱、诛除残暴的军队，称为"义兵"，为正义而战，就可以称王。敌人硬把战争强加在我的头上，我被迫起兵自卫，叫作"应兵"，应兵能够夺取战争的胜利。因小事情结怨，进而不胜愤怒、诉诸武力的，叫作"忿兵"，忿兵必将失败。贪图别人的土地珠宝财货而起的军队，叫作"贪兵"，贪兵必被人击破。倚恃国家强大，人口众多，想耀兵逞威的，叫作"骄兵"，凡军队骄傲轻敌，必被人消灭。由此可知，圣人用兵，并不是本心喜欢这样做，目的在于诛除残暴、讨平逆乱。用正义的军队诛伐不义的军队，就好比决开汹涌的江河之水去扑灭像萤火虫一样小的火焰，又好比把敌人推临深不可测的深渊旁边，用举手之劳将敌人推下去，克敌制胜是必然的。为什么要求掌管军队武力的人，其心态应该悠闲恬淡？这是因为滥用武力，会给人民的生命和财产造成巨大伤害。所以说：偏远的人如果不臣服，就要进一步提高自己的文德教化去感召他们。如果文德教化仍不为所动，然后只好派将帅挥师出征。

夫将者，国之辅也，人之司命也。故曰：将不知兵，以其主与敌也；君不择将，以其国与敌也。将既知兵，主既择将，天子居正殿而召之，曰："社稷安危，一在将军，今某国不臣，愿烦将军应之。"乃使太史卜斋择日，授以斧钺。君入太庙，西面而立，将军北面而立。君亲操钺，持其首，授其柄，曰："从是以上至天者，将军制之。"乃复操柄，授与刃，曰："从是以下至渊者，将军制之。"将既受命，拜而报曰："臣闻国不可从外理，军不可从中御①，二心不可以事君，疑志不可以应敌。臣既受命，专斧钺之威，臣不敢还诸。"乃辞而行，凿凶门而出。

[注释]

① 中御：由宫中指挥。

[译文]

统兵的将帅是国家的辅佐，是主宰人民生命的人。所以说：做将帅的不善用兵打仗，这就等于把自己的主上送予敌人；做君王的不能选派深谙兵法的将帅，这就等于把自己的国家送予敌人。统兵的将帅谙熟兵法，君王选择了能够胜任的将帅，这时，天子就可以端居大殿之上，把将帅召来说："社稷的安危，将军系于一身，现在某国不臣服于我，烦劳将军前往征讨。"使太史占卜，选择吉日，斋戒，举行授斧钺仪式。君王进入太庙，面向西站立，将军面向北站立。君王亲自操斧，手持斧首，把斧柄授予将军说："从此以上至天，都由将军制裁。"又手持钺柄，授予将军说："从此以下至黄泉的地方，由将军制裁。"将帅受命以后，拜谢说："我听说，国家不能从外部来治理，军队不可由宫中派人随军指挥，三心二意不能侍奉君王，心怀疑虑不可应敌作战。我既然受命，专制象征军权的斧钺的威严，不战胜敌人，我不敢班师交权。"于是，辞行，凿凶门而出。

故《司马法》曰①："进退唯时，无曰寡人。"《孙子》曰："将在军，君命有所不受。"古语曰："阃以内②，寡人制之；阃以外，将军制之。"《汉书》曰："唯闻将军之命，不闻天子之诏。"故知合军聚众，在于阃外，受推毂之寄，当秉旄之重，无天于上，无地于下，无敌于前，无君于后，乃可成大业矣。故曰："将能而君不御者胜。"此之谓也。

[注释]

①《司马法》：古代兵书。②阃（kǔn）：门槛。这里指城门的门槛。

[译文]

所以《司马法》说："带兵打仗，进退应根据时势而决定，不能考虑君王的意图。"《孙子》说："将帅统兵在外，如果军事形势不允许，君王的命令也可以不服从。"古语说："宫门以内的事由君王决定，宫门以外的事由将军决定。"《汉书》说："在军中，只听到将军的命令，而不曾听说天子的诏命。"于此可知，聚众整军，于宫城之外，接受天子推毂的寄托（古代军队出征，天子亲自推一下车轮相送,表示勉励),担当统率三军的重任,唯有具备无天于上、无地于下、无敌于前、无君于后的果断无畏的精神,才可以成就大业。

所以说:"将帅有才能而君王又不横加干预的军队才能够打胜仗。"讲的正是这一道理。

练士第四十二

夫王者帅师，必简练英雄，知士高下，因能授职，各取所长。为其股肱羽翼，以成威神，然后万事毕矣。腹心一人，谋士五人，天文三人，地形三人，兵法九人，通粮四人，奋威四人，鼓旗三人，股肱四人，通材三人，权士三人，耳目七人，爪牙五人，羽翼四人，游士八人，术士二人，法算二人，方士二人。

军中有大勇敢死乐伤者，聚为一卒；有勃气壮勇暴强者，聚为一卒；有学于奇正长剑雕弧接武齐列者①，聚为一卒；有破格舒钩、强梁多力，能溃破金鼓、绝灭旌旗者，聚为一卒；有能逾高超远、轻足善走者，聚为一卒；有故王臣失势，欲复见其功者，聚为一卒；有死罪之人，昆弟为其将报仇者，聚为一卒；有贫穷忿怒，将快其志者，聚为一卒；有故赘婿人虏，欲昭迹扬名者，聚为一卒；有辩言巧辞，善毁誉者，聚为一卒；有故胥靡免罪之人，欲逃其耻者，聚为一卒；有材伎过人，能负重行数百里者，聚为一卒。

夫卒强将弱曰"弛"，吏强卒弱曰"陷"，兵无选锋曰"北"。必然之数矣。故曰，兵众孰强，士卒孰练，知之者胜，不知之者不胜，不可忽也。

[注释]

①雕弧：雕有纹饰的弓。

[译文]

君王统帅军队，必须简选训练英雄，了解将士能力的高低，根据他们实际的才能授予他们相应的职务，发挥他们各自的长处。并为他们配置得力的股肱羽翼，组成一支威武神气的军队。至此，才算万事俱备了。军队内部的分工配置为：腹心一人，主管参谋军队诸要务；谋士五人，主管预测分析形势的变化，提出相应的计谋，明赏罚、授官位、决嫌疑等；天文三人，主管占星历气候、风雨灾异、天心去就等；地形三人，主管军队的行止、形势利害、远近险易、水涸山阻等；兵法九人，负责讲论兵法、简练兵器、察举非法等；通粮四人，负责军辎军粮的积储运输；奋威四人，负责军容仪仗等；鼓旗三人，负责护卫鼓旗、符节号令等；股肱四人，主任重赴难、军事工程等；通材三人，权士三人，主奇谋权变；耳目七人，主管情报；爪牙五人，主激励士气、攻坚赴难；羽翼四人，主瓦解策反敌军；游士八人，主侦察敌情；术士二人，主依托鬼神迷惑敌人；法算二人，财务总管；方士二人，主医治创伤。

把军中英勇无畏、不怕牺牲的人编为一队；把生气勃勃、壮勇暴强的人编为一队；把受过奇正战术训练、擅长剑弓、阵列有素的人编为一队；把善于突破封锁、强勇有力，能破坏敌军金鼓、毁坏敌军旌旗的人编为一队；把脚腿麻利、能跳善走的编为一队；把出身于已经失势衰落的王公大臣家庭，想借此重建功业的人编为一队；把那些兄弟被敌人杀害、想为其亲人报仇的人编为一队；把那些家庭贫困、走投无路、满心怨愤，想杀敌建功、以快心志的人编为一队；把那些曾被招婿入赘，或曾做过俘虏，想借此建功扬名的人编为一队；把能言善辩、巧于毁誉的人编为一队；把曾获罪免刑、想雪其耻辱的人编为一队；把身怀绝技、能负重行走数百里的人编为一队。

士卒强悍、军官懦弱的，军队的管理和指挥必然松弛，叫作"弛"；军官强悍、士卒懦弱的，军队的整体战斗力就差，叫作"陷"；向敌军进攻，没有组成一支英勇死战、攻坚破锐的尖刀分队，进攻就必然失败，叫做"北"。军队如果出现以上的情况，吃败仗是必然的。所以说，哪一方军队的武器装备精良、实力强大，哪一方军队的战卒训练有素，对双方军事实力的对比、外部形势的优劣了如指掌的将帅，能够赢得战争的胜利，对以上诸因素不甚了解的将帅就必然失败。这些问题决不可忽视。

结营第四十三

太公曰:"出军征战,安营置阵,以六为法。将军自居九天之上,竟一旬复徙,开牙门①,常背建向破,不饮死水,不居死地,不居地柱,不居地狱,无休天灶,无当龙首。"故曰,凡结营安阵,将军居青龙,军鼓居逢星,士卒居明堂,伏兵于太阴,军门居天门,小将居地户,斩断居天狱,治罪居天庭,军粮居天牢,军器居天藏。此谓法天结营,物莫能害者也。

[注释]

①牙门:古代军营门口置牙旗(以象牙装饰的将军旗帜),所以营门又称牙门。

[译文]

太公说:"出军征战,安营扎寨、布置军阵,空间分布应以六(或六百步或六千步)为原则。将军自居九天之上(九天为青龙之位),十天以后,重新打开军门,通常要背朝建的方向(北斗星柄所指方向叫建)向敌军发起进攻,不饮不流动的死水,不居死地(丘墓之间的地区),不居地柱(四周低、中间高),不居地狱(四周高、中间低),不在天灶(谷口)宿营,不在龙首(山顶)下寨。"所以,凡驻扎营盘,布置阵地,将军居青龙之位,军鼓居逢星之位,士卒居明堂之位,在太阴之位设下伏兵,把军门布置在天门之位，小将居地户之位，在天狱之位执行军法，在天庭之位判决罪人，军粮存放在天牢之位，军器存放在天藏之位（以上是按照十二地支的方位结营安阵：如在甲子旬中，子为青龙、丑为逢星、寅为明堂、卯为太阴、辰为天门、巳为地户、午为天狱、未为天庭、申为天牢、酉为天藏）。这就叫做根据自然的法则安营扎寨，外物就难以对军队造成危害。

道德第四十四

夫兵不可出者三：不和于国，不可以出军；不和于军，不可以出阵；不和于阵，不可以出战。故孙子曰："一曰道。道者，令人与上同意者也。故可与之死，可与之生，而人不畏危。"黄石公曰："军井未达，将不言渴；军幕未办，将不言倦。冬不服裘，夏不操扇。是谓礼。将与之安，与之危，故其众可合而不可离，可用而不可疲。接之以礼，励之以辞，则士死之。"是以含蓼问疾①，越王霸于诸侯；吮疽恤士，吴起凌于敌国；阳门恸哭，胜三晋之兵；单醪投河，感一军之士。勇者为之斗，智者为之忧，视死若归，计不旋踵者，以其恩养素畜，策谋和同也。故曰，畜恩不倦，以一取万。语曰："积恩不已，天下可使。"此道德之略也。

[注释]

①蓼（liǎo）：味辛辣的草本植物。

[译文]

凡用兵在三种情况下不可出：国内不和，不可以派军出征；军内不和，不可以布列军阵；军阵内不和，不可以出战迎敌。所以孙子说："决定战争胜负的首要因素是道。所谓道，就是能够使人民同君王的意愿保持一致，人民愿意为君王出生入死而毫无畏惧。"

黄石公说："在没有发现水井以前，做将帅的绝不能谈论口渴；在军帐未置办前，做将帅的决不说疲倦。冬日不穿裘皮，夏天不操扇子。这样的将领称为礼将。将帅同战士共安危，所以他手下的军队团结一致，不可分离，可使其连续作战而不知疲倦。对士卒以礼相待，用言辞加以鼓励，这样，战士就乐于效命。"因此，当年越王口尝苦药向战士慰问疾病，越国才得以称霸诸侯；吴起为受伤的战士吮吸脓疮，他的军队才能够所向无敌；宋国一守城将领为一区区城门看守之死而恸哭，致使三晋的军队望而却步；楚王把人进献给他的一樽酒投入河中与民共饮，感动了全军将士。勇士肯为君王和将帅冲锋陷阵，充满智慧的人愿意为君王和将帅绞尽脑汁，出谋献策，视死如归，所战必克，计无不成，其原因在于：君王和将帅对人民和战士素有恩德，上下团结一致，同心同德。所以说，平时对人民和战士施恩不倦，战时就能够以一胜万。俗语说："不停地积恩施德，天下的人民就能为我所使。"这就是道德的战略作用。

禁令第四十五

孙子曰："卒未专亲而罚之，则不服，不服则难用。卒已专亲而罚不行，则不可用矣。"故曰："视卒如婴儿，故可与之赴深溪；视卒如爱子，故可与之居死地。厚而不能使，爱而不能令，乱而不知理，譬若骄子，不可用也。"经曰："兵以赏为表，以罚为里。"又曰："令之以文，齐之以武，是谓必取。"故武侯之军禁有七①：一曰轻，二曰慢，三曰盗，四曰欺，五曰背，六曰乱，七曰误。此治军之禁也。

[注释]

①武侯：即诸葛亮。

[译文]

孙子说："在士卒专一亲附之前对他们进行处罚，他们就难以心服，心不服，就难以使用他们。士卒已经专一亲附而赏罚不行，那么这支部队就不能用来打仗了。"所以说："对待士卒像对待婴儿那样关心和照顾，士卒就可以跟他共赴患难；对待士卒像对待爱子一样有亲情，士卒就可以跟他同生共死。厚待士卒却不能使用他，溺爱士卒却不能号令指挥他，违反军纪却不能有效地惩治他，这样的军队就好比娇惯坏了的孩子，是不能用来打胜仗的。"武经上说："治军以奖赏为表，以惩罚为里。"又说："用文德来教育感化战士的心理，用军纪军法来统一他们的行动，这样就一定能够打胜仗。"所以诸葛武侯的军禁有七条：轻、慢、盗、欺、背、乱、误。这就是治军的禁令。

若期会不到，闻鼓不行，乘宽自留，回避务止，初近而后远，唤名而不应，军甲不具，兵器不备，此谓轻军。受令不传，传之不审，以惑吏士，金鼓不闻，旌旗不睹，此谓慢军。食不禀粮，军不部兵，赋赐不均，阿私所亲，取非其物，借贷不还，夺人头首，以获功名，此谓盗军。若变易姓名，衣服不鲜，金鼓不具，兵刃不磨，器仗不坚，矢不著羽，弓弩无弦，主者吏士，法令不从，此谓欺军。闻鼓不行，叩金不止，按旗不伏，举旗不起，指麾不随，避前在后，纵发乱行，折兵弩之势，却退不斗，或左或右，扶伤舆死，因托归还，此谓背军。出军行将，士卒争先，纷纷扰扰，军骑相连，咽塞道路，后不得前，呼唤喧哗，无所听闻，失行乱次，兵刃中伤，长将不理，上下纵横，此谓乱军。屯营所止，问其乡里，亲近相随，共食相保，呼召不得，越入他位，干误次第，不可呵止，度营出入，不由门户，不自启白，奸邪所起，知者不告，罪同一等，合人饮食，阿私所受，大言惊语，疑惑吏士，此谓误军。斩断之后，万事乃理。所以乡人盗笠，吕蒙先涕而后斩①；马逸犯麦，曹公割发而自刑。故太公曰："刑上极，赏下通。"孙子曰："法令孰行，赏罚孰明，吾以此知胜。"此之谓也。

[注释]

①吕蒙：三国时孙权部将。字子明。曾袭破荆州，擒杀关羽。

[译文]

如果不能如期到达会合地点，听到鼓声却不前进，乘便滞留不进，该做的和不该做的都尽量回避，开始在近处，随着战事的紧张却躲到远处，点名不答应，盔甲不戴，军器不具备，这样的军队就叫做轻军。接受了军令而不向下传达，或传达了而不认真不明确，致使下层军官迷惑不解，听不到金鼓，看不到旌旗，这样的军队叫做慢军。不储备军粮，结营扎寨不根据兵法部署兵力，赏赐不均，徇私舞弊，掠取不应有的财物，借贷不还，抢夺他人斩敌的首级邀取功名，这样的军队叫做盗军。变易姓名，衣服不整，军中无金鼓，不磨兵器，器仗不坚实，箭上不带羽毛，弓弩上没有弦，主管吏士不服从法令，这样的军队叫做欺军。听到鼓声不前进，听到鸣金不停止，旗帜按下不卧倒隐蔽，旗帜举起仍卧而不起，麾动所指不跟随，逃避锋锐，躲于阵后，横行无序，乱射乱发，挫伤了兵弩的威势，心欲撤退，不肯战斗，时而跑到左边，时而又跑到右边，假装扶着伤的运着死的，借机归还，这样的军队叫做背军。大军出征，士卒争先恐后，纷纷扰扰，步军和骑军相混连，堵塞道路，行动迟缓，呼唤喧哗，什么也听不清楚，不成行列，次序混乱，兵刃相互碰撞，造成人员伤亡，长官不能治理，上下纵横，乱作一团，这样的军队就叫做乱军。大军安营扎寨时，询问所在乡里，关系亲近的结帮在一起吃喝；传呼不到，越入他人防区，干误军中上下次第，不可呵止；出入营寨不经由门户，也不打招呼；奸邪的事情发生后，知情的人也不报告，同犯罪者一样治罪；聚众饮食，徇私受贿，大言惊语，疑惑官兵，这样的军队叫做误军。只有果断斩处违反禁令的人，才能把军中治理得井井有条。所以，三国时的将军吕蒙治军，自己的乡人偷了百姓一顶草笠，吕蒙挥泪斩了他；曹操因自己的坐骑受惊践踏了庄稼，而割发受刑。所以太公说："刑罚应该从最上层开始执行，赏赐应贯通到下层。"孙子说："哪一方的法令能够得到施行，哪一方的赏罚严明，我据此即可判断双方的胜负。"讲的也是同样的道理。

教战第四十六

孔子曰："不教人战，是谓弃之。"故知卒不服习，起居不精，前击后解，与金鼓之指相失①，百不当一，此弃之者也。故领三军，教之战者，必有金鼓约令，所以整齐士卒也。教令操兵起居，旌旗指麾之变。故教使一人学战，教成合之十人。十人学战，教成合之百人，渐至三军之众。大战之法，为其校阵，各有其道。左校青龙，右校白虎，前校朱雀，后校玄武，中校轩辕。大将之所处，左锋右戟，前盾后弩。中央鼓旗，兴动俱起。闻鼓则进，闻金则止。随其指麾，五阵乃理。

[注释]

①金鼓：金，钟。击金则退，击鼓则进。

[译文]

孔子说："不对战士进行训练就让他去打仗，这就等于把他抛弃给敌人。"由此可知，士卒未经教习训练，缺乏军中起居的经验，前锋正攻击交战，后备便已经瓦解，战士的行动与金鼓的指挥不配合不统一，百不当一，这就等于把他们抛弃给了敌人。所以统帅三军，教习他们作战，必须有金鼓号令，用来统一他们的行动。教习战士怎样使用兵器、怎样起居以及旌旗指挥的变化。所以教习一人学习战法，学成以后，使他会合十人进行演习。十人学成以后使他会合百人进行演习，逐渐扩大到三军之众。大战的方法，通过校阵，而校阵内又有不同的配置和变化方法。左校青龙，右校白虎，前校朱雀，后校玄武，中校则在轩辕方位（古代以青龙、白虎、朱雀、玄武来指代东、西、南、北及左右前后的方位）。大将所居之处，左有剑锋、右有长戟，前有盾牌、后有弓弩。中央有战鼓旌旗，全阵随金鼓旌旗的号令而行动。听到鼓声就前进，听到鸣金则停止。随金鼓旌旗的号令而行动，五阵（金、木、水、火、土）的布列就完毕了。

故曰："治众如治寡，分数是也；斗众如斗少，形名是也。"言不相闻，故为鼓铎；视不相见，故为旌旗。夫金鼓旌旗，所以一人耳目也。是知鼓鞞金铎①，所以威耳；旌旗麾章，所以威目；禁令刑罚，所以威心。耳威于声，不可不清；目威于色，不可不明；心威于罚，不可不严。三者不立，虽胜必败。故曰，将之所麾，莫不从移；将之所指，莫不前死。纷纷纭纭，斗乱而不可乱；混混沌沌，形圆而不可败。此用众之法也。卒服习矣，器用利矣，将军乃秉旌麾众而誓之。于是气励青云，虽赴汤蹈火可也。此教战之法也。

[注释]

①金铎：古代金属乐器。铲状。是大铃的一种。盛行于春秋至汉代。

[译文]

所以说：统帅大部队如同带领小分队一样，这是因为军队的组织编制合理、管理科学；指挥大部队如同指挥小部队一样，这是因为指挥的号令明确有效。战场上语言号令难以听清，所以要用战鼓和金铎来传递作战的号令；战场上各阵各队彼此间的行动看不见，所以要用旌旗来协调指挥全军的行动。金鼓旌旗就是用来统一全军的视听、协调全军的行动的。由此可知，鼓鞞金铎，能使将士对军令听得清楚；旌旗麾章能够使将士对军令看得更醒目；禁令刑罚，则用来威慑将士的心理。战士被威武雄壮的金鼓之声所震动，对军令就不可能听不清；战士看到鲜艳的旌旗，就不可能不明白军令；战士被严明的刑罚所震慑，就不可能不严守军令。金鼓、旌旗和禁令刑罚三者不在军中设立或不能有效地使用，即便是本应取胜的军队，最终也必将打败仗。所以说，将帅的指挥旗一有所动，战士无不随之而动；将帅一有所指，战士无不冒死向前。旌旗纷纷，人马纭纭，在混乱的战场上，要使自己的军队阵法严整而不乱；扑朔迷离，混沌不清，必须周密部署，使敌人无隙可乘。这就是指挥大兵团作战的原则和方法。士卒得到了很好的训练，秣马厉兵、军辎器材准备停当了，将帅就可以手持令旗聚众誓师。这时士气旺盛，直冲青云，即使让他们赴汤蹈火，也必将义无反顾。这就是教练士卒的方法。

天时第四十七

孙子曰:"二曰天时。天时者,阴阳寒暑时制也。"《司马法》曰:"冬夏不兴师,所以兼爱吾人。"太公曰:"天文三人,主占风气,知天心去就。"故经曰:"能知三生,临刃勿惊,从孤击虚,一女当五丈夫。"故行军必背太阴,向太阳,察五纬之光芒①,观二曜之薄蚀②,必当以太白为主,辰星为候。合宿有必斗之期,格出明不战之势。避以日耗,背以月刑。以旺击困,以生击死。是知用天之道,顺天行诛,非一日也。

[注释]

①五纬:金、木、水、火、土五大行星的总称。②二曜:太阳和月亮。

[译文]

孙子说:"决定战争胜负的第二个因素是天时。所谓天时,是指昼夜、晴雨、寒暑等气候季节的变化。"《司马法》说:"冬季和夏季不要用兵打仗,目的在于爱护我们的战士不受严寒和暑热的痛苦。"太公说:"军中天文三人,负责占卜天象、气候,从而料算天时是否适宜。"经书上说:"能了解战争的过去和现在,并能预测战争的将来,这样的人在处于危险之中时,仍能面无惧色,泰然自若。跟从君王出征打仗,一位女子能抵得上五位大丈夫。"所以行军必须背向太岁凶星,而朝向太阳,观察五纬的光芒和日月相蚀的情况。以太白金星为主,以辰星为客,综合判断。如果太白星和辰星在同一处出现,则战争不可避免;如果二星出现在不同的方向,则说明没有战事。要避开日耗和月刑。以具有旺盛士气的军队攻击困乏的敌人,以生(太阳)击死(太阴)。因此可知,充分利用天时的条件,顺应天时而用兵,已是由来已久了。

若细雨沐军,临机必有捷。回风相触,道还而无功。云类群羊,必走之道;气如惊鹿①,必败之势。黑云出垒,赤气临军,六穷起风,三刑生雾,此皆见师之出,而不见其入者也。若烟非烟,此庆云也;若星非星,此归邪也;若雾非雾,此泣军也;若雷非雷,此天鼓也。庆云开有德,归邪有降人,泣军多杀将,天鼓多败军。是知风云之占,岁月之候,其来久矣。

[注释]

①惊鹿:惊恐奔走之鹿。

[译文]

如果出征时细雨蒙蒙,一旦交锋,必定能打胜仗。如果遇上顶风,必定无功而返。如果天空中的云,其形状如一群羊,这是败走的征兆;云气如同受惊的鹿,这是必败的征兆。如果军营的上空出现乌云,军队的上空有赤色之气,六合起风,在对人用刑的三个时辰下雾,这些都是能够看到军队出征、却难以看到军队凯旋的征兆。如果空中的云似烟非烟,这是庆祝胜利的云;如果天空中的星星呈现似星非星的样子,这是归服邪恶的征兆;如果出现似雾非雾的天象,这是令军队哭泣的征兆;如果空中发出似雷非雷的声音,这声音称为天鼓。天空中出现庆云,这是军队有德的征兆;归邪,预示着有人投降敌人;泣军,预示着将领多被杀;天鼓,预示着多打败仗。于此可见,占卜风云的吉凶,利用时令气候的条件,由来已久了。

故古者初立将，始出门，首建牙之时，必观风气之气。若风不旁勃，旌旗晕晕，顺风而扬举，或向敌终日，军行有功，胜候也。若逆风来应，气旁勃，牙杠折，阴不见日，旌幡激扬，败候也。若下轻其将，妖怪并作，众口相惑，当修德审令，缮砺锋甲，勤诚誓士，以避天怒。然后复择吉日祭牙旗，具太牢之馔①，震鼓铎之音，诚心启请，以备天问，观其祥应，以占吉凶。若人马喜跃，旌旗皆前指高陵，金铎之声扬以清，鞞鼓之音宛以鸣，此得神明之助。持以安于众心，乃可用矣。虽云任贤使能，则不占而事利；令明法审，则不筮而计成；封功赏劳，则不祷而福从；共苦同甘，则犯逆而功就。然而临机制用，有五助焉：一曰助谋，二曰助势，三曰助怯，四曰助疑，五曰助地。此五者，助胜之术。故曰："知地知天，胜乃可全。"不可不审察也。

[注释]

①太牢：古代帝王、诸侯祭祀社稷时，牛、羊、豕三牲全备为"太牢"。亦作"大牢"。

[译文]

所以古代刚刚任命了大将，建旗出军时，必定首先观望风云之气。如果清风徐徐，旌旗猎猎，顺风飘扬，或旌旗飘动的方向终日指向敌军，则出师有功，这是胜利的征兆。如果逆风骤起，气势磅礴，旗杆被风折断，天昏地暗，不见太阳，旌幡激扬，这是失败的征兆。如果下层官兵轻蔑大将，怪异的事情不断发生，战士彼此传播谣言，相互蛊惑，就应当加强道德修养，完善明确军法军令，秣马厉兵，加强战备，勤勉军务，诚待士卒，以避开上天的震怒。然后重新选择吉日祭拜牙旗，并具备太牢祭品，敲响鼓铎之音，诚心诚意向上天启请，准备回答上天的提问，观察上天的反应，占卜出军的吉凶。如果人欢马叫，旌旗随风指向高陵，金铎之声清亮，在空中回荡，鞞鼓婉转而鸣，这说明出军得到了神明的佑助。把这些向全军宣传，以安定军心，这样的军队就可以用来打仗了。虽然说如果能够选拔任用贤能之人，则不需占问天意就能取得胜利；如果军令明确，军法严密，不需占卜就能获得成功；如果慷慨封赏有功劳的人，不需祷告幸福就会随之而来；全军上下同甘共苦，逆境之中同样能够成就功业。然而，根据战场的具体形势，制定具体的作战方针时，仍须充分考虑并利用有助于取得胜利的五个因素。这五个因素是：有助于成功的作战计谋和策略，有利的战场态势，旺盛的士气，制造疑阵、迷惑敌人，有利的地形条件。这五个方面，是取得胜利的五个条件。所以说："上知天文、下知地理，才有全胜的把握。"不可不认真研究。

地形第四十八

孙子曰:"三曰地利。地利者,远近、险易、广狭、死生也。"故不知山林、险阻、沮泽之形者,不能行军;不用乡导,不能得地利。故用兵有散地,有轻地,有争地,有交地,有衢地,有重地,有圮地,有围地,有死地。诸侯自战其地,为散地;入人之地而不深者,为轻地;我得则利,彼得亦利者,为争地;我可以往,彼可以来,为交地;诸侯之地三属,先至而得天下之众者,为衢地;入人难反之地深,倍城邑多者,为重地;行山林、险阻、沮泽,凡难行之道者,为圮地;所由入者隘,所从归者迂,彼寡可以击吾众者,为围地;疾战则存,不疾则亡者,为死地。是故散地则无战,轻地则无止,争地则无攻,交地则无绝,衢地则合交,重地则掠,圮地则行,围地则谋①,死地则战。

[注释]

①谋:即击敌之谋,败坏敌人的谋划。

[译文]

孙子说:"决定战争胜负的第三个因素是地利。所谓地利,是指路途的远近、地势的险峻或平坦、作战地域的宽阔或狭窄、战场是否有利于攻守进退等地形条件。"所以说:不熟悉山林、险阻、沼泽等地形情况，就不能行军；不用向导，就不能得到地利。根据用兵的原则，战地可以分为散地、轻地、争地、交地、衢地、重地、圮地、围地、死地。诸侯在自己的国土上同敌人作战的地区，叫做散地。已进入敌人国土、但并未到达纵深的地区，叫做轻地。我军占领则对我军有利，敌军占领则对敌军有利的必争之地，叫做争地。我军可以去，敌军也可以来的地方，叫做交地。敌我双方同别的诸侯国相交界、谁先到达谁就能够得到天下援助的地方，叫做衢地。深入敌国境内，又越过很多城邑的地方，叫做重地。山林、险阻、沼泽等道路难行的地方，叫做圮地。所从进入的道路狭隘，所从退出的道路迂远，敌人以少量兵力即可打败我众多兵力的地方，叫做围地。迅速殊死奋战尚有可能生存，否则就死路一条的地方，叫做死地。正因为如此，散地不宜作战；轻地不宜停留；争地宜抢先占领它，如果敌人已经占据，就不要轻率进攻；在交地要使部队前后相互策应，不能脱节；在衢地要结交别的诸侯国；在重地要掠取敌人的粮秣；在圮地应迅速通过；陷入围地，要巧设计谋，出奇制胜；在死地唯有殊死奋战，死里求生。

又有六地：有通，有挂，有支，有隘，有险，有远。我可以往，彼可以来，曰通。居通地，先处其高阳，利粮道，以战则利。可以往，难以反，曰"挂"，挂形曰："敌无备，出而胜之；敌有备，出而不胜，难以反，不利。"我出而不利，彼出而不利，曰"支"。支形曰："敌虽利我，我无出，引而去也，令敌半出而击之，利。"隘形曰："我先居之，必盈之而待敌①。若敌先居之，盈而勿从也，不盈而从之。"险形曰："我先居之，必居高阳以待敌；若敌先居之，则引而去之，勿从也。"夫"远形势均，难以挑，战而不利"。凡此六者，地之道也，皆将之至任，不可不察。

[注释]

①盈：赵蕤注：盈，满也。以兵阵满厄形名，使敌不得进退。

[译文]

又可以从战术的意义上把地形划分为六种：通形、挂形、支形、隘形、险形、远形。凡是我军可以往，敌人也可以来的地区，叫做通形。在通形地区，要抢先占领向阳的高地，保证后方补给道路畅通，与敌人作战就有利。凡容易去，不容易回来的地区，叫做挂形。在挂形地区作战的原则是："如果敌人没有戒备，就可以突然袭击，战胜敌人；如果敌人有了戒备，出击难以取胜，又难以返回，那就是不利的。"凡是我军出击不利，敌军出击也不利的地区，叫做支形。在支形地区的作战原则是："敌人虽然以利引诱我军，也不要出战，最好是指挥部队假装撤退，待敌人追出一半时再予以回击，这样就有利。"在隘形地区的作战原则是："要抢先占领险隘之处，并用重兵把守隘口，以等待敌人的到来。如果敌人已经占据了隘口，并用重兵据守，就不要攻击；如果敌人没有用重兵把守隘口，就可以去攻击。"在险形地区的作战原则是："要抢先占领向阳的高地，等待敌人的到来；如果敌人已经占据了制高点，就应该撤退，不要去攻击。"在远形地区的作战原则是："在远形地区，因敌我双方相距很远，地势条件相同，不宜出兵挑战，勉强和敌人交战是不利的。"这六条是利用地形作战的原则，也是将帅的重大责任，是不能不认真考虑的。

故曰：深草翳秽者①，所以遁逃也；深谷阴险者，所以止御车骑也；隘塞山林者，所以少击众也；沛泽杳冥者，所以匿其形也。丈五之沟，渐车之水，山林石径，泾川丘阜，草木所在，此步兵之地，车骑二不当一。丘陵漫衍相属，平原广野，此车骑之地，步兵十不当一。平原相远，仰高临下，此弓弩之地，短兵十不当一。两阵相近，平地浅草，可前可后，此长戟之地，剑盾三不当一。萑苇竹箫，草木蒙茏，枝叶茂接，此矛铤之地②，长戟二不当一。曲道相伏，险扼相薄，此剑盾之地，弓弩三不当一。故曰"地形者，兵之助"。又曰"用兵之道，地利为宝"。赵奢趋山，秦师所以覆败；韩信背水，汉兵由是克胜。此用地利之略也。

[注释]

①蓊秽：野草茂密。蓊，茂盛貌。②铤（chán）：小矛。

[译文]

所以说：草木繁茂的地区，便于隐蔽和逃遁；山谷幽深、阴暗险要的地形，可以用来抵御敌人的战车和骑兵；隘口、关塞、山林险阻，占据这样的地形，可以以少部兵力击败众多的敌人；低湿幽暗、迂阔幽远的地形，可以用来隐蔽部队。丈五宽的河沟，沟中的水能把车马淹没，山林石径，丘陵溪川，遍地草木，这些都是利于步兵作战的地形，战车骑兵二不当一使用。丘陵连绵但坡缓漫长，平原广野，是利于战车和骑兵作战的地形，步兵十不当一。远离平原，居高临下，有利于弓弩作战，若想短兵相接，十不当一。如果敌我军阵相距较近，地势平坦，浅草覆面，有利于长戟作战，剑盾三不当一。满地芦苇竹篱，草木葱茏，枝叶繁茂，这样的地形，有利于矛铤作战，长戟二不当一。道路曲折，起伏不定，险而狭窄，这样的地形有利于剑盾作战，弓弩三不当一。所以说："地形是用兵作战的辅助条件。"又说："用兵的原则，充分运用有利的地形条件，是夺取胜利的法宝。"所以，赵奢抢占了山头，秦军因此而覆败；韩信背水列阵，汉兵因此取得了胜利。以上是运用地形的基本原则和方法。

水火第四十九

经曰:"以水佐攻者强,以火佐攻者明。"是知水火者,兵之助也。故火攻有五:一曰火人,二曰火积,三曰火辎,四曰火库,五曰火燧。行火必有因①,烟火素具,发火有时,起火有日。时者,天之燥也;日者,宿在箕、壁、参、轸也。凡此四宿者,风起之日也。太公曰:"强弩长兵,所以逾水战。"孙子曰:"水可以绝。"谓灌城也。又曰:"绝水必远水②。客绝水而来,勿迎之于水内,令敌半渡而击之,利。欲战,无附于水而迎客也。"谓处水上之军。故曰以水佐攻者强。

[注释]

①因:赵蕤注:因,奸人也。②绝水必远水:赵蕤注:引敌使渡也。

[译文]

经说:"用水来辅助进攻,威力强大;用火来辅助进攻,效果明显。"因此可知,水和火是用兵打仗的重要辅助手段。火攻有五种类型:一是火烧敌军的人马,二是火烧敌军的粮秣,三是火烧敌军的辎重,四是火烧敌军的仓库,五是火烧敌军的粮道。实施火攻必须具备相应的条件,火攻的器材必须在平时准备好。放火要看准天时,起火要选好日子。所谓天时,是指气候干燥的时候;所谓日子,是指月亮行经箕、壁、参、轸四个星宿时,因为月亮行经这四个星宿时,就是起风的时候。太公说:"强弓弩和长兵器,便于越水作战。"孙子说"水可以堵绝",意思是堰水灌城。又说:"渡过江河以后,一定要远离水流驻扎军队。敌人渡水向我进攻,不要等敌人上岸后再发起反击,在敌人渡过一半时发起攻击是最有利的。准备同敌人决战,不要在水边列阵待敌。"这是军队在江河地带行军作战的原则。所以说,用水辅助进攻,威力强大。

何以言之?昔韩信定临淄,走齐王田广①。楚使龙且来救齐,齐王广、龙且并军,与信合战,夹潍水阵。韩信乃夜令人为万余囊,盛沙壅水上流。引军半渡,击龙且,佯不胜,还走。龙且果喜曰:"固知信怯也。"乘追信,渡水。信使决壅囊,水大至,龙且军太半不得渡。即急击之,杀龙且。龙且水军东散走。此反半渡之势。

[注释]

①走齐王田广:赶跑齐王田广。走,使动词。

[译文]

用什么作证明呢?从前,韩信占领了临淄,齐王田广被迫逃跑。楚王派龙且率兵前往救援。齐王田广与龙且联合同韩信决战。两军在潍水两岸布阵,隔水相望。韩信派人乘夜用万余包沙袋在上流堵绝河水。然后渡水向龙且发起进攻,在军队渡过一半时,假装难以取胜,回军便跑。龙且果然上当,高兴地说:"我就知道韩信是个胆小鬼。"于是乘势挥军渡水追击韩信。这时,韩信便下令决开沙袋,河水汹涌而来,龙且的军队大半未能渡过潍水。韩信迅速命令出击,斩杀龙且。龙且的军队向东溃散。这是韩信反用"半渡而击"原则的成功尝试。

卢绾佐彭越攻下梁地十余城。项羽闻之,谓其大司马曹咎曰："谨守成皋，即汉挑战，慎勿与战。"汉果挑楚军，楚军不出，使人辱之。大司马怒，渡汜水①，卒半渡，汉击，大破之。此欲战无附于水势也。故知水火之变，可以制胜，其来久矣。秦人毒泾上流，晋军多死；荆王烧楚积聚，项氏以擒；曹公决泗于下邳，吕布就戮；黄盖火攻于赤壁，魏祖奔衄②。此将之至任，盖军中急者矣，不可不察。

[注释]

①汜水：水名。发源于河南巩义市东南，北流经荥阳汜水镇西，北注入黄河。②衄（nǜ）：伤，败。

[译文]

卢绾辅佐彭越攻克梁地十余城。楚王项羽闻讯，便留大司马曹咎继续守成皋，并嘱咐说："谨慎固守城皋，即便汉军挑战，切莫同它交战。"项羽离开成皋以后，汉军果然来向曹咎挑战，曹咎不战，汉王便派人辱骂曹咎。曹咎忍耐不住，挥军出垒，渡汜水向汉军攻击，在楚军渡过一半的时候，汉军发起攻击，大破楚军。这是兵法上所说的若想同敌人决战，不要背水列阵的例子。由此可知，灵活运用水势和火势，可以出奇制胜，也是由来已久了。秦人在泾河上流下毒，晋兵因此损兵折将；荆王火烧了楚军的军辎积储，项氏因此被擒；曹操在下邳决开了泗水，吕布因此失败被杀；黄盖火烧赤壁，曹操兵败奔逃。运用水火是将帅的重大责任，是用兵打仗应该首先考虑的问题，不能不认真研究考察。

五间第五十

《周礼》曰:"巡国传谍者,反间也。"吕望云①:"间构飞言,聚为一卒。"是知用间之道,非一日也。故间有五间:有因间,有内间,有反间,有生间,有死间。五间俱起,莫知其道。因间者,因其乡人而用之者也;内间者,因其官人而用之者也;反间者,因敌间而用之者也;生间者,反报者也;死间者,为诳事于外,令吾间知之,而待于敌间者也。

[注释]

①吕望:即吕尚。周代齐国的始祖。姜姓,吕氏,名望,字子牙。辅佐武王灭商,封于齐。俗称姜太公。

[译文]

《周礼》说:"在别国巡回传播对这个国家不利的情报,叫做反间。"吕望说:"把那些擅长离间人的关系、编造挑拨性语言的人,编为一队。"因此可知,在战争中运用间谍,并不是一朝一夕的事情了。间谍有五种类型:因间、内间、反间、生间、死间。五种间谍同时使用,就能使敌人误入歧途,摸不着头脑。所谓因间,就是利用敌国的普通人做间谍;所谓内间,就是利用敌国的官员做间谍;所谓反间,就是收买敌方派来的间谍为我所用;所谓生间,就是派出间谍到敌方侦察情报,然后回国报告;所谓死间,就是故意散布假情报，让我方的间谍了解真情，等待敌人的间谍来搜取情报，然后回国报告。

昔汉西域都护班超，初为将兵长史，悉发诸国步骑二万五千击莎车①。莎车求救龟兹②，龟兹王遣左将军发温宿、姑墨、尉头③，合五万人助之。超召部曲及于阗、疏勒王议曰："兵少不敌，计莫如各解散去。于阗从此东，长史亦从此西归，夜半闻鼓声便发。"众皆以为然。乃阴缓擒得生口，生口归，以超言告龟兹。龟兹闻之喜，使左将军将万骑于西界遮超，温宿王将八千骑于东界遮于阗王。人定后，超密令诸司马，勒兵励士，至鸡鸣，驰赴莎车军营，掩覆之。胡皆惊走，斩首五千级，莎车遂降。

[注释]

①莎车：古西域国名。位于今新疆莎车一带。②龟（qiū）兹：古西域国名。故地在今新疆库车一带。③温宿、姑墨、尉头：均为古西域国名。位于今新疆温宿、阿克苏、哈拉奇一带。

[译文]

汉时，西域都护班超最初做将兵长史时，征调诸国步骑二万五千攻打莎车国。莎车向龟兹国求救，龟兹王派遣左将军调发温宿、姑墨、尉头三国共计五万人赴援莎车。班超召集部属和于阗、疏勒两国的国王商议，说："现在我们的兵少，敌不过他们，我考虑不如各自散归。于阗的军队从此向东，长史的军队由此西归，夜半听到鼓声立即出发。"大家都信以为真。于是班超命放松对龟兹国俘虏的看护，俘虏借机走脱，把班超的部署报告给龟兹。龟兹王听后非常高兴，命左将军率一万骑兵在西面阻击班超，温宿王率八千骑兵在东面阻击于阗王。班超吩咐停当后，密令各部勒兵励士，鸡鸣时分，率兵疾驰莎车军营，以迅雷不及掩耳之势破袭莎车。诸国援兵闻讯大惊，纷纷退去，斩首五千级，莎车于是向班超投降。

又耿弇讨张步①，步闻之，乃使其大将费邑军历下②，又分兵屯祝阿③，别于太山、钟城列营数十以待弇。弇渡河先击祝阿，拔之。故开围一角，令其众得奔钟城。钟城人闻祝阿已溃，大惧，遂空壁亡去。费邑分遣其弟敢守巨里，弇进兵，先胁巨里，多伐树木，扬言填塞坑堑。数日，有降者，言邑闻弇欲攻巨里，谋来救之。弇乃严令军中趣治攻具，后三日当悉攻巨里；阴缓生口，令得亡归。归者以弇期告邑，邑至日果自将来救之。弇喜谓诸将曰："吾所修攻具者，欲诱致邑耳，今来适吾所求也。"即分三千人守巨里，自引精兵上岗坂，乘高合战，大破之，临阵斩邑。此用因间之势也。

[注释]

①张步：东汉时齐地割据势力首领。②历下：古邑名。在今山东济南市西。因在历山之下而得名。③祝阿：古地名。故地在今山东历城西南。

[译文]

东汉名将耿弇率兵讨伐割据齐地的张步，张步闻讯，便派大将费邑屯兵历下，又分兵屯祝阿，另于太山、钟城（在今河南尉氏西北）列营数十，准备迎击耿弇。耿弇率兵首先攻击祝阿，攻克祝阿后，故意网开一面，让祝阿余众逃奔钟城。钟城人听说祝阿守军已经溃败，十分恐惧，于是全城人纷纷逃亡，钟城成了一座空城。费邑又派其弟费敢守巨里（即巨合，今山东章丘西龙山镇）城。耿弇进兵威胁巨里，大量砍伐树木，扬言将用林木填护城的坑堑。几天后，巨里城有人来投诚耿弇，说费邑听说耿弇准备进攻巨里，打算来救巨里。耿弇便命令军中加紧准备攻城器具，并说三天后攻城；同时故意放松对俘虏的看守，让他逃亡。逃归的俘虏把耿弇将攻巨里的日期报告给费邑，三天后费邑果然亲自率兵来救援巨里。耿弇闻讯，高兴地对诸将说："我之所以加紧修治攻城器具，目的在于引诱费邑前来救援,现在费邑果然前来,正合我的心意。"于是留三千人监视巨里,自己率精兵占领制高点,居高临下,大破费邑,在战场上斩杀费邑。这是使用因间的成功战例。

晋时,益州牧罗尚遣隗伯攻李雄于郫城①,迭有胜负。雄乃募武都人朴泰,鞭之见血,使谲罗尚,欲为内应,以火为期。尚信之,悉出精兵遣隗伯等率领从泰。李雄先使李骧于道设伏,泰以长梯倚城而举火,伯军见火起,皆争缘梯。泰又以绳汲上尚军百余人,皆斩之。雄因放兵,内外击之,大破尚军。此用内间之势也。

[注释]

①郫城:古邑名。在今四川成都平原中部,成都郫都区北。

[译文]

晋时,益州牧罗尚派隗伯率兵进攻郫城的李雄,双方互有胜负。李雄于是招募武都人朴泰,用鞭子把他抽得遍体是血,让他去向罗尚诈降,作为内应,以点火为号。罗尚轻信了朴泰,拨全部精兵给隗伯,跟随朴泰袭击李雄。李雄先命李骧在通往郫城的道路上布下伏兵,朴泰缘长梯登城举火,隗伯军见火起,纷纷缘梯登城,朴泰用绳子把百余名隗军的士兵拉上城来,统统杀掉。李雄乘机出兵,内外夹击,大破罗尚的军队。这是运用内间的成功战例。

郑武公欲伐胡,先以其子妻胡①。因问群臣曰:"我欲用兵,谁可伐者?"大夫关其思曰:"胡可伐。"武公怒而戮之曰:"胡,兄弟之国,子言伐之,何也?"胡君闻之,以郑为亲己而不备郑。郑袭胡,取之。此用死间之势也。

陈平以金纵反间于楚军,间范增,楚王疑之,此用反间者也。

故知三军之亲，莫亲于间，赏莫厚于间，事莫密于间。非圣智莫能用间，非密微莫能得间之实。此三军之要，惟贤将之所留意也。

[注释]

① 以其子妻胡：把自己的女儿给胡国国君做妻子。

[译文]

郑武公想攻伐胡国，先把自己的女儿嫁给胡国的国君做妻子。借机问群臣："我想对外用兵，你们看讨伐哪个国家更合适？"大夫关其思说："讨伐胡国最合适。"郑武公听后大怒，杀了关其思，说："胡国同我亲如兄弟，你却让我讨伐胡国，是什么意思？"胡国国君听说此事后，便认为郑国与己友好，对郑国不加防备。郑武公乘机突然袭击，灭了胡国。这是运用死间的成功战例。

陈平用金钱收买楚人，离间范增同楚王的关系，楚王果然怀疑范增同汉王有联系。这是运用反间的例子。

由此可知，统帅同将士的关系没有比与间谍更亲密的了，奖赏没有比给间谍更优厚的了，事情的机密也没有超过用间的了。不是睿智聪颖的人不能使用间谍，不是精细深算的人不能从间谍活动中得到真实的情报。用间是军中至关重要的工作，是做一名贤明的将帅必须留意的事情。

将体第五十一

《万机论》曰:"虽有百万之师,临机吞敌,在将也。"《吴子》曰①:"凡人之论将,恒观之于勇。勇之于将,乃万分之一耳。"故《六韬》曰②:"将不仁,则三军不亲;将不勇,则三军不为动。"太公曰:"将者,勇智仁信必也。勇则不可犯,智则不可乱,仁则爱人,信则不欺人,必则无二心。此所谓五才者也。"三军之众,百万之师,张设轻重,在于一人,谓之"气机"。道狭路险,名山大塞,十人所守,千人不过,是谓"地机"。善行间谍,分散其众,使君臣相怨,是谓"事机"。车坚舟利,士马闲习,是谓"力机"。此所谓"四机"者也。夫将可乐而不可忧,谋可深而不可疑。将忧则内疑,谋疑则敌国奋。以此征伐,则可致乱。

[注释]

①《吴子》:中国古代著名兵书。吴起与魏文侯、魏武侯论兵的辑录。《汉书·艺文志》记载《吴起》四十八篇。已佚。今本六篇系后人伪托。
②《六韬》:中国古代兵书。传为周代吕望(姜太公)作。有人认为是战国时作品。

[译文]

《万机论》说:"虽然拥有百万人的强大军队,但临战消灭敌人，主要靠将帅巧妙的指挥。"《吴子》说："普通人谈论将帅的优劣，往往看他是否勇敢。其实，勇敢在一个优良的将帅所应具备的众多品质中，仅仅占万分之一而已。"所以《六韬》说："做将帅的如果不具有仁爱士卒的品质，那么全军将士就不可能亲密团结；做将帅的如果不具备勇敢的品格，就难以指挥调动全军的将士。"太公说："将帅应具有勇敢、聪智、仁爱、诚信、忠实五种品质。"将帅勇敢，就有军威，不可侵犯；将帅充满了智慧，就不会被纷繁复杂的战场形势扰乱了头脑，误入歧途；将帅仁慈，就能抚爱士卒；将帅诚信，就不会欺骗将士；将帅忠实，则不怀二心。这就是做将帅应具有的"五才"。三军之众，百万之师，士气的盛衰、战斗力的强弱，关键在于将帅一人的指挥才能，这称之为"气机"（即调动士气的关键）。道路狭窄险峻，名山要塞，十人所守，千人不过，称之为"地机"（即运用地利的关键）。善于运用间谍，调动分散敌人的兵力，使敌方君臣相互怨恨，称之为"事机"（即运用计谋的关键）。战车坚固，战船速度快、威力大，士马练达，称之为"力机"（发挥战斗力的关键）。这就是将帅应该掌握运用的"四机"。做将帅的应该达观而充满信心，不可愁容满面；谋划应该深远果断，不可犹豫不决。将帅忧愁满面，战士就会心存疑虑而失去必胜的信心；谋划优柔寡断，就会使敌人的士气高涨。对战事充满忧虑，谋划犹豫不决，必定导致内乱。

故将能清能静①，能平能整，能受谏，能听讼，能纳人，能采善言，能知国俗，能图山川，能裁厄难，能制军权。危者安之，惧者欢之，叛者还之，冤者原之，诉者察之，卑者贵之，强者抑之，敌者残之，贪者丰之，欲者使之，畏者隐之，谋者近之，谗者覆之，毁者复之，反者废之，横者挫之，服者活之，降者说之。获城者割之，获地者裂之，获国者守之，获厄塞之，获难屯之，获财散之。敌动伺之，敌强下之，敌凌待之，敌暴安之，敌悖义之，敌睦携之②，顺举挫之，因势破之，放言过之，四网罗之。此为将之道也。

[注释]

①清、静：赵蕤注：廉财曰清，不扰曰静。②携：分离。

[译文]

将帅应该做到：清正廉洁，不骚扰百姓，处事公平，待人一律，善于纳谏，明于断案，能够招揽人才，接受善言，了解风土民情，熟悉山川地理，在危难的环境中能泰然处之，能有效地控御全军。还应该做到：转危急为安详，使恐惧的人充满信心，使叛逃的人回到军中，昭雪蒙冤受屈的人，审察所有的诉讼案件，提拔尊崇有才能而地位卑下的人，抑制横行霸道的人，残杀敌对的人，重赏使用贪婪的人，充分使用想立功的人，隐蔽后置畏惧胆小的人，接近团结善谋略的人，对逸言不予相信，对诋毁人的言论要认真核察，对想谋反的人要废黜他，对蛮横的人要挫伤他，对伏罪的人要给条生路，对归降的人要收留款待他。对攻克城邑的人要给予封赏；对夺取土地的人要裂土封赏；夺取了别人的国家，则要分封贤人守御；夺取了险厄要塞，要分兵把守；夺取了难以夺取的地方要分兵屯驻；获得财货要分散给将士。敌人有所行动，要仔细侦察；敌人强大，则避甘为人下；敌人汹涌而来，则冷静以待；敌人暴虐异常，则安之若素，以此激励战士的怒气；敌人悖乱，我则行义；敌人和睦团结，就设法离间他们；顺应天命人心，挫败悖逆天命人心的敌人；创造或利用于我有利的态势击破敌人；传播假情报造成敌人的失误；四面设围歼灭敌人。以上这些都是做将帅应具备的能力和素质。

故将拒谏则英雄散，策不从则谋士叛，善恶同则功臣倦，将专己则下归咎，将自臧则下少功①，将受谗则下有离心，将贪财则奸不禁，将内顾则士卒淫②。将有一则众不服，有二则军无试，有三则军乖背，有四则祸及国。

[注释]

①将自臧则下少功：赵蕤注：臧，善也。将自伐勋，忘下自用者，故曰少功也。②内顾：赵蕤注：思妻妾也。

[译文]

做将帅的如果拒绝纳谏，英雄豪杰就会各自奔散；如果一味拒绝采用谋士的计策，谋士就会叛逃；善恶不分、赏罚不明，功臣就会厌倦打仗；将帅独断专行，下属就会把过错全归咎于将帅；将帅把功劳归于自己，下层官兵就不愿多立战功；将帅喜欢听信谗言，下层官兵就会离心离德；将帅如果贪图财货，奸盗就难以禁止；将帅耽溺女色，士卒就会淫乱无度。将帅如果犯了上述中的一条，广大将士就不会心服；将帅犯了上述中的两条，那么军中就丧失了法纪；将帅犯了上述中的三条，则军心背离；将帅犯了其中四条，就会给国家带来祸患。

《军志》曰①："将谋欲密，士众欲一，攻敌欲疾。将谋密则奸心闭，士众一则群心结，攻敌疾则诈不及设。军有此三者，则计不夺。将谋泄则军无势，以外窥内则祸不制，财入营则众奸会。将有此三者，军必败。将无虑则谋士去，将无勇则吏士恐，将迁怒则军士惧。虑也谋也，将之所重；勇也怒也，将之所用。"故曰："必死，可杀也；必生，可虏也；忿速，可侮也；廉洁，可辱也；爱人，可烦也。此五者，将军之过，用兵之灾。"

[注释]

①《军志》：中国古代兵书。已佚。

[译文]

《军志》说:"将帅的谋划要机密,战士要团结一致,向敌人发起进攻的速度要迅疾。将帅谋划机密,奸心就不能得逞;战士团结一致,则众心巩固归一;向敌人进攻的速度迅疾,敌人就来不及设立诈谋。一支部队能做到这三条,作战计划就不会失败。将帅的作战计策如果泄露出去,军队就会失去有利的作战形势;敌人如果侦知到我方内部的情况,祸患就不可制止;敌人如果携财货入我军营,有奸心的人就会贪图财货而集中为害。将帅有此三点,军队必定打败仗。将帅不善谋虑而又不能听从谋士的策划,谋士就会离他而去;将帅不具备勇敢的气质,下层官兵就会产生怯战的恐惧心理;将帅如果时常迁怒于人,下层官兵就心不自安。深谋远虑,是作为将帅的重要条件;勇敢和愤怒,将帅应该特别留意,巧妙运用。"所以说:"只知道死拼,就可能被诱杀;一味贪生怕死,就可能当俘虏;情绪急躁、容易动怒,就容易遭到侮辱谩骂的刺激;廉洁好名,过于自爱,就可能经不起羞辱;爱护民众,就可能被烦扰而不得安宁。这五个方面是将帅应避免的五个弱点,也是用兵打仗的灾害。"

故凡战之要,先占其将而察其才,因刑用权,则不劳而功兴也。其将愚而信人,可谋而诈;贪而忽名,可货而赂;轻变,可劳而困;上富而骄,下贫而磔①,可离而间;将怠士懈,可潜而袭;智而心缓者,可追也;勇而轻死者,可暴也;急而心速者,可诱也;贪而喜利者,可袭也,可遗也;仁而不忍于人者,可劳也;信而喜信于人者,可诳也;廉洁而不爱人者,可侮也;刚毅而自用者,可事也;懦心喜用于人者,可使人欺也。此皆用兵之要,为将之略也。

[注释]

①磔(zhé):分裂牲体以祭神。引申为离散。

[译文]

　　用兵打仗，最重要的工作，首先应该对敌军的将帅有一个基本的了解，并认真考察其才能的高下，针对不同类型的将帅，采取相应的权变方法，这样就能以较小的气力换来较大的战功。如果将帅愚鲁而又肯轻信人，就可以对他施以欺诈的手段；如果将帅贪婪而且不计名誉，就可以用财货去贿赂他；如果将帅不善深谋远虑、狐疑多变，就可以设计使他烦劳困乏；上级军官富有而骄横，下层官兵贫穷而离心，就可以借此离间他们上下级的关系；将帅怠惰，战士松懈，就可以对他们实施突袭；将帅虽富于智慧，但决策较慢的，可以乘他尚未作决定时，发起突然袭击；将帅勇猛而不怕死，就可以设计激怒他，使其贸然轻进，然后消灭他；将帅性情急躁，立功心切，则可以诱敌深入；将帅贪婪好利，就可以诱之以利，设计伏击他；将帅仁慈，不忍心于下层的疾苦，就可以设计烦劳他；将帅为人诚信，而又肯轻信他人，就可以设计欺骗他；将帅自身廉洁，为人却近于刻薄的，可以轻侮他；将帅刚愎自用，可用花言巧语恭维他；将帅懦弱，惯于依赖他人，可以使人欺骗他。这些都是用兵的重要原则，将帅应具有的韬略。

料敌第五十二

夫两国治戎，交和而合，不以冥冥决事，必先探于敌情。故孙子曰："胜兵先胜而后战。"又曰："策之而知得失之计，作之而知动静之理。"因形而作胜于众，用兵之要也。若欲先知敌将，当令贱而勇者，将轻锐以当之，观敌之来。一起一坐，其政以理，其追北佯为不及，其见利佯为不知。如此者，将必有智，勿与轻战。若其众讙旗乱①，其卒自止自行，其兵或纵或横，其追北恐不及，见利恐不得。如此者，将必无谋，虽众可获。

[注释]

①讙（huān）：通"喧"。喧哗。

[译文]

两国或临战，或以外交构和，都不能稀里糊涂作出决断，必须首先侦察敌情。所以孙子说："能够打胜仗的军队，首先要创造必胜的条件，有了必胜的把握，然后再出兵作战。"又说："通过认真分析和筹算，可以了解敌人作战计划的利弊得失；诱使敌人行动，可以了解敌人的活动规律。"根据敌情变化制定切实可行的作战方针，把胜利摆在众人的面前，这是用兵打仗的重要原则。如果想先了解敌将的才能和性格，可以命令一位勇敢的下层军官率一支精锐部队同敌人交锋，借此观察敌人的反应。如果敌人或进或止，节奏稳妥，不急不躁；敌人追击败退的军队假装追赶不上，见到可图的利益却假装没看见。这样的军队的将领必定富于智慧，不要轻易同他们交战。如果敌军战士欢跃，旌旗纷乱；士卒或进或止，随意而为，兵阵纵横无序；追击败退的军队唯恐败军逃脱，见利唯恐得不到。这样的军队，其将领必定没有谋略，即便是人数众多，也不足为忧，同样可以获胜。

故曰：敌近而静者，恃其险也；敌远而挑人者，欲人之进也；众树动者，来也；众草多障者，疑也；鸟起者，伏也；兽骇者，覆也；尘卑而广者，徒来也；散而条达者，薪来也。少而往来者①，营军也；辞卑而益备者，进也；辞强而进驱者，退也；无约而请和者，谋也；半进半退者，诱也；杖而立者，饥也；汲而先饮者，渴也；见利不进者，劳也；鸟集者，虚也；夜呼者，恐也；军扰者，将不重也；旗动者，乱也；吏怒者，倦也；粟马食肉，军无悬甀，不及其舍者，穷寇也；谆谆翕翕②，徐言入入者，失其众也；数赏者，窘也；数罚者，困也；数顾者，失其群也；来委谢者，欲休息也；兵怒而相近，久而不合，又不相去，必谨察之。

[注释]

①少：赵蕤注：少，尘少也。②谆谆翕翕：恳切和顺状。曹操注：谆谆，语貌；翕翕，失志貌。

[译文]

所以说：敌人距我很近却寂静无声，是因为它占领着险要的地形；敌人距我较远却前来挑战，是想引诱我军前进；许多树木摇动，说明敌人隐蔽而来；草丛里有很多遮碍物，是敌人布下的迷阵；群鸟惊起而飞，说明敌人布有伏兵；野兽惊骇奔走，说明敌人要大举突袭；尘土飞扬得低而宽广，说明敌人的步兵到来；尘土飞扬，稀疏散乱，缕缕上升，呈条状相连的，是运送粮草的队伍在行进；尘土少而时起时落，说明敌人正在扎营；敌人的使者措辞谦卑却又在加紧备战，说明敌人正要对我发起进攻；敌人使者措辞强硬同时又做出进攻姿态的，说明敌人准备撤退；敌人无故前来求和，说明另有图谋；敌人半进半退，是想引诱我军；敌军战士倚着武器站立，是饥饿的表现；打水的人把水汲上来自己抢先饮用，是军中缺水、战士干渴的表现；敌人见了福利而不去争取，是疲劳的表现；敌人营垒上聚集着鸟雀，是营垒空虚的表现；敌营夜间呼叫，是心理恐惧的表现；敌人滋扰纷乱，是将帅没有威望的表现；敌人的旗帜摇动不定，是队伍混乱的表现；敌人将吏容易动怒，是疲惫的表现；用粮食喂马，杀牛马吃肉，收拾起行军炊具，不再返回营地，说明敌人已是拼命突围的穷寇；敌人将领低声下气地同部下讲话，说明已经失去了军心；不断犒赏士卒，说明已经没有别的办法；不断惩罚部属，说明已经陷入了困境；行路东张西望、左顾右盼，说明他们与大部队失去了联系；敌人派使者委婉致谢，是打算休战；敌人气势汹汹而来，但却很久不交战，又不撤退，必须谨慎观察他的企图。

敌来新到，行阵未定，可击也；阵虽定，人马未食，可击也；涉长道，后行未息，可击也；行坂涉险，半隐半出，可击也；涉水半渡，可击也；险道狭路，可击也；旌旗乱动，可击也；阵数动移，可击也；人马数顾，可击也。凡见此者，击之而勿疑。然兵者诡道也，能而示之不能，用而示之不用。故匈奴示弱，汉祖有平城之围①；石勒藏锋，王濬有幽州之陷。即其效也，可不慎哉？

[注释]

①平城之围：公元前200年，匈奴大军围困晋阳（今山西太原），汉高祖

刘邦亲率三十万大军迎战,被围困于平城白登山。后用陈平计,重赂冒顿单于的阏氏(皇后),始得突围。平城,秦置县。治所在今山西大同市东北。

[译文]

敌人刚刚来到战场,还未来得及安营布阵,这时可以向他们发起攻击;敌人的阵营虽然布设完毕,但人马还未来得及进食,可以向他们发起攻击;长途跋涉后尚未得到休息,可以向他们发起攻击;在山坡上行军,或通过险要的地形,半隐半出,可以向他们发起攻击;敌人渡水渡过一半时,可以向他们发起攻击;敌人通过的道路险要狭窄,可以向他们发起攻击;敌人的旌旗混乱不定,可以向他们发起攻击;敌人营盘不定,迁移频繁,可以向他们发起攻击;敌人前后张望,左顾右盼,可以向他们发起攻击。凡见到以上情况,可以向敌人发起攻击,不要迟疑。然而,还应注意,用兵打仗,常常使用诡诈欺骗的手段,本来能打却装作不能打,要打却装作不打。匈奴向汉朝示弱,汉高祖上当,被围困在平城;石勒隐蔽锋锐,晋将王濬因此而丢掉了幽州。这些就是诡诈用兵的证明。所以用兵打仗不谨慎细心能行吗?

势略第五十三

孙子曰:"勇怯,势也。强弱,形也。"又曰:"水之弱至于漂石者,势也。"何以明之?昔曹公征张鲁,定汉中。刘晔说曰①:"明公以步卒五千,讨诛董卓,北破袁绍,南征刘表,九州百郡,十并其八,威震天下,势慑海外。今举汉中,蜀人望风,破胆失守,推此而前,蜀可传檄而定也。刘备,人杰也。有智而迟,得蜀日浅,蜀人未附。今破汉中,蜀人震恐,其势自倾。以公之神明,因其倾而压之,无不克也。若小缓之,诸葛亮明于理而为相,关羽、张飞勇冠三军而为将,蜀人既定,据险守要,则不可犯也。今不取,必为后忧。"曹公不从。居七日,蜀降者说蜀中一日数十惊,备斩之而不能禁也。曹公延问晔曰:"今尚可击否?"晔曰:"今已小定,未可击也。"

[注释]

①刘晔:三国时魏臣。官至侍中,封东亭侯。

[译文]

孙子说:"战士的勇敢或怯懦,是由军事态势的优劣决定的;军队的强大或弱小,则是由军事实力的对比决定的。"又说:"水本来很柔弱,但却可以冲走巨石,这是积聚起来的水势决定的。"怎样证明这一道理呢?从前,曹操征讨张鲁,平定了汉中。刘晔向曹操说:"您凭借五千兵卒,讨灭了董卓,北破袁绍,南征刘表,天下九州百郡,您已经吞并统一了十分之八,威震天下,势慑海外。如今又一举平定了汉中,蜀人望风,失魂落魄,由此乘胜前进,蜀地就可以传檄而定。刘备无愧是人中英杰,虽然富于智慧,但决策迟缓。加上他据有蜀地的时间不长,蜀人并未从心里依附于他。现在我已攻破了汉中,蜀人震恐,其势必定自我倾覆。以明公您的神明,借蜀人自我倾覆之势,以大军压境,定能攻无不克,战无不胜。如果稍有迟缓,诸葛亮明察事理,在蜀地做宰相,关羽、张飞勇冠三军,为蜀军名将,蜀人稍稍稳定后,据守险关要塞,就难以进犯了。现在不去夺取蜀地,必定成为日后的忧患。"曹操未予采纳。七天后,蜀地前来投诚的人说曹军攻拔汉中后,蜀中一日发生数十次惊乱,刘备斩杀惊乱的人仍然不能禁止。曹操又向刘晔请教说:"现在还可以进攻蜀地吗?"刘晔回答:"现在蜀中已稍稍安定,不宜再出击了。"

又太祖征吕布,至下邳①,布败,固守城,攻不拔,太祖欲还,荀攸曰②:"吕布勇而无谋,今三军皆北,其锐气衰。三军以将为主,主衰则军无奋意。夫陈宫有智而迟,今及布气之未复,宫谋之未定,进急攻之,布可收也。"乃引沂泗灌城,城溃,生擒布。以此观之,当是时,虽诸葛之智,陈宫之谋,吕布之勇,关、张之劲,无所用矣。此谓"勇怯,势也。强弱,形也"。

故兵有三势③,善战者恒求之于势。势之来也,食其缓颊,下齐七十余城;谢石渡淝,摧秦百万之众。势之去也,项羽有拔山之力,空泣虞姬;田横有负海之强,终然刎颈。故曰:战胜之威,人百其倍;败兵之卒,没世不复。故水之弱至于漂石。此势略之要也。

[注释]

①下邳：古地名。在今江苏睢宁西北。②荀攸：三国时曹操的谋士。出身士族。屡进计谋，被曹操任为尚书令。③三势：赵蕤注：三势，一曰气势，二曰地势，三曰因势。

[译文]

魏太祖曹操征讨吕布，进至下邳，吕布战败，固守下邳。曹操攻城不克，打算退兵，荀攸建议说："吕布有勇无谋，现在三军全部败北，锐气大减。三军以将帅为主心骨，将帅锐气衰减，全军就不会有高昂的斗志。吕布的谋士陈宫虽然富于智慧，但决策迟缓。今天，乘吕布锐气尚未恢复，陈宫谋划尚未确定之时，向他发起猛攻，定能生擒吕布。"曹操采纳了荀攸的建议，引沂、泗之水灌下邳，城墙溃毁，生擒吕布。由此看来，在这样的形势下，即使有诸葛亮的智慧、陈宫的谋划、吕布的勇猛、关羽张飞的强劲，同样无济于事。这就是兵法所说的"战士的勇敢或怯懦，是由军事态势的优劣决定的；军队的强大或弱小，是由军事实力的对比决定的"。

用兵打仗的势有三种类型（气势、地势和因势）。善于带兵打仗的人往往充分利用和创造有利的军事态势。有利的态势形成以后，郦食其动一动嘴巴就拿下齐地七十余城；东晋的谢石在淝水摧垮了前秦苻坚的百万雄师。有利的军事态势一旦失去，项羽虽然有力拔山岳的气概，垓下被围，也只好泣别虞姬；田横虽然有背负山海的强盛，最终也只得拔剑自刎。所以说：战胜的威力，可以使战士以一当百；打了败仗的士卒，就很难再鼓起勇气。所以水虽然很柔弱，但水势形成后却可冲漂巨石。这就是所谓势的原理。

攻心第五十四

孙子曰:"攻心为上,攻城为下。"何以明之?战国时有说齐王曰:"凡伐国之道,攻心为上,攻城为下;心胜为上,兵胜为下。是故圣人之伐国攻敌也,务在先服其心。何谓攻其心?绝其所恃,是谓攻其心也。今秦之所恃为心者,燕、赵也。当收燕、赵之权,今说燕、赵之君,勿虚言空辞,必将以实利,以回其心,所谓攻其心者也。"

沛公西入武关,欲以二万人击秦峣关下军①。张良曰:"秦兵尚强,未可轻也。臣闻其将屠子贾竖,易动以利。愿沛公且留壁,使人先行,为五万人具食,益张旗帜诸山之上,为疑兵;令郦食其持重宝啖秦将。"秦将果欲连和,俱西袭咸阳,沛公欲听之。良曰:"此独其将欲叛,士卒恐不从,不从必危。不如因其懈击之。"沛公乃引兵击秦军,大破之。此攻心者也。

[注释]

①峣关:故址在今陕西商洛商州区西北,因临峣山得名。自古为关中平原通往南阳盆地的交通要隘。

[译文]

孙子说:"攻心为上,攻城为下。"用什么来证明这一道理的正确呢?战国时有人向齐王说:"讨伐敌国的原则,以攻心为上策,攻城为下策；以战胜敌人的心理为上策，以战胜敌人的军队为下策。因此，圣人征伐敌国，进攻敌人，首要的目的在征服人心。什么是攻心？断绝敌人心理上的依靠，这就叫攻心。现在秦国心理上的依靠就是燕国和赵国，所以我们应该争取燕国和赵国。游说燕国和赵国的国君，切莫光说空话，一定要用实际的利益使两国回心转意，这就是所说的攻心。"

刘邦西入武关，准备投入两万兵力攻打秦峣关的守军。张良说："秦军现在依然很强大，不可轻视它。我听说秦将是屠户之子、商贾之辈，容易被财利所动。希望您暂且留在营中，先准备五万人用的炊具，另外在诸山头多设旗帜，作为疑兵；然后派郦食其携重宝前往贿赂秦将。"秦军诸将果然打算同刘邦连和，共同西进袭击秦都咸阳，刘邦准备答应秦将的要求。张良又对刘邦说："现在仅仅是秦军将领打算背叛秦朝，军中士卒恐怕未必愿意听从他们，如果部下不从，就危险了。不如乘秦军戒备松懈之机，向秦军发起突然袭击。"刘邦于是指挥部队向秦军发起攻击，大破秦军。这是攻心的成功战例。

伐交第五十五

孙子曰："善用兵者，使交不得合。"何以明之？昔楚莫敖将盟贰、轸①，郧人军于蒲骚②，将以随、绞、州、蓼伐楚师，莫敖患之。斗廉曰："郧人军于其郊，必不诫，且日虞四邑之至。君次于郊郢以御四邑，我以锐师宵加于郧。郧有虞心而恃其城，莫有斗志，若败郧师，四邑必离。"莫敖从之，遂败郧师于蒲骚。

[注释]

①贰、轸：均为国名。②蒲骚：古邑名。在今湖北应城西北。春秋时陨国地。

[译文]

孙子说："善于用兵打仗的人，能够破坏敌人的外交，使敌人失去联盟。"怎样来证明呢？从前，楚国的莫敖打算同贰、轸两国结盟，郧国却把军队驻扎在蒲骚，打算联合随、绞、州、蓼四国的军队共同进攻楚国的军队，莫敖为此而担忧。斗廉说："郧国人把部队部署在都城郊外，必然疏于戒备，而且盼望四国联军的到来，您在郢城郊外防御四国的军队，我率精锐之师乘夜突袭郧军。郧人盼望援军到来，又倚仗城池坚固，没有死战的决心，如果击败郧军，其他四国的军队必定望风而散。"莫敖采纳了斗廉的主张，在蒲骚击败了郐军。

汉宣帝时，先零与罕、开羌解仇，合党为寇。帝命赵充国先诛罕、开①，充国守便宜，不从。上书曰："先零羌虏欲为背叛，故与罕、开解仇。然其私心不能忘，恐汉兵至而罕、开背之也。臣愚以为，其计当欲赴罕、开之急，以坚其约。先击罕、羌，先零必助之。今虏马肥，粮方饶，击之恐不能伤害，适使先零得施德于罕、羌也。坚其约，合其党。虏交坚党合，诛之用力数倍，臣恐国家忧累，由此十数年，不一二岁而已。先诛先零，则罕、开之属，不烦兵服矣。"帝从之，果如策。

[注释]

①赵充国：西汉大将。熟悉匈奴和羌族情况。武帝、昭帝时率军攻击匈奴，任后将军。宣帝时，封营平侯。

[译文]

汉宣帝时，先零羌与罕、开羌和解，联合寇犯汉朝。汉宣帝命赵充国首先讨伐罕、开羌，赵充国鉴于具体形势，未服从宣帝的命令，上书说："先零羌想背叛汉朝，所以才同罕、开羌和解。然而内心的怨恨并未解消，他仍然担心汉军来到以后，罕、开羌重新背叛他。我认为先零正极力寻找机会，解救罕、开的急难，借以巩固他们之间的联盟。我如果首先进攻罕、开，先零必定出兵救援。现在羌虏马肥粮足，出兵恐不能给他造成重大杀伤，反而为先零提供了向罕、开施恩德的机会。使二羌巩固了盟约，加强了合作。二羌如果巩固了盟约，加强了合作，我再出兵讨伐，就要花费数倍的军力和财力，我担心国家将受二羌的牵累十数年，不只是一二年的事了。如果先讨伐先零羌，那么罕、开羌则不烦我出兵就会向我臣服。"宣帝采纳了赵充国的建议。事实果如赵充国所预料的那样。

魏太祖初伐关中，贼每一部到，太祖辄喜。贼破之后，诸将问其故，太祖曰："关中道远，若各依险阻，征之不一二年，不可定也。今皆来集，众虽多，莫能相服，军无适主，一举可灭。为攻差易，吾是以喜。"语曰："连鸡不俱栖，可离而解。"曹公得之矣。此伐交者也。

[译文]

魏太祖曹操讨伐关中的初期，每有一部敌众到来，曹操都很高兴。击破了敌人后，诸将请教其中的奥妙，曹操回答说："关中地广道远，如果贼众各部凭险据守，没有一二年的时间恐怕难以全部平定。今天却从各地向这里集结，数量虽多，但各部彼此不能统一指挥，军队没有主心骨，可一举消灭。这样反而比逐一消灭他们容易，我因此而高兴。"俗话说："缚在一起的鸡不愿栖居一处，可以离间瓦解它们。"曹操深深懂得并充分运用了这一道理。以上都是伐交的典型例子。

格形第五十六

孙子曰:"安能动之。"又曰:"攻其所必趋。"何以明之?昔楚子围宋,宋公使如晋告急。晋狐偃曰:"楚始得曹而新婚于卫,若伐曹、卫,楚必救之,则齐、宋免矣。"果如是计。魏伐赵,赵急请救于齐。齐威王以田忌为将①,以孙膑为师②,居辎车中为计谋。田忌欲引兵之赵,孙子曰:"夫解杂乱纷纠者不控拳,救斗者不搏戟。批亢捣虚,形格势禁,则自为解耳。今梁、赵相攻,轻兵锐卒必竭于外,老弱疲于内,君不若引兵疾走大梁,据其街路,冲其方虚,彼必释赵而自救。是我一举解赵之围,而收弊于魏也。"田忌从之,魏果去邯郸。

[注释]

①田忌:一作田期、田期思。战国初期齐将。封于徐州(今山东滕州市南),又称徐州子期。率军先后在桂陵(今河南长垣西北)、马陵(今河南范县西南)大败魏军。后奔楚,封于江南。②孙膑:战国时兵家。齐国阿(今山东阳谷)人。大致与商鞅、孟轲同时。被齐威王任为军师。设计先后败魏军于桂陵和马陵。孙武的后代。有《孙膑兵法》传世。

[译文]

孙子说:"敌人驻扎安稳,我能设法调动它。"又说:"攻打敌人必定赴救的地方,以调动敌人。"如何来证明呢?从前,楚王率兵包围了宋国,宋国的国君急派人到晋国告急。狐偃向晋君建议说:"楚国刚刚征服了曹国,最近又同卫国联姻,我如果出兵攻曹、卫两国,楚国必定救援,这样就可以解宋国之围,并可解除楚国对齐国的威胁。"后来的事实果如狐偃所预料的那样。魏国出兵讨伐赵国,赵国急忙向齐国求援。齐威王任命田忌为将,以孙膑为军师,坐于辎车之中为田忌谋划。田忌打算率兵直奔赵国,孙膑说:"要想解开一团乱麻,就不能把拳头握起来;要想劝解开搏斗的双方,就不能亲自持戟上阵。直捣他们的要害和空虚之处,受形势的限制,搏斗就会自然解开。现在魏、赵两国相攻,魏国的精锐之师必定全部开赴赵国,魏国国内留守的必定是老弱残兵。您不如挥军急驰魏都大梁,占领它的交通要道,攻击它守备空虚的地方,那么包围邯郸的魏军必定解邯郸之围,回兵自救。这样我就可以一举而解了赵国的围困,同时又使魏国遭受了损失。"田忌依计而行,魏军果然撤围邯郸而回救大梁。

又曹操为东郡太守①,治东武阳,军顿丘②。黑山贼于毒等攻东武阳,太祖欲引兵西入山,攻毒本屯,诸将皆以为当还自救。曹操曰:"昔孙膑救赵而攻魏,耿弇欲走西安,攻临菑。使贼闻我西而还,则武阳自解;不还,我能破虏家,虏不能拔武阳必矣。"乃行,毒闻之,果弃武阳还。曹操要击,大破之。

初,关羽围樊、襄阳,曹操以汉帝在许近贼,欲徙都。司马宣王及蒋济说曹操曰:"刘备孙权,外亲内疏,关羽得志,权必不愿也。可遣人劝蹑其后,许割江南以封权,则樊围自解。"曹操从之,羽遂见擒。此言攻其所爱则动矣。是以善战者无知名,无勇功,不争白刃之前,不备已失之后,此之谓矣。

[注释]

①东郡:郡名。秦置。治所在今河南濮阳。②顿丘:古县名。故址在今

河南清丰。

[译文]

曹操做东郡太守时，郡治在东武阳，而驻军在顿丘。黑山的贼兵在于毒等率领下进攻东武阳，曹操打算带兵西进入山进攻于毒的老巢，而诸将都认为应当回兵自救。曹操说："从前，孙膑为救赵国而攻魏国，耿弇为了使西安县（今山东临淄西北）的守军逃跑，而去进攻临菑。我西进的目的在于使贼兵听说我西进的消息时还兵自救，这样东武阳之围自解；如果敌人不还兵自救，我则能够攻破贼兵的老巢，而贼兵却不能攻拔武阳，这是可以肯定的。"于是曹操引兵西进。于毒闻讯，果然舍武阳而还。曹操于途中掩击于毒，大破贼兵。

当初，关羽率兵围樊城和襄阳，曹操认为汉帝在许都，距离关羽很近，想迁都。司马宣王和蒋济对曹操说："刘备、孙权表面亲善，内心疏远。关羽如得志，是孙权肯定不愿看到的。可派人劝孙权抄关羽的后路，并许诺割江南之地分封给孙权。这样樊襄之围就能自然而解。"曹操采纳了这一建议。果然关羽失了荆州，并被吴军生擒。这讲的是攻敌所爱就能调动敌人。因此，善于用兵打仗的人没有聪智的名声，没有攻城略地的战功，不在刀光剑影的沙场冒险拼杀，也不在失误之后再做准备，讲的也正是这样的道理。

蛇势第五十七

语曰："投兵散地，则六亲不能相保；同舟而济，胡、越何患乎异心？"孙子曰："善用兵者，譬如率然。"何以明之？汉宣帝时，先零为寇①，帝命赵充国征之。引兵至先零所在，虏久屯聚，解弛，望见大军，弃车重，欲渡湟水，道厄狭，充国徐行驱之。或曰："逐利行速。"充国曰："此穷寇不可追也。缓之则走不顾，急之则还致死。"诸将校皆曰："善。"虏果赴水，溺死者数百，于是破之。

[注释]

①先零：古族名。汉代时西羌的一支。

[译文]

古语说："把军队投放到散地（已进入别国领土但还未到达纵深的地区）作战，战士即便都是六亲族人，彼此也难以相互保护；如果是同舟共济，即便是胡越两国仇人，又何必担心他们不能团结一心呢？"孙子说："善于用兵打仗的人，总体的兵力部署呈率然（常山的一种蛇）之势。"怎样说明这一道理呢？汉宣帝时，先零羌寇犯汉朝，宣帝命赵充国率兵讨伐，进抵先零地区。先零经过长时间屯聚坚守，终于支持不住，开始瓦解，望见汉朝大军，纷纷丢弃辎重，准备渡湟水而逃，然而道路狭窄，一片狼藉。赵充国却不急不躁，缓缓追赶。有人向赵充国说："追逐敌人的辎重财物，行军的速度应加快。"赵充国说："这些是穷寇，不能逼他们太急，我缓缓尾随，他们无暇回头，只顾逃命；逼急了，他们就会回过头来拼命。"诸将校都说："讲得好。"羌虏果然渡水，溺死者数百，赵充国乘势破了先零羌。

袁尚既败①，遂奔辽东，众有数千。初，辽东太守公孙康恃远不服。曹公既破乌丸②，或说公遂征之，尚兄弟可擒也。公曰："吾方使康斩送尚、熙首，不烦兵矣。"公引兵还，康果斩送尚、熙，传其首。诸将或问曰："公还而康斩尚、熙，何也？"公曰："彼素畏尚、熙，其急之则并力，缓之则自相图，其势然也。"

曹公征张绣，荀攸曰："绣与刘表相恃为强，然绣以游军仰食于表，表不能供也，其势必离。不如缓军以待之，可诱而致也；若急之则必相救。"曹操不从，进至穰，与绣战，表果救之，军不得矣。

故孙子曰："善用兵者，譬如率然。率然者，常山之蛇。击其头则尾至，击其尾则首至，击其中则首尾俱至。"或曰："敢问兵可使如率然乎？"孙子曰："可矣。夫吴人之与越人相恶，当其同舟而济则相救如左右手。是故方马埋轮，不足恃也；齐勇若一，政之道也。"此之谓矣。

[注释]

①袁尚：东汉末袁绍幼子。②乌丸：即乌桓，古族名。东胡族的一支。秦末，东胡被匈奴击破后，部分迁乌桓山，因以为名。以游牧射猎为生。

[译文]

袁尚被曹操打败后，奔往辽东，仍有部众数千人。当初，辽东太守公孙康倚恃辽东偏远，不服从袁氏统治。曹操征破乌丸部后，有人劝曹操乘胜征讨辽东,可一举生擒袁尚兄弟。曹操说:"我正可以让公孙康斩袁尚、袁熙兄弟,并把二人的首级送来,不须烦我用兵征讨了。"曹操引兵还师,公孙康果然斩了袁尚、袁熙,并将二人的首级传送给曹操。诸将中有人问曹操:"您还军后,公孙康果然斩了袁尚和袁熙,这是为什么呢?"曹操回答说:"公孙康一向畏惧袁氏兄弟,我如果以武力相逼迫,他们就会联合起来对付我;形势缓和了,他们就会自相图谋。这是大势所趋。"

曹操征讨张绣,荀攸向曹操说:"张绣和刘表相互依赖、相互援助,所以双方的力量都因此而加强。然而张绣是游寇,没有根据地,衣食仰仗刘表供给,刘表不可能长期供给他。二人势必分离。不如暂时停止征讨,以等待他们彼此相互猜忌,乘机引诱张绣归降;如果以武力相逼,二人必定相互救援。"曹操未予采纳,进军至穰县(治所在今河南邓州),与张绣交战,刘表果然率兵前往救援,曹军失利。

所以孙子说:"善于用兵的人,能使部队彼此相顾,像率然一样。率然是生活在常山的一种蛇。打它的头部,尾巴就来救援;打它的尾部,头部就来救援,打它的中部,则头尾同时来救援。"有人问:"用兵能够造成率然那样的形势吗?"孙子回答说:"可以。吴国人和越国人虽然互为仇敌,如果让他们同乘一条船渡河,遇上大风,彼此相救就会如同左右手一样亲密。因此,拴住马腿,埋掉车轮,以示死战的决心,也不足为恃;使士卒齐心协力,像一个人那样,才是指挥军队所应遵循的原则。"讲的正是这样的道理。

先胜第五十八

孙子曰:"善用兵者,先为不可胜,以待敌之可胜。"何以明之？梁州贼王国围陈仓①,乃拜皇甫嵩、董卓各率二万人拒之。卓欲速进赴陈仓,嵩不听。卓曰:"智者不待时,勇者不留决。速战则城全,不救则城灭。全灭之势,在于此也。"嵩曰:"不然。百战百胜,不如不战而屈人之兵。是以先为不可胜,以待敌之可胜。不可胜在此,可胜在彼。彼守不足,我攻有余。有余者动于九天之上,不足者陷于九地之下。今陈仓虽小,城守固备,非九地之陷也；王国虽强,而攻我之所不救,非九天之势也。夫势非九天,攻者受害；陷非九地,守者不拔。国今已陷受害之地,而陈仓保不拔之城。我可不烦兵动众而取全胜之功。将何救焉？"遂不听。王国围陈仓,自冬迄春八十余日,城坚守固,竟不能拔。贼众疲弊,果自解去。嵩进兵击之,卓曰:"不可。兵法穷寇勿迫,归众勿追。今吾追国,是迫归众、追穷寇也。困兽犹斗,蜂虿有毒,况大众乎？"嵩曰:"不然。吾前不击,避其锐也；今而击之,待其衰也。所击疲师,非归师也。国众且走,莫有斗志,以整击乱,非穷寇也。"遂独进兵击之,使卓为后拒。连战,大破,国走而死。卓大惭恨。

[注释]

①陈仓：古县名。秦置。因山得名。治所在今陕西宝鸡市东，为关中、汉中之间的要冲，历来为战争要地。

[译文]

孙子说："善于用兵打仗的人，先创造自己不能被敌人战胜的条件，使自己立于不败之地，以等待可以战胜敌人的时机。"怎样说明这一道理呢？梁州反贼王国包围陈仓，汉帝命皇甫嵩、董卓各率二万人前往剿讨。董卓认为应全速前进，直抵陈仓，皇甫嵩不同意。董卓说："聪明的人不浪费时间，勇敢的人不犹豫不决。速战可以保全城池，不救则城池就会陷于敌手。或城全或城陷就在此一举了。"皇甫嵩说："道理并非如此。百战百胜，总比不上不战而使敌人屈服。因此应首先创造我不可被敌人战胜的条件，以等待可以战胜敌人的时机。不被敌人所战胜的主动权操在我方手中，能否战胜敌人的关键在于敌人是否暴露出可以战胜的弱点。敌人固守是因为兵力不足，我方进攻是因为兵力充足。兵力充足时向敌人发起进攻，如同从九天而下，使敌人无从防备。兵力不足时，则不向敌人暴露，若隐于九地之下，使敌人摸不清我方的虚实，不敢贸然向我进攻。现在，陈仓城池虽小，但城防坚固，守城的器具具备，并不是兵力严重不足、应隐于九地之下的情况；王国虽然兵力强大，但进攻我未必救援的城池，说明他也不具有如同从九天而下的威势。不具备九天而下的威势，进攻者必定受害；弱小不至于隐于九地之下，婴城固守，就不可攻拔。王国现在已经陷入了受害的境地，而陈仓可以保全而不可攻拔，我不必烦兵动众就可以收全胜的战功。这又有什么值得救援的呢？"于是皇甫嵩拒绝了董卓的建议。王国兵围陈仓，自冬天一直到第二年春天，共八十余天，陈仓城坚守固，不可攻拔。贼兵疲惫，果然自行解围而去。此时，皇甫嵩进兵追击，董卓劝阻说："不可。兵法上说不要追击走投无路的穷寇，不要追击归还的军队。现在我追击王国，就是要追逼归还的军队，追击走投无路的穷寇。疲困的野兽仍有搏斗的能力,蜂类尚有毒螫人,更何况是披坚执锐的大军呢?"皇甫嵩说:"不然。我先前之所以不向他进攻,目的在于避其锐气;现在向他进击,是因为敌人已经气衰。我现在要攻击的敌人是疲惫之师,而不是归师。王国的军队正在逃跑,没有斗志,用严整的军队攻击混乱的军队,并不是攻击走投无路的穷寇。"于是皇甫嵩不顾董卓阻拦,单独进兵追击,使董卓殿后。结果连战连胜,王国在败逃中被杀。董卓大为羞惭。

青州黄巾众百余万人东平①,刘岱欲击之,鲍永谏曰:"今贼众百万,百姓皆震恐,士卒无斗志,不可敌也。观贼众群辈相随,军无辎重,惟以抄掠为资。今若畜士众之力,先为固守,彼欲战不得,攻则不能,其势必离散。然后选精锐,据其要害,击之可破也。"岱不从,果为贼所败。

[注释]

①东平:国名。治所无盐(今山东东平东)。辖境相当于今山东济宁市、汶上、东平等地。

[译文]

青州黄巾军百余万人拥入东平,汉将刘岱准备向黄巾军发起攻击,鲍永谏阻说:"现在反贼拥有百万之众,百姓为之震恐,士卒也没有斗志,难以同反贼相抗衡。我观察贼军一群一群相追随,却没有辎重,唯有靠抄掠充作军用。现在我如果先休养士马,固守不战,贼军欲战不能,攻城又不具备攻城的器械,时间一长,必定分离四散。然后,我可选精锐部队把守要害关口,向贼军发起攻击,一定能打败贼军。"刘岱未予采纳,果然被贼兵所败。

晋代王开攻燕邺城①,慕容德拒战②,代师败绩。德又欲攻之,别驾韩谭进曰:"昔汉高祖云:'吾宁斗智,不能斗力。'是以古人先胜庙堂,然后攻战。今代不可击者四,燕不宜动者三。

代悬军远入，利在野战，一不可击也；深适近畿，顿兵死地，二不可击也；前锋既败，后军方固，三不可击也；彼众我寡，四不可击也。官军自战其地，一不宜动；动而不胜，众心难固，二不宜动；隍池未修，敌来无备，三不宜动。此皆兵机也。深沟高垒，以逸待劳，彼千里馈粮，野无所掠，则三军靡费。攻则众旅多弊，师老衅生，详而图之，可以捷也。"德曰："韩别驾之言，良、平之策也。"此先胜而后战者也。

[注释]

①邺城：古都邑名。故址在今河北临漳县城西南约十公里的邺镇。②慕容德：十六国时南燕建立者。公元398年至405年在位。

[译文]

晋朝代王开率兵攻打南燕的邺城，慕容德率燕军迎战，晋军失利败北。慕容德打算乘胜再战，别驾韩谭说："从前汉高祖说：'吾宁斗智，不能斗力。'可见古人用兵，先在庙堂料算，确有胜利的把握时，然后出兵攻战。现在代王不可以攻击的理由有四个方面，我燕军不宜出动的理由有三个方面。代王悬军深入，利于野战，此一不可击；他们已深入到接近我京畿的地区，屯兵于死战之地，此二不可击；前锋刚刚失败，后军必定稳固，此三不可击；彼众我寡，此四不可击。官军在自己的领土上作战，这是不宜出动的第一个原因；一旦出动而不能取胜，军心难以巩固，这是不宜出动的第二个原因；城隍（护城壕沟）没有修固，敌人一旦打来，不及防备，这是不宜出动的第三个原因。以上都是用兵打仗的关键因素。我应该深沟高垒，以逸待劳。敌人悬军深入，千里运粮，在野外抄掠不到粮食军需，则三军被粮食军需所困扰。向我进攻则人众弊多，士气衰竭，就会产生很多漏洞。我周密计划，抓住机会，发起攻击，就能够取胜。"慕容德说："韩别驾所说不愧是张良、陈平一样高明的良策。"以上都是先创造必胜的条件而后攻战的例子。

围师第五十九

孙子曰:"围师必阙。"何以明之?黄巾贼韩忠据宛①,朱儁、张超围之②,结垒起土山以临城,因鸣鼓攻其西南,贼悉众赴之,乃掩其东北,乘城而入。忠退保小城,乞降。诸将欲听之,儁曰:"兵有形同而势异者。昔秦、项之际,民无定主,故赏附以劝来耳。今海内一统,惟黄巾造寇,纳降无以劝善,讨之足以惩恶。今若受之,更开逆意,贼利则进战,钝则乞降,纵敌长寇,非良计也。"因急攻之,不克,儁登土山,顾谓张超曰:"吾知之矣。贼今外围周固,连营逼急,乞降不受,欲出不得,所以死战也。万人一心,犹不可当,况十万乎?其害甚矣。不如撤围,并兵入城。忠见解围,势必自出,出则意散,易破之道也。"既而解围,忠果出战,遂破忠等。

魏太祖围壶关③,下令曰:"城拔皆坑之。"连月不下。曹仁言于太祖曰:"围城必示之门,所以开其生路也。今公许之必死,将人人自为守。且城固而粮多,攻之则士卒伤,守则引日持久。今顿兵坚城之下,以攻必死之虏,非良计也。"太祖从之,城降。此围师之道也。

[注释]

①宛:即宛城,古城名。故址在今河南南阳。②朱儁、张超:东汉臣。

③壶关：县名。今山西东南部、太行山西麓。

[译文]

孙子说："包围敌人一定要给敌人留一条生路。"怎样说明这一道理呢？黄巾军韩忠据守宛城，朱儁、张超率兵包围宛城，堆起土山攻城，在城西南鸣鼓，假装从西南攻城，黄巾军于是尽奔西南迎战，汉兵却乘虚攻城的东北，突入城内。韩忠退守小城，向汉军乞请设降。诸将主张答应黄巾军的请求，朱儁说："用兵打仗有事情相同而形势却不同的情况。在秦朝项王之际，天下百姓尚无定主，所以大力奖赏愿意归附的人，目的在于劝勉天下英雄来归顺。现在天下一统，唯有黄巾军反汉为寇。如果接受他们的乞降，不足以劝勉善行，而讨灭他们则足以惩治恶行。现在我如果答应了他们的乞请，更开叛逆之路。逆贼有利则进战，不利则乞降，这等于怂恿敌人长期为寇，不是良策。"于是，向黄巾军发起更猛烈的进攻，却未能得手。朱儁登上土山，观察城中动静，回头对张超说："我明白了。现在贼众外围被我死死围住，攻势猛烈，敌人乞请投降，又被我拒绝，想突围又突围不出去，所以只好拼死力战。万人一心，犹不可挡，更何况叛贼有十万之众呢？对我造成的危害就更大了。不如撤围，集合部队入城。韩忠看到城围已解，必定出城，贼兵一旦突围出城，就不再有死战的决心。这时破敌就容易了。"既而，汉军解围，韩忠果然率兵出战，于是大破韩忠等。

魏太祖曹操包围壶关，下令说："拿下城池后，把城中的人全部活埋。"结果连攻数月也未能攻下。曹仁向曹操说："围城之所以要留缺口，目的在于给敌人开一条生路。如今您却传令城中，一旦攻下城池，城中的人就得全部活埋，所以城中将人人自守。况且城池坚固储粮又多，我攻城就将遭到重大伤亡，城中固守却能旷日持久。屯兵于坚城之下，去攻打有死战决心的敌人，这不是良策。"太祖接受了曹仁的建议，城中守军果然很快就投降了。以上讲的是围敌作战的原则和方法。

变通第六十

孙子曰："善动敌者，形之，敌必从之。"何以明之？魏与赵攻韩，齐田忌为将而救之，直走大梁，魏将庞涓去韩而归①，齐军已过而西矣。孙膑谓田忌曰："彼三晋之兵，素悍勇而轻齐，齐号为怯。善用兵者，因其势而利导之。兵法曰：'百里而趋利者，蹶上将军。'使齐军入魏地为十万灶，明日为五万灶，明日为二万灶。"涓喜曰："吾固知齐卒怯也，入吾地三日，士卒亡已过半。"乃弃其步兵，与轻锐倍日并行逐之。膑度其暮至马陵，道狭而多险，可伏兵，乃斫大树白书之曰："庞涓死此树下。"令善射者万弩，夹道而伏，期曰：见火举而发。涓夜至斫木下，见白书，乃钻火烛之，读书。齐军万弩俱发，魏军大乱。涓乃自刭，曰："果成竖子之名也。"

[注释]

①庞涓：战国时魏将。曾与孙膑同学兵法，自以为不如孙膑，心存妒忌。后来在魏国做了将军，便派使者把孙膑诱骗到魏国，对孙膑施以酷刑，截去其膝盖骨，孙膑遂成残废。

[译文]

孙子说："善于调动敌人的将领，用假象去欺骗敌人，敌人就会听从调动。"用什么来证明呢？魏国同赵国进攻韩国，齐王派田忌为将军率兵前往救援，田忌率领部队直奔魏国的国都大梁。魏军将领庞涓闻讯，急忙离开韩国回救大梁，这时齐军已经进入魏国国境并继续向西挺进。田忌的军师孙膑对田忌说："他们三晋（晋国后来分割为韩、赵、魏三国，故称三晋）的战士素来强悍勇敢、轻视齐军，齐军一向被认为怯懦。善于用兵的将领就应该因势利导。兵法说：'行军百里而争利的军队，先头部队及其将领就会遭到严重损失。'使我们齐国的军队进入魏国的第一天造十万人吃饭的灶，第二天造五万人吃饭的灶，第三天造二万人吃饭的灶。"庞涓侦知这一情况后高兴地说："我本来就知道齐国的战士怯懦，进入我国土三日，士卒就已逃亡过半了。"于是，庞涓便舍弃辎重和步兵，率领轻骑倍道兼行，迎击齐军。孙膑料算魏军傍晚将到达马陵。此处道路狭窄险峻，是打伏击的好地形。孙膑命在一棵大树上，刮掉树皮，写道："庞涓死此树下！"命一万多善射的弓箭手埋伏在道路两边，并约定：看到举火即发射。天黑后魏军果然来到马陵，庞涓看到刮了皮的大树，便命钻火照明，借火光读树上的字。这时，齐军万箭俱发，魏军顿时大乱。庞涓无路可走，拔剑自刎，说："果然成就了孙膑小子的名声！"

虞诩为武都郡①，羌率众遮诩于陈仓崤谷。诩令吏士各作两灶，日增倍之。羌不敢逼。或问曰："孙子减灶而君增之，兵法日行三十里以戒不虞，今且行二百里，何也？"诩曰："虏众既多，吾徐行则易为所及，疾行则彼不测之。且虏见吾灶多，谓群兵来。至孙子见弱吾示强，势不同也。"故曰料敌在心，察机在目，因形而作胜于众，善之善者矣。此变通之理也。

[注释]

①虞诩：东汉臣。曾任武都郡太守。

[译文]

虞诩做武都太守时，羌族人在陈仓崤谷一带袭击了虞诩率领的部队。虞诩命令军中吏士在宿营时每人做两个灶具，每日灶具增加一倍。羌人见汉军灶具日渐增多，便不敢贸然追逼。有人问："孙子行军减灶而您却行军增灶，按兵法日行军以三十里为宜，以备不测，而今日行军将近二百里，这是为什么呢？"虞诩回答说："敌人的数量很多，我们如果行军速度慢了，很容易被敌人赶上。如果急行军则敌人难知我们的虚实。况且敌人看到我军的灶具日渐增多，就会认为我们的大部队已经到来。至于孙子向敌人示弱我向敌人示强，是彼此形势不同的缘故。"所以说，料算分析敌情靠心，侦察决定军事形势的关键和枢纽要靠眼睛，根据具体的战场形势随机应变，把胜利放在众人面前，这才是上上之策。讲的就是这样的道理。

利害第六十一

孙子曰："陷之死地而后生，投之亡地而后存。"又曰："杂于利而务可伸，杂于害而患可解。"何以明之？汉将韩信攻赵，赵盛兵井陉口，信乃引兵未至井陉口三十里止舍。夜半传发，选轻骑二千人，持一赤帜从间道萆山而望见赵军①，诫之曰："赵见我走，必空壁逐我，若疾入赵壁，拔赵帜。立汉赤帜。"令其裨将传飧②，曰："今日破赵会食。"诸将皆莫信，佯应曰："诺。"信谓军吏曰："赵已先据便地为壁，且彼未见我大将旗鼓，未肯击前行，恐吾至阻险而还。"信乃使万人行，出倍水阵。赵军望见，大笑之。平旦，信建大将之旗鼓，鼓行出井陉口，赵开壁击之，大战良久。于是信与张耳弃旗鼓，走水上，水上军开壁入之。复疾战，赵空壁争汉鼓旗，逐韩信、张耳。韩信、张耳已入水上军，军皆殊死战，不可败。信所出奇兵二千骑，共候赵空壁逐利，则驰入赵壁，皆拔赵帜，立汉赤帜二千。赵军不得信等，欲还归壁，壁皆汉赤帜而大惊，以为汉皆已得赵主将矣。遂乱遁走，赵将虽击斩之，不能禁也。于是汉兵夹击，大破之。斩成安君泜水上③，擒赵王歇。诸将效首虏，毕贺，因问信曰："兵法右背山陵，前左水泽。今者将军令臣等反背水阵，曰'破赵会食'。时臣等不服，然竟以胜。此何术也？"信曰："此在兵法中，顾诸君不察耳。兵法不曰'陷之死地而后生，置之亡地而后存'？且信非得素抚循士大夫也，所谓驱市人而战，其势非置之死地，使人人自为战。今与之生地，皆走，宁尚可得而用之乎？"诸将曰："善。非所及也。"

[注释]

①革（bì）：通"蔽"，隐蔽。②飧（sūn）：简单的饭食。③成安君：即陈余。

[译文]

孙子说："把军队投放到面临死亡危险的境地反而能够求得生存，把军队投放到险情四伏的困境反而能够越出困境，求得生存。"又说："充分考虑到作战的有利条件，有助于顺利完成作战任务；充分考虑到作战的不利因素，就能防止意外的祸患。"用什么来证明这一道理呢？汉将韩信率兵进攻赵国，赵大军驻井陉口迎战。韩信率兵在距井陉口三十里处扎营。夜半时分，突然命选轻骑二千，每人手执一面红旗，从小道登上可俯瞰赵军营垒的山岭上，并告诫他们说："赵军如果看我军败走，必定倾巢出动追击，这时你们可迅速冲下山岭，占领赵军营垒，拔掉赵军的旗帜，树立汉军的红色旗帜。"又命令他的部将传令便饭，并说："今天击败赵军再会餐庆祝。"诸将都不相信，随口答应说："遵命。"韩信对自己的部将们说："赵军已经抢先占领了有利地形结营，在他们看见我大将的旗鼓之前，是不会出营交战的，因为他们认为我若遇阻，就会不战而还。"于是韩信便命令万人为先锋，背水列阵。赵军看见韩信背水列阵，都大笑韩信不懂兵法。平明，韩信令打出大将旗帜，擂鼓而行，直奔井陉口。赵军出营迎战，双方大战了很长时间。这时，韩信、张耳假装敌不过赵军，丢弃旗鼓，退回河岸的汉军阵营，河岸的汉军打开阵门把韩信等迎入阵中。继而，韩信又率兵出阵交战。这时，赵军倾巢而出，争抢汉军丢弃的旗鼓，并追逐韩信和张耳。韩信和张耳同河岸上的汉军相会合迎战赵军。汉军背水列阵，没有退路，人人奋勇，殊死力战，不可战胜。这时，韩信先前派往山岭潜伏的两千骑兵望见赵军空营而出去抢夺战利品，便迅速冲入赵军营垒，拔掉赵军的旗帜，把两千面红色的汉军旗帜插在赵军营垒之中。赵军抓不到韩信、张耳等汉将，正打算引军回营，突然望见自己的营垒全部是汉军的旗帜，顿时大惊失色，都认为汉军已经俘虏了赵军的主将，于是军阵大乱，纷纷逃命，赵将虽临阵击斩逃亡的士兵，仍然不能禁止。于是汉军乘势两面夹击，大破赵军。在泜水岸边斩杀成安君，生擒赵王歇。诸将纷纷以斩杀的首级和抓到的俘虏向韩信报功，向韩信祝贺胜利，并借机请教韩信说："兵法上说右边和背后应以山陵为依托，左边和前边以水泽为屏障。而今天将军却命我们背水列阵，并说'破了赵军会餐庆祝'。当时我们都表示怀疑，然而最终仍然取得了胜利。这是什么战术？"韩信回答说："我用兵的方法都是兵法中讲过的，只是诸位没有注意而已。兵法上不是说'陷之死地而后生，置之亡地而后存'吗？况且，我韩信今天率领的军队，并不是我平时训练并倍加抚慰过的军队，这好比驱使集市上的乌合之众去作战，在这样的情势下，不把他们置于面临死亡威胁的危险境地，使他们人人奋勇力战，就难以取得胜利。如果把他们置于有生路的境地，恐怕他们都会逃跑，我如何能指挥他们去战胜敌人呢？"诸将听后，都非常佩服地说："您讲得太好了。这是我们所达不到的。"

魏太祖征张绣①，一朝引军退。绣自追之，贾诩曰："不可追也。"绣不从，果败而还。诩谓绣曰："促更追之，战必胜。"绣收散卒，赴追太祖，战果胜。还，问诩曰："绣以精兵追退军，而公曰必败退；以败卒击胜兵，而公曰必克，皆如公之言。何其反而皆验也？"诩曰："此易知耳。军势百途，事不一也。将军虽善用兵，非曹公敌也。魏军新退，曹必自断其后。追兵虽精,将既不敌,彼士亦锐,故知必败。曹公攻将军无失策,力未尽而还,必国内有故也。既破将军,必轻军速进,留诸将断后。诸将虽勇,亦非将军敌也,故虽用败兵而胜也。"绣乃服其能。此利害之变。故曰:"陷之死地而后生。""杂于害而患可解。"此之谓也。

[注释]

①张绣:东汉末董卓部将张济之侄。

[译文]

魏太祖曹操征讨张绣。一天,曹操引军而退,张绣打算率兵追击,贾诩劝阻说:"不宜追击。"张绣不听,引兵追击,果然败兵而还。贾诩对张绣说:"赶快整顿兵马,再行追击,必能取胜。"张绣收拾散卒,追击曹操,果然打了胜仗。张绣凯旋后,问贾诩:"我率领精兵追击撤退的军队,而您却说必定败退;我率刚刚打了败仗的军队追击刚刚打了胜仗的军队,而您却说必定能打胜仗,结果都应了您的预言。精兵而败,败兵而胜,违背常理,为什么却都应验了呢?"贾诩回答说:"这个道理很简单。军事形势千差万别,因而没有固定不变的战术和方法。将军您虽然善于用兵,但还不是曹操的对手。魏军刚刚实施撤退时,曹操必定亲自率精兵殿后。您的追兵虽然很精锐,但将领既然敌不过曹操,而且曹操殿后的军队同样很精锐,据此就可以知道您率兵追击必定要失败。曹操这次对将军用兵,自始至终并没有重大的失误,战斗力还未充分发挥出来,便匆匆撤兵,肯定是国内不稳。曹操打败了将军的追兵以后,必然轻军速进,留他的部将断后。他的部将虽然勇敢,但却不是将军您的对手。所以,虽然您率败兵追击,同样可以打胜仗。"张绣于是内心佩服贾诩的才能。以上讲的就是利害关系变化的道理。"把军队投放到面临死亡危险的境地反而能够求得生存。""充分考虑不利的因素,就能够防止可能出现的祸患。"讲的正是利害关系的道理。

奇正第六十二

太公曰："不能分移，不可语奇。"孙子曰："兵以正合，事以奇胜。"何以明之？魏王豹反汉，汉王以韩信为左丞相击魏。魏王盛兵蒲坂①，塞临晋②。信乃益为疑兵，陈船欲渡临晋，而伏兵从夏阳以木罂渡军袭安邑。魏王豹惊，引兵迎信，信遂虏豹，定魏为河东郡。是知奇正者，兵之要也。经曰："战胜不过奇正，奇正之变，不可胜穷，如环之无端，孰能穷之？"此之谓矣。

[注释]

①蒲坂：古邑名。今山西永济西蒲州。战国时魏地。②临晋：古县名。秦置。治所在今陕西大荔东朝邑旧县东南，东汉末移今大荔。

[译文]

太公说："不会相机对部队实行分散、转移、调动，就谈不上出奇制胜。"孙子说："指挥作战，一般要以正面的部队同敌人相对抗，同时，根据具体的情况运用奇兵取得胜利。"怎样证明这一道理呢？魏王豹背叛汉王，汉王以韩信为左丞相领兵征讨魏王。魏王将大军集结在蒲坂，并扼守临晋关。韩信故意布置很多疑兵，把大批船只陈列于临晋关的黄河上，做出要从临晋渡河的态势，暗中却从夏阳（在今陕西韩城南）用木桶等简易渡河工具渡过黄河，突袭安邑（今山西夏县西北禹王城），魏王豹大惊，急忙引兵迎战韩信，韩信生擒魏王豹，平定了魏地，定为河东郡。由此可知，运用奇正，是用兵打仗的重要原则。兵法说："取得胜利的基本战术不过奇、正两种，奇正的配合变化，却是无穷无尽的。奇正的相互转化和变化，如圆环一样无始无终，谁能够穷尽它呢？"讲的正是奇正变化的精妙。

掩发第六十三

孙子曰："善战者，其势险，其节短。以利动之，以卒待之。"又曰："善动敌者，形之，敌必从。"何以明其然耶？燕平齐，围即墨城。即墨城中推田单为将以拒燕。田单欲激怒其卒，乃宣言曰："吾惟恐燕将劓所得齐卒，及掘城外坟墓，伤先人，可为寒心。"燕将如其言，即墨人皆涕泣，共欲出战，怒皆十倍。单乃收人金得千镒，令即墨富豪遗燕将书曰："即墨即降，愿不虏吾家族。"燕将大喜，益懈。乃收牛得千头，束苇于尾，烧其端，凿城数十穴，夜纵牛出，以壮士五千人随其后，牛尾热而奔燕，燕军大惊。所随五千因衔枚击之，燕军大败，杀其将骑劫①，复齐七十余城。

[注释]

①骑劫：战国时燕国将领。

[译文]

孙子说："善于指挥作战的人，所造成的军事态势是险峻的，发起冲击的节奏是短促的。用局部的利益去引诱调动敌人，以严整的军队等待敌人。"又说："善于调动敌人的指挥员，用假象去欺骗敌人，敌人就会听从调动。"用什么来证明呢？燕国出兵讨伐齐国，扫平齐国大部领土，围困即墨城。即墨人推举田单为将军指挥守城抗燕。田单为了激怒即墨的战士，坚定他们死战的决心，便派人到城外宣传说："我们即墨人最担心的就是燕军割掉齐军俘虏的鼻子，挖掘城外即墨人祖先的坟墓，如果这样伤害我们的先人，实在让人寒心。"燕将果然上当，割掉齐军俘虏的鼻子，挖掘了即墨人的坟墓。即墨人见状，都伤心落泪，纷纷要求出战，怒火中烧，十倍于前。田单又在城中收罗黄金千镒，让即墨的富豪把黄金赠送给燕将，并致书燕将，说："即墨愿意举城投降，希望燕军入城后不要抢掠即墨的百姓。"燕将看后十分高兴，同时也放松了戒备。田单收得牛千头，在牛尾上绑上芦苇，在城墙上凿了数十个洞穴，夜间将牛尾上的芦苇点燃，驱赶火牛出城，壮士五千人随火牛而出。牛尾被燃着，牛惊奔燕军，燕军顿时惊乱一团。随牛出城的五千名壮士，衔枚冲击燕军，杀燕将骑劫，收复被燕军占领的城池七十余座。

吕蒙西屯陆口①，关羽讨樊②，留兵备公安、南郡。蒙上疏曰："关羽讨樊而多留备兵，必恐蒙图其后故也。蒙常有病，乞分众还建邺，以治病为名。羽闻之，必撤备兵，尽赴襄阳。大军浮江，昼夜驰上，袭其空虚，则南郡可取，而羽可擒之。"遂称病笃，权乃露檄召蒙。羽果信之，稍撤兵赴樊。权闻之遂行，先遣蒙在前，伏其精兵于舸䑠中，使白衣摇橹，作商贾服，昼夜兼行，至羽所置江边屯候，尽收缚之，是故羽不闻知。遂至南郡，士仁、糜芳皆降。蒙入据城，尽得羽将士家属，皆抚慰，约令军中不得干历人家，道不拾遗。羽还在道路，数使人与蒙相闻。蒙厚遇其使，使周旋城中，家家致问，或手书示信。羽使人还，私相参讯，咸知家门无恙，相待过于平时，故羽士卒无斗心。权至，获羽，遂定荆州。此掩发之变，故曰："始如处女，敌人开户；后如脱兔，敌不及距。"此之谓矣。

[注释]

①陆口：古地名。又名蒲圻口、蒲矶口、刀环口，俗名陆溪口。在今湖北嘉鱼西南，陆水入长江处。②樊：即樊城。故地在今湖北襄阳。

[译文]

东吴将领吕蒙屯军陆口，关羽进讨樊城，留兵守备公安、南郡。吕蒙据此上疏朝廷说："关羽进兵樊城，却在公安、南郡留下许多兵力守备，原因在于他担心我乘他出兵之机抄他的后路。我吕蒙时常患病，现在请让我以治病为名，率一部分军队回建邺（今南京，东吴国都）。关羽听说这一消息后，必定撤去守备的兵力，全部开往襄阳前线。我大军陈兵江上，乘关羽撤去备兵之机，昼夜西上，乘虚突袭，如此我可据有南郡并生擒关羽。"于是，吕蒙声称病重，孙权下檄书召吕蒙回建邺。关羽果然轻信了吕蒙的计策，撤去一部分兵力开赴樊城。孙权闻讯，便按原计划行动，派吕蒙做先锋，把精兵隐藏于船中，让战士穿上老百姓的服装摇橹，战士都穿上商人的衣服，昼夜兼行，到达关羽设在江边的哨所，尽缚守候的战士，此时，关羽一点也不知道。吴军到达南郡，士仁、糜芳投降吴军。吕蒙入据城中，尽得关羽部将和他们的家属，吕蒙对他们倍加抚慰，并传令军中不得骚扰城中百姓，城中秩序井然，道不拾遗。关羽在还军途中，数次派人同吕蒙联系。吕蒙厚待关羽派来的使者，让他们在城中周旋，挨家挨户问候，并让使者捎带书信。使者返回军中，将士纷纷向使者致问，得知家人安然无事，比此前受到的待遇还好，因而毫无斗志。孙权到了南郡，擒获关羽，平定了荆州。这就叫做"掩发"。兵法上说："开始时要像处女一样沉静，诱使敌人放松戒备，暴露弱点；然后要像奔跑的兔子一样迅速进攻，使敌人来不及抵抗。"讲的正是用假象作掩护、突然袭击敌人的道理。

还师第六十四

孙子曰:"兴师百万,日费千金。"王子曰:"四人用虚,国家无储。"故曰,运粮百里,无一年之食;二百里,无二年之食;三百里,无三年之食,是谓虚国。国虚则人贫,人贫则上下不相亲。上无以树其恩,下无以活其身,则离叛之心生。此为战胜而自败。故虽破敌于外,立功于内,然而战胜者以丧礼处之,将军缟素,请罪于君。君曰:"兵之所加,无道国也。擒敌致胜,将无咎殃。"乃尊其官以夺其势。故曰:"高鸟死,良弓藏;敌国灭,谋臣亡。"亡者非丧其身,谓沉之于渊。沉之于渊者,谓夺其威,废其权。封之于朝,极人臣之位,以显其功。中州善国,以富其心。仁者之众,可合而不可离,威权可乐而难卒移。是故还军罢师,存亡之阶,故弱之以位,夺之以国。故霸者之佐,其论驳也①。人主深晓此道,则能御臣将;人臣深晓此道,则能全功保首。此还师之术也。

论曰:奇正之机,五间之要,天地之变,水火之道,如声不过五,五声之变,不可胜听;色不过五,五色之变,不可胜观。在乎因机而用权矣,不可执一也。故略举其体之要。

[注释]

①驳:赵蕤注:驳,不纯道也。

[译文]

孙子说：" 如果出动百万之师，每天耗费价值一千金。" 王子说：" 四人用虚，国家无储。" 所以说，运粮到百里以外的地方供打仗的军队食用，就会造成国家一年无粮食储备；运粮到二百里以外的地方供打仗的军队食用，就会造成国家两年无粮食储备；运粮到三百里以外的地方供打仗的军队食用，就会造成三年无粮食储备。这就叫做使国家虚弱。国家虚弱则人民贫困，人民贫困则造成上下关系不亲密。君王没有可资利用的国家储备来树立自己的恩德，下层百姓没有基本的生活必需品来维持生活，那么就会产生离散叛逆的心理。在这种情况下，即便军队在外打了胜仗，君王的统治也会衰败。虽然在外边打败了敌人，在国内建立了功劳，指挥打了胜仗的将帅还须用丧礼来处置，将军还要穿上丧服向国君请罪。君王说："我们用兵征讨的是政治败坏的国家，擒敌制胜，做将帅的没有什么过错。" 于是对有战功的将军封官加爵，但同时削弱或剥夺了他们的军权。所以说："翱翔于高空的鸟死了以后，就要把良弓收藏起来；敌国被消灭以后，谋臣就被逼逃亡。" 所谓 " 亡 " 并不一定是要从肉体上消灭，而是要把他们的地位和权势降到底层深渊。所谓降到底层深渊，意谓侵夺他们的威势，废除他们手中的权力。对立功的将帅，在朝中给予最高的人臣位置，以此表彰他们的功劳；在中原划出最好的土地做他们的封国，以此安慰他们的心理。对于仁慈的大众，应加以笼络而不宜使他们离心，威势和权力则是人们都很喜欢而不愿最后交出来的东西。因此军队班师凯旋以后，是关系君王政权存亡的关键阶段，所以用尊崇的官爵来削弱功臣的威势，用拜王封国来侵夺功臣的军权。有关辅佐霸王的论说驳杂不一。做君王的如果真正懂得了其中的道理，就能有效控御文臣武将；做臣子的如果真正懂得了其中的道理，就能够保全自己的功名以及生命的安全。这些都是罢兵还师以后应该掌握的原则和方法。

作者论道：奇正变化的奥妙，五间使用的原则，天文地理条件运用的灵活，以及水火的运用方法，就好比声音不过五种声调（宫、商、角、徵、羽），但五声的组合变化却不可胜听；基本的色彩不过五种（白、黑、黄、青、赤），但五种色彩的组合变化却不可胜观。全在于随机应变，不可固执于一种方法。所以在此仅仅列举了用兵的要点和原则。

周广业跋

是书见于《北梦琐言》。云:"赵蕤者,梓州监亭县人也。博学韬钤,长于经世。夫妇俱有节操,不应交辟,撰《长短经》十卷,王霸之道,见行于世。"又见《唐书·艺文志·杂家》:"赵蕤《长短要术》十卷。蕤,字太宾,梓州人,开元中,召之不赴。"晁氏《郡斋读书志》亦载:"《长短经》十卷,唐赵蕤撰。论王霸极权,正变长短之术,凡六十三篇。第九十载兵权阴谋。"向尝购之未得,今夏鲍君以文以拜经楼写本见委是正,始快读之,其指归大率如孙、晁二公所云。乃其称引繁富,核对非易,自揣固陋,久未敢下笔。既值岁余,悉发斋中所有书,以次校勘,两旬始毕。讹者改之,阙者补之,疑者证之,两通者仍之。虽不能悉合,庶可上口矣。旧称十卷,六十三篇。今本蕤自序亦然。检之实止九卷,而篇有六十四。初颇疑之,及观《文献通考》引晁氏说,则首据《琐言》,后云第十卷阴谋家本缺,今现存者六十四篇。始知是书早无足本。今所有自序,已不尽原文。而近刻《读书志》,大有脱误也。但王阮亭尝见宋刻,云是徐健庵过任城得之,其跋亦言:"十卷,总六十三篇,唐梓州郪县长平山安昌岩草莽臣赵蕤撰。"与今正同。则其误自宋已然矣。《琐言》蕤贯监亭,而言郪者。《四川总志》云:"蕤监亭人，隐于郪县长平山安昌岩，博考六经诸家同异，著《长短经》，又注《关朗易传》，明皇屡征不起，李白尝造庐以请。"是也。案太白集有《淮南臣病书》，怀寄蜀中赵征君蕤诗。《广舆记》亦云："蕤笃学不仕，与白为布衣交，著《长短经》。"《梓州志》称其人杰。阮亭又引杨天惠《彰明逸事》曰："潼江赵蕤，任侠有气，善为纵横学，著《长短经》。"此皆读是书者所宜留意，故详述之。至《总志》谓其文《申鉴》《论衡》之流，窃观此书，命名取《国策》，刺事仿《吕览》，而杂采群言，又绝似《鸿烈》也。乾隆辛丑畅月长至后九日，海宁周广业识。